ARD-Ratgeber Recht

Herausgeber: Dr. Frank Bräutigam

RICHTIG VERERBEN UND VERSCHENKEN

SWR verbraucherzentrale

Eine Produktion des Südwestrundfunks in Zusammenarbeit mit den Verbraucherzentralen

Wenn Sie rechtliche und steuerliche Fehlplanungen vermeiden wollen, sollten Sie sich rechtzeitig mit Ihrer Nachlassplanung, sprich: mit dem Zeitpunkt, den Möglichkeiten, den steuerlichen Rahmenbedingungen und Ihren persönlichen Lebensumständen befassen. Leider gibt es dafür kein Patentrezept. Jeder Fall liegt anders. Grundlage für die richtige Entscheidung sind immer die jeweiligen individuellen Lebensumstände und die persönlichen Wünsche. Gleichwohl können für typische Vermögens- und Familienverhältnisse gängige Lösungen aufgezeigt, bewertet und Gestaltungsmodelle vorgestellt werden.

Der Ratgeber beschränkt sich inhaltlich auf die Zeit vor dem Erbfall. In diesem Stadium gilt es, die wesentlichen Weichen für eine sinnvolle Vermögensübertragung an die nächsten Familienangehörigen zu stellen. Und gerade in diesem Zusammenhang werden in der Praxis die meisten Fehler gemacht, die nach Eintritt des Erbfalls oft nicht mehr korrigiert werden können. Viele konkrete Tipps und Musterformulierungen sollen Ihnen helfen, eine für Sie günstige Rechtslage zu schaffen. Es werden Fallstricke und Risiken aufgezeigt, die Sie vor rechtlichen und finanziellen Nachteilen schützen sollen. Anhand konkreter Beispiele wird die jeweilige Problematik so verdeutlicht, dass Sie Ihre individuelle Situation erkennen und auf der Grundlage aufzuzeigender Lösungswege die richtige Nachlassplanung vornehmen können.

Dr. Otto N. Bretzinger ist Jurist und Journalist. Er ist als Autor zahlreicher Publikationen bekannt.

Dr. Otto N. Bretzinger

RICHTIG VERERBEN UND VERSCHENKEN

Rechtslage

Rechtsprechung, Urteil

Beispiel

Vorsicht, Risiko!

Tipp, Ratschlag

Musterbrief, Vorlage

Checkliste

Bibliografische Information der Deutschen Bibliothek
Die Deutsche Bibliothek verzeichnet diese Publikation in der Deutschen Nationalbibliografie; detaillierte bibliografische Daten sind im Internet über http://dnb.ddb.de abrufbar.

2. Auflage 2012, aktualisiert und überarbeitet

Printed in Germany.
ISBN 978-3-86336-607-0

LIEBE LESERIN, LIEBER LESER, UND NATÜRLICH AUCH: LIEBE ZUSCHAUERIN, LIEBER ZUSCHAUER DES ARD-RATGEBER RECHT,

das Recht gilt gemeinhin als eine trockene und komplizierte Angelegenheit. Da ist durchaus etwas dran. Trotzdem lautet meine Erfahrung und meine Überzeugung: Hinter jedem schwierigen Paragrafen, hinter jedem Urteil im Juristendeutsch der Gerichte verbergen sich fast immer die Geschichten, Probleme und Schicksale von Menschen – und zwar von Ihnen, liebe Leserinnen und Leser, liebes Publikum. Die schwierigen Paragrafen und ihre Folgen zu erklären, gleichzeitig aber die Geschichten der Menschen dahinter nicht zu vergessen, das ist das erklärte Ziel unserer Sendung „ARD-Ratgeber Recht".

Wohl kaum eine Redaktion im deutschen Fernsehen bekommt so viel Zuschauerpost mit konkreten „Hilferufen". Sie schildern uns Ihre Fälle und bitten uns in Briefen und E-Mails oft um Unterstützung. Dieses Vertrauen in unsere Arbeit ehrt uns sehr, und Ihre Probleme und Fragen sind uns ein wichtiges Anliegen. Allerdings müssen wir Ihnen oft auch antworten, dass wir Ihnen eine konkrete Rechtsberatung im Einzelfall leider nicht geben können und dürfen. Wir haben einen Programmauftrag, der darin besteht, rechtliche Fragen allgemein und leicht verständlich im Fernsehen aufzuarbeiten. Dafür nehmen wir dann gern Ihre konkreten Fälle als Beispiele und sind deshalb weiterhin für jede Zuschrift dankbar. Alles Weitere aber übersteigt in der Regel unsere Möglichkeiten – mit einer Ausnahme: der traditionsreichen Buchreihe zum ARD-Ratgeber Recht.

Damit können wir Ihnen – immer anknüpfend an die Themen unserer Sendungen – umfangreichere Informationen an die Hand geben; mehr, als wir im Fernsehen leisten können. Das Ziel der Reihe ist es, verständliche und erschwingliche Bücher zu den juristischen Themen der Sendung ARD-Ratgeber Recht anzubieten. Unsere erfahrenen Autoren wollen Sie im juristischen Alltagsdschungel an die Hand nehmen und Ihnen Orientierung bieten – mit gut verständlichen Erklärungen, einem klaren Aufbau und einem modernen Design. Hinzu kommen Musterbriefe, Tipps und viele Ratschläge.

Betreut wird die Buchreihe – wie auch die Sendung ARD-Ratgeber Recht – von der ARD-Rechtsredaktion des Südwestrundfunks (SWR) in Karlsruhe, der „Residenz des Rechts". Von dort aus produzieren wir den ARD-Ratgeber Recht und berichten darüber hinaus in den Nachrichtensendungen von ARD und SWR über „alles, was Recht ist". Ich würde mich freuen, wenn Sie diese Buchreihe wie unsere Arbeit auf dem Bildschirm weiterhin so freundlich und kritisch begleiten und uns die Treue halten!

Eine aufschlussreiche und angenehme Lektüre wünscht Ihnen

Dr. Frank Bräutigam,
Leiter der ARD-Rechtsredaktion, Karlsruhe

INHALT

01 ALLGEMEINES ÜBERS VERERBEN UND VERSCHENKEN

02 WENN VERMÖGEN ZU LEBZEITEN ÜBERTRAGEN WERDEN SOLL

03 WENN VERMÖGEN UNTER LEBENDEN AUF DEN TODESFALL ÜBERTRAGEN WERDEN SOLL

09 WIE ÜBER VERMÖGEN IN INDIVIDUELLEN LEBENSSITUATIONEN VERFÜGT WERDEN KANN

10 ERBRECHT MIT AUSLANDSBERÜHRUNG

01

ALLGEMEINES ÜBERS VERERBEN UND VERSCHENKEN

Wenn Sie sich mit der Frage befassen wollen oder müssen, Vermögen auf Ihren Ehegatten oder Ihre Familienangehörigen zu übertragen, gilt es, eine Reihe jeweils individueller Gesichtspunkte zu berücksichtigen. Zunächst sollten Sie Ihre momentanen persönlichen, finanziellen und rechtlichen Lebensumstände feststellen und beurteilen. Es empfiehlt sich, auch bereits absehbare Veränderungen zu berücksichtigen. Und nicht zuletzt sollten Sie sich darüber klar werden, welche individuellen Wünsche und Interessen Sie mit Ihren vermögensrechtlichen Entscheidungen verfolgen.

WAS UNBEDINGT ZU BEACHTEN IST

Machen Sie zunächst eine Bestandsaufnahme Ihrer aktuellen persönlichen Lebensumstände. Dabei hilft die folgende Checkliste. Halten Sie Ihre Antworten auf diese Fragen schriftlich fest – das kann Ihnen die Entscheidung erleichtern, wann und an wen Sie Ihr Vermögen übertragen wollen.

INDIVIDUELLE ENTSCHEIDUNGSSITUATION

Checkliste: Bestandsaufnahme

- Sind Sie ledig, verheiratet, geschieden oder leben Sie in einer nichtehelichen Lebensgemeinschaft?
- Wenn Sie verheiratet sind: In welchem Güterstand leben Sie mit Ihrem Ehegatten?
- Ist Ihre Ehe harmonisch, befindet sich Ihre Ehe in einer Krise oder ist sogar eine Scheidung beabsichtigt?
- Waren Sie bereits verheiratet?
- Sind Ihre Familienangehörigen geschäftsfähig?
- Sind Ihre Familienangehörigen verschuldet?
- Haben Sie (eheliche/nichteheliche) Kinder?
- Mit welchen Familienangehörigen verstehen Sie sich am besten?
- Mit welchen Familienangehörigen haben Sie persönliche Probleme?
- Versteht sich Ihr Ehegatte mit den Kindern?
- Kommen Ihre Kinder miteinander klar oder gibt es Probleme?
- Haben Ihre Kinder Eheprobleme?
- Können Ihre Familienangehörigen verantwortungsbewusst mit Vermögen umgehen?

Überprüfen Sie nach der Bestandsaufnahme Ihrer persönlichen Lebenssituation Ihre aktuelle Vermögenslage. Fertigen Sie eine schriftliche Vermögensaufstellung an. Wenn Sie verheiratet sind, ordnen Sie die einzelnen Vermögenswerte dem jeweiligen Inhaber zu. Bedenken Sie auch, dass sich Ihre wirtschaftliche Situation gegebenenfalls verändern kann (zum Beispiel Ruhestand, Erbansprüche).

Auf der Grundlage Ihrer Vermögensaufstellung sollten Sie anschließend die rechtlichen Rahmenbedingungen klären. Prüfen Sie insbesondere, ob und inwieweit Sie bereits rechtlich wirksame Verfügungen getroffen und ob Sie in der Vergangenheit schon Vermögenswerte an einzelne Familienangehörige übertragen haben. Die folgende Checkliste hilft, hierbei alle wichtigen Fragen im Blick zu behalten.

Checkliste: Rechtliche Rahmenbedingungen

- Haben Sie bereits ein Testament errichtet?
- Bestehen rechtliche Bindungen durch ein gemeinschaftliches Testament mit dem Ehegatten?
- Bestehen rechtliche Bindungen durch einen Erbvertrag?
- Haben Sie bereits in der Vergangenheit Vermögenswerte auf Ihre Familienangehörigen übertragen?
- Welche Familienangehörigen würden im Wege der gesetzlichen Erbfolge erben?
- Welche Familienangehörigen könnten gegebenenfalls Pflichtteilsansprüche geltend machen?
- Haben Sie gesetzliche Unterhaltsverpflichtungen?
- Haben Sie Versorgungsverpflichtungen?
- Bestehen Erb- und/oder Pflichtteilsverzichtsverträge?
- Haben Sie eine Lebensversicherung?
- Wen haben Sie in der Police als Bezugsberechtigten genannt?

Im nächsten Schritt sollten Sie sich mit Hilfe der nachfolgenden Fragen über Ihre persönlichen Interessen und Wünsche bewusst werden. Detaillierte Informationen zu den Fragekomplexen finden Sie in diesem Ratgeber (siehe die entsprechenden Verweisseiten) – einschließlich vieler Empfehlungen, um Ihr Problem zu lösen.

Vorsicht

Überlegen Sie zunächst, wann Sie Ihr Vermögen übertragen möchten, noch zu Lebzeiten (vgl. Seite 22 f.) oder erst im Wege der Erbfolge (vgl. Seite 59 f.)?

Wenn Sie sich von Vermögensteilen **zu Lebzeiten** trennen wollen, bedenken Sie bitte:

- Welche Motive veranlassen Sie zu dieser Entscheidung? (vgl. dazu auch Seite 22)
- Wie sieht dann Ihre wirtschaftliche Versorgung aus?
- Ist Ihnen bewusst, dass das Auswirkungen unter anderem auf etwaige Pflichtteilsansprüche hat? (vgl. Seite 48 f.)
- Wollen Sie die lebzeitige Vermögensübertragung von Gegenleistungen des Zuwendungsempfängers abhängig machen (zum Beispiel Rentenzahlung, Pflegeleistungen)? (vgl. dazu Seite 39 f.)
- Wollen Sie sich das Recht vorbehalten, die Zuwendung unter bestimmten Voraussetzungen wieder rückgängig zu machen? (vgl. dazu Seite 48)
- Wen wollen Sie mit der Vermögensübertragung absichern – sich selbst, Ihren Ehegatten, Ihre Kinder oder andere Familienangehörige?
- Wem räumen Sie Priorität bei der Versorgung ein?
- Wollen Sie einzelne Familienangehörige bevorzugen?
- Wollen Sie einzelne Familienangehörige enterben?
- Wollen Sie Ihr Vermögen möglichst innerhalb der Familie gebunden wissen?
- Haben Sie rechtliche Unterhalts- oder Versorgungsverpflichtungen?
- Bestehen bereits wirksame Schenkungs- und Übergabeverträge? (vgl. dazu Seite 24 f.)

Wenn Ihr Vermögen erst **nach Ihrem Tod** auf Ihre Familienangehörigen übergehen soll, bedenken Sie bitte:

- Entspricht die gesetzliche Erbfolge (vgl. Seite 59 f.) Ihren Wünschen? Oder wollen Sie davon abweichen und ein Testament (vgl. Seite 85 f.) errichten oder einen Erbvertrag (vgl. Seite 111 f.) abschließen?
- Wollen Sie im Rahmen Ihrer Nachlassplanung gewährleistet wissen, dass Ihre Vorstellungen auch nach Ihrem Tod berücksichtigt werden und wollen Sie Ihre Erben dahingehend binden?
- Sind für Sie steuerliche Gesichtspunkte bei der Vermögensübertragung von Bedeutung? (vgl. dazu Seite 193 f.)
- Wollen Sie Ihr Vermögen vor Gläubigerzugriffen schützen? (vgl. dazu auch Seite 241 f.)

Im Rahmen Ihrer Wünsche und Interessen sollten Sie auch berücksichtigen, dass Ihr überlebender Ehegatte, den Sie versorgen wollen, im Erbfall über genügend Barmittel verfügt, um die Nachlassverbindlichkeiten (Pflichtteilsansprüche, Steuern, Bestattung usw.) erfüllen zu können. Sie können Ihren Ehegatten in arge finanzielle Bedrängnis bringen, wenn er im Fall der Fälle nicht ausreichend liquide ist.

Letztlich liegt die Entscheidung bei Ihnen, wann und wie Sie Ihr Vermögen übertragen. Diese zu treffen, ist in vielen Fällen sicherlich nicht leicht. Und möglicherweise werden nicht alle Beteiligten zufrieden sein. Leider gibt es kein Patentrezept für die richtige Strategie. Zu vielfältig sind die individuellen Lebensumstände. Gleichwohl finden Sie auf Seite 216 f. typische Szenarien, für die mögliche rechtliche und finanzielle Lösungen zur Vermögensübertragung angeboten werden.

Tipp

Sinnvoll kann es sein, Ihre Wünsche und Interessen mit den nächsten Familienangehörigen, insbesondere dem Ehegatten und den Kindern, zu besprechen. Alle Beteiligten sollten ihre Vorstellungen offen darlegen. Das kann als Orientierung für die richtige Strategie dienen.

AUFSTELLUNG EINES VERMÖGENS-VERZEICHNISSES

Wenn Sie Vermögen übertragen wollen, sollten Sie sich zunächst einen vollständigen Überblick über Ihre aktuelle Vermögenssituation verschaffen. Deshalb ist es ratsam, ein aktuelles Vermögensverzeichnis zu erstellen, in dem alle Vermögensgegenstände aufgelistet werden.

Bei Verheirateten ist es sinnvoll, für jeden Ehepartner jeweils ein Vermögensverzeichnis anzulegen. Darin sollte festgehalten werden, welche der Vermögenswerte die Ehepartner bereits vor der Ehe schon hatten und welche während der Ehe erworben wurden. Später kann ein derartiges Verzeichnis unter Umständen im Rahmen des Zugewinnausgleichs (vgl. Seite 71 f.) von Bedeutung sein.

Vermögen, das sich im Ausland befindet, sollten Sie getrennt aufführen. In Fällen mit Auslandsberührung sind unter Umständen andere Rechtsvorschriften anzuwenden (vgl. dazu Seite 245 f.).

Verbindlichkeiten

In Ihrer Vermögensübersicht müssen Sie auch Ihre derzeitigen und eventuell künftigen Verbindlichkeiten berücksichtigen. Sie sollten auch prüfen, in welchem Zeitraum Sie Ihre Verbindlichkeiten abbauen oder unter Umständen Vermögensübertragungen zu Lebzeiten mit der Übertragung von Verbindlichkeiten verknüpfen wollen (zum Beispiel Übertragung des Wohnhauses an ein Kind gegen Übernahme der Belastungen in Form von Grundschulden).

Beachten Sie auch, dass sich der Wert Ihres Gesamtvermögens und der Wert einzelner Vermögensgegenstände noch ändern können. Insbesondere wenn Sie im Wege der vorweggenommenen Erbfolge Ihr Gesamtvermögen oder Vermögensteile übertragen wollen, müssen Sie auf der Grundlage Ihrer jetzigen Vermögenssituation eine Prognose über Ihre künftigen finanziellen Verhältnisse vornehmen. Kalkulieren Sie in diesem Zusammenhang Ihre Ausgaben eher großzügig, zu erwartende Einnahmen hingegen eher zurückhaltend.

Checkliste: Kalkulation wirtschaftlicher Rahmenbedingungen

- Wie hoch sind Ihre laufenden Kosten?
- Haben Sie noch finanzielle Rücklagen für nicht vorhersehbare Ereignisse (zum Beispiel Krankheit)?
- Wie sieht Ihre steuerliche Belastung aus?
- Können Sie mit den erwarteten Erträgen aus Lebensversicherungen, Banksparplänen und Ähnlichem tatsächlich rechnen?
- Sind Ihre Wertpapiere entsprechend werthaltig?
- Haben Sie noch Zinsbelastungen aus Verbindlichkeiten?
- In welcher Höhe haben Sie eine Rente oder Pension zu erwarten?
- Sind Sie im Alter versorgt oder müssen Sie mit Aufwendungen für Pflegeleistungen rechnen?
- Stehen Renovierungsarbeiten bei Immobilien an?
- Haben Sie etwaige Mieterhöhungen für Ihre Mietwohnung berücksichtigt?
- Haben Sie einkalkuliert, dass Sie unter Umständen ein neues Auto anschaffen müssen?
- Haben Sie Erbschaftsansprüche zu erwarten?

Lebzeitige Zuwendungen

Sie müssen unbedingt bereits geleistete Zuwendungen an Ihren Ehegatten, Ihre Kinder oder an dritte Personen berücksichtigen. Diese sogenannten lebzeitigen Zuwendungen erlangen nämlich im Rahmen von Pflichtteilsergänzungsansprüchen und bei der Ermittlung von Pflichtteilsansprüchen Bedeutung. Ferner sind diese Vorempfänge bei der sogenannten Ausgleichung unter Ihren Abkömmlingen relevant (Einzelheiten vgl. Seite 48 f.).

Muster eines Vermögensverzeichnisses

		Ehemann	Ehefrau
		Wert in Euro	Wert in Euro
A. Aktiva			
1.	Bargeld		
2.	Guthaben auf Girokonten, Sparkonten, Sparverträgen		
3.	Wertpapiere		
4.	Forderungen aus Lebensversicherungen		
5.	Forderungen aus Bausparverträgen		
6.	Darlehensforderungen		
7.	Forderungen aus Erbschaften		
8.	Beteiligungen an Kapitalgesellschaften oder Personengesellschaften		
9.	Grundstücke, Eigentumswohnungen, Erbbaurechte		
10.	Anteile am geschlossenen Immobilienfonds		
11.	Kraftfahrzeuge		
12.	Bescheidene Lebensführung übersteigende Hausratsgegenstände (z. B. Möbel, Fernseh- und Videogeräte, Computer, sonstige elektrische Geräte und wertvolle Gebrauchsgegenstände)		
13.	Rechte oder Ansprüche aus Urheber- oder Patentrechten		
14.	Betriebsvermögen		
15.	Sonstiges Vermögen		
Aktiva Gesamt			
B. Passiva			
1.	Verbindlichkeiten gegenüber Banken		
2.	Verbindlichkeiten aus Bausparverträgen		
3.	Sonstige Verbindlichkeiten gegenüber Dritten		
Passiva Gesamt			

WENN VERMÖGEN ZU LEBZEITEN ÜBERTRAGEN WERDEN SOLL

02

Unter Umständen kann es sinnvoll sein, sich bereits zu Lebzeiten von Vermögenswerten zu trennen. In der Praxis stehen dabei häufig steuerliche Motive im Vordergrund. Davon allein sollten Sie sich aber auf keinen Fall leiten lassen. Vielmehr ist mit Blick auf die konkrete Vermögenssituation und künftige -entwicklungen zu entscheiden, ob aus familiären und/oder wirtschaftlichen Gesichtspunkten eine Übertragung bereits zu Lebzeiten in erster Linie den eigenen Interessen und den Interessen der nächsten Familienangehörigen entgegenkommt.

MOTIVE FÜR LEBZEITIGE VERMÖGENSÜBERTRAGUNG

Erbschaftsteuer

Wenn zu befürchten ist, dass es nach dem Tod des Erblassers Streit unter den Erben geben wird, liegt es nahe, bereits zu Lebzeiten den künftigen Nachlass zu regeln. Auch wenn sich Kinder eine eigene Existenz aufbauen wollen und dafür Kapital benötigen, kann eine lebzeitige Vermögensübertragung sinnvoll sein. Entsprechendes kann gelten, wenn in größerem Umfang Fremdkapital für die anstehende Renovierung des Hauses benötigt wird und in diesem Zusammenhang die Übertragung der Immobilie auf die Kinder im Wege der vorweggenommenen Erbfolge zweckmäßig ist. Und nicht zuletzt kann es sinnvoll sein, einzelne Vermögenswerte zu übertragen, um die schenkung- und erbschaftsteuerlichen Freibeträge besser ausnutzen zu können.

VOR- UND NACHTEILE LEBZEITIGER VERMÖGENSÜBERTRAGUNG

Individuelle Lebensumstände

Bei den Überlegungen, Vermögenswerte zu Lebzeiten zu übertragen, sollten deren Vor- und Nachteile sorgfältig gegeneinander abgewogen werden. Maßgebend sind aber letztlich allein die individuellen familiären und wirtschaftlichen Lebensumstände. Sinnvoll kann es auch sein, rechtlichen und/oder steuerlichen Rat eines Fachmanns einzuholen. Und auch mit guten Freunden kann sicherlich die eine oder andere Frage besprochen werden. In den nachfolgenden Checklisten sind einige wichtige Vor- und Nachteile der lebzeitigen Vermögensübertragung zusammengefasst.

Vorteile der Vermögensübertragung zu Lebzeiten:

- Werden Vermögensteile zu Lebzeiten übertragen, können die eigenen Lebensumstände und die der Nachfolgegeneration besser beurteilt und entsprechend reagiert werden.
- Die Nachkommen erhalten Vermögen zu einem Zeitpunkt, zu dem sie es benötigen (zum Beispiel zur Gründung einer Familie oder zum Aufbau einer Existenz).
- Das Vermögen kann schrittweise übertragen werden. Damit hat der Erblasser Gelegenheit zu beobachten, wie die Übernehmer damit umgehen. Er kann dann mit einer entsprechenden letztwilligen Verfügung noch reagieren und gegebenenfalls gegensteuern.
- Bei größerem Vermögen hat der Erblasser die Möglichkeit, Steuerfreibeträge besser auszunutzen und die nachfolgende Generation damit steuerlich zu entlasten.
- Durch die Übertragung von Vermögenswerten zu Lebzeiten können Pflichtteilsansprüche beziehungsweise Pflichtteilsergänzungsansprüche bei geschickter Gestaltung minimiert werden (vgl. Seite 50 f.).
- Regressansprüche des Sozialhilfeträgers werden vermieden, weil Schenkungen nach zehn Jahren nicht mehr zurückgefordert werden können.

Nachteile der Vermögensübertragung zu Lebzeiten:

- Der Erblasser verliert sein Vermögen, selbst wenn er sich die Nutzung vorbehält oder sich im Gegenzug Versorgungsleistungen zusichern lässt.
- Die Vermögensübertragung zu Lebzeiten verlangt vom Erblasser eine Prognose seiner künftigen Lebensumstände. Damit trägt er das Risiko, wie sich diese künftig wirtschaftlich entwickeln.
- Mit der Übertragung von Vermögenswerten verliert der Erblasser zwangsläufig an Einfluss, die Entwicklung von Lebensumständen seiner Familienmitglieder zu steuern.

- Die Durchführung einer vorweggenommenen Erbfolge kann erheblich höhere Kosten (insbesondere Notar- und Grundbuchkosten) verursachen als die Vermögensübertragung im Wege des Erbrechts.

INSTRUMENTE ZUR LEBZEITIGEN VERMÖGENSÜBERTRAGUNG

Zuwendungen zu Lebzeiten können rechtlich unterschiedlich ausgestaltet sein. In Betracht kommen insbesondere die Schenkung, die gemischte Schenkung und die Schenkung unter Auflagen.

SCHENKUNG

§

Die Schenkung ist eine unentgeltliche Zuwendung des Schenkers an den Beschenkten (§ 516 Abs. 1 BGB).

Diese Form der Zuwendung hat als Instrument der Vermögensübertragung zu Lebzeiten große Bedeutung.

Motive

Motive für eine Schenkung gibt es viele: So kann die vorzeitige Zuwendung von Vermögenswerten den Kindern beim Aufbau einer eigenen Existenz helfen. Der nichteheliche Partner oder eine dritte Person kann finanziell versorgt oder für Pflege- und Betreuungsleistungen entschädigt werden. Eine Schenkung kann auch sinnvoll sein, wenn damit ein Erbverzicht des Beschenkten verbunden wird. Auf diese Weise können die testamentarisch eingesetzten Erben vor Pflichtteilsansprüchen (vgl. Seite 50 f.) geschützt werden. Im Wege der Schenkung beziehungsweise eines Übergabevertrags kann etwa der eigene Betrieb oder das eigene Unternehmen noch zu Lebzeiten in jüngere Hände gegeben werden. Und schließlich können für eine Schenkung steuerliche Motive ausschlaggebend sein. Denn nach dem Erbschaft- und Schenkungsteuergesetz können die jeweils maßgebenden Freibeträge alle zehn Jahre geltend gemacht werden, sodass diese mehrfach genutzt werden können.

Bei der Schenkung ist zwischen der sogenannten Handschenkung und der Vertragsschenkung zu unterscheiden.

- Bei der Handschenkung wird die Zuwendung sofort vollzogen, das heißt, das Eigentum am geschenkten Gegenstand sofort übertragen. Typische Beispiele sind Geburtstags- und Weihnachtsgeschenke. Die Handschenkung bedarf keiner besonderen Form.
- Von der Handschenkung zu unterscheiden ist die Vertragsschenkung. In diesem Fall verpflichtet sich der Schenkende durch Vertrag, dem Beschenkten eine unentgeltliche Zuwendung zu machen. Das ist beispielsweise der Fall, wenn sich der Schenker verpflichtet, dem Vertragspartner seine Briefmarkensammlung zu schenken. Ein Schenkungsversprechen in dieser Form bedarf der notariellen Beurkundung. Wenn die Zuwendung allerdings vollzogen wurde, der Schenkungsgegenstand dem Beschenkten also übereignet wurde, ist die Schenkung auch ohne notarielle Beurkundung wirksam (§ 518 Abs. 2 BGB). Bei Grundstücksschenkungen ist neben der notariellen Beurkundung auch die Eintragung im Grundbuch erforderlich.

Vorsicht

Die Schenkung ist für den Schenker ein riskantes Rechtsgeschäft; schließlich verliert er sein gesamtes Vermögen. Sie sollten deshalb gründlich überlegen, ob die Übertragung von Vermögenswerten zu Lebzeiten richtig und vernünftig ist. Eine Rückforderung ist nur in Ausnahmefällen möglich.

Zu beachten ist zudem, dass der Schenker unter Umständen auch für Mängel des geschenkten Gegenstands haftet und vom Beschenkten haftbar gemacht werden kann. Allerdings haftet der Schenker gesetzlich grundsätzlich nur für Vorsatz und grobe Fahrlässigkeit (§ 521 BGB). Grob fahrlässig würde er handeln, wenn er nicht beachtet, was im konkreten Fall jedermann einleuchten musste. Das wäre beispielsweise der Fall, wenn der Schenker den Beschenkten nicht ausreichend darauf aufmerksam macht, dass das geschenkte Spielzeug nicht schadstofffrei ist und Gesundheitsschäden verursachen kann.

§

Weist die verschenkte Sache Mängel auf, so ist der Schenker gegenüber dem Beschenkten nur dann schadenersatzpflichtig, wenn er den Mangel gekannt und arglistig verschwiegen hat („Einem geschenkten Gaul schaut man nicht ins Maul", § 524 Abs. 1 BGB).

Vorsicht

Mit einer Schenkung verlieren Sie das Eigentum an der Sache. Eine Rückforderung oder ein Widerruf ist nur in wenigen Ausnahmefällen möglich. Deshalb kann es sinnvoll sein, dass Sie sich im Schenkungsvertrag Rückforderungsrechte vorbehalten. (Vgl. auch Seite 48.)

Ist der Schenker nach der Schenkung außerstande, einen angemessenen Unterhalt zu bestreiten oder die gegenüber seinen Verwandten, seinem Ehegatten, Lebenspartner oder früherem Ehegatten oder Lebenspartner gesetzlich obliegende Unterhaltspflicht zu erfüllen, kann er die Schenkung zurückfordern (§ 528 Abs. 1 BGB). Der Beschenkte kann die Herausgabe allerdings dadurch abwenden, indem er den für den Unterhalt erforderlichen Betrag zahlt. Die Rückforderung ist ausgeschlossen, wenn die Bedürftigkeit vorsätzlich oder durch grobe Fahrlässigkeit herbeigeführt wurde oder wenn zum Zeitpunkt des Eintritts der Bedürftigkeit seit der Leistung des geschenkten Gegenstands zehn Jahre verstrichen sind (§ 529 Abs. 1 BGB).

Der Schenker kann sich durch Widerruf von der Schenkung lösen, wenn sich der Beschenkte durch eine schwere Verfehlung gegen ihn oder einen seiner nahen Angehörigen „groben Undanks" schuldig gemacht hat (§ 530 Abs. 1 BGB). Im Falle des Widerrufs kann der Schenker verlangen, dass die Schenkung wieder herausgegeben wird. Ausgeschlossen ist der Widerruf, wenn der Schenker dem Beschenkten verziehen hat oder wenn seit dem Zeitpunkt, ab dem dieser von seinem Widerrufsrecht Kenntnis erlangt hat, ein Jahr verstrichen ist (§ 532 BGB).

Schenkungen unterliegen der Erbschaft- und Schenkungsteuer (vgl. dazu Seite 193 f.). Steuerpflichtig ist der Beschenkte. Die Höhe der Steuer hängt vom Verwandtschaftsgrad zum Schenker und von der Höhe der Zuwendung ab. Nahen Angehörigen, insbesondere dem Ehegatten und Kindern, stehen Steuerfreibeträge zu, innerhalb deren Grenzen keine Steuer anfällt. Schenkungsteuerfreibeträge können alle zehn Jahre voll ausgeschöpft werden.

Tipp

Wenn Sie ein großes Vermögen möglichst steuergünstig weitergeben möchten, sollten Sie sich frühzeitig an die Planung machen.

In der Praxis wird eine steuergünstige Übertragung von Vermögenswerten häufig über Kettenschenkungen versucht. Aufgrund der unterschiedlichen Höhe der Freibeträge und der unterschiedlichen Steuerklassen (vgl. Seite 202 f.) kann es sinnvoll sein, eine Schenkung mehrfach steuerlich auszunutzen. Eine Kettenschenkung kann vorliegen, wenn die unmittelbare Schenkung vom Schenker an den Beschenkten steuerlich ungünstiger ist als die Einschaltung einer Zwischenperson.

Beispiel: Kettenschenkung

Sie wollen Ihrem Enkelsohn 400.000 Euro schenken; bei einem Freibetrag von 200.000 Euro und einem Steuersatz von elf Prozent (zum Freibetrag und Steuersatz des Enkels vgl. Seite 203 f.) wäre Schenkungsteuer von 22.000 Euro fällig. Stattdessen schenken Sie Ihrem Enkel nur 200.000 Euro. 200.000 Euro schenken Sie Ihrem Sohn zur Weitergabe an dessen Sohn (Ihrem Enkel). In diesem Fall ist keine Schenkungsteuer fällig, weil die Schenkungen innerhalb der jeweiligen Freibeträge liegen. Hier könnte aber eine verbotene Kettenschenkung und damit ein steuerlicher Gestaltungsmissbrauch vorliegen. Die übliche, weil einfachere Gestaltung wäre nämlich die gewesen, dass Sie Ihrem Enkel die 400.000 Euro direkt und ohne Umwege geschenkt hätten.

Tipp

Sie sollten in jedem Fall vermeiden, dass mit einer Schenkung ausdrücklich eine Verpflichtung zur Weitergabe verbunden wird. Ferner sollte vor Weitergabe eine „Anstandsfrist" von mindestens einem Jahr abgewartet werden.

Bei einer Schenkung zu Lebzeiten ist immer zu beachten, dass diese den sogenannten Pflichtteilsergänzungsanspruch (vgl. Seite 181 f.) auslösen kann. Das ist grundsätzlich bei allen Schenkungen der Fall, die zehn Jahre vor dem Erbfall vorgenommen wurden. Dabei gibt es folgende Ausnahmen:

Ausnahmen

- Kleinere Zuwendungen aus besonderem Anlass wie zum Beispiel Geburtstag, Weihnachten, Taufe, Jubiläum gelten als Anstandsschenkungen und bleiben bei Pflichtteilsergänzungsansprüchen unberücksichtigt.
- Entsprechendes gilt für Pflichtschenkungen. Hier kommen auch größere Zuwendungen in Betracht. Beispiel: Schenkung als Dank für unentgeltliche Pflege.
- Bei einer sogenannten gemischten Schenkung (vgl. Seite 29 f.) ist nur der unentgeltliche Teil als Schenkung anzusehen und nur hieran besteht auch ein Pflichtteilsergänzungsanspruch.

Wenn sich der Erblasser durch einen Erbvertrag (vgl. Seite 111 f.) oder durch ein gemeinschaftliches Testament (vgl. Seite 97 f.) in seiner Verfügungsfreiheit über sein Vermögen zum Zeitpunkt des Todes gebunden hat, kann er zwar weiterhin über sein Vermögen verfügen, verschenken kann er dieses aber nur noch mit Einschränkungen. Durch die gesetzlichen Regelungen über böswillige Schenkungen sollen die Erben geschützt werden (§ 2287 BGB). Damit der Erblasser nichts verschenkt, um die festgelegten Erben zu schädigen, können diese im Erbfall daher von dem Beschenkten verlangen, dass dieser das Geschenk herausgibt. Gibt es einen Erbvertrag oder ein gemeinschaftliches Testament, können Schenkungen nur aus „eigennützigen Zwecken" vorgenommen werden, das heißt nur dann, wenn man sich dadurch vom Beschenkten einen Vorteil verschafft. Ein solches Eigeninteresse kann beispielsweise vorliegen, wenn ein Mann seiner jüngeren Frau eine Zuwendung zukommen lässt, um so seine eigene Pflege und Betreuung im Alter sicherzustellen.

Tipp

Im Schenkungsvertrag sollten Sie Ihr Eigeninteresse an der Schenkung ausdrücklich festhalten, damit die durch Erbvertrag oder gemeinschaftliches Testament eingesetzten Erben die Schenkung nicht zurückfordern können. Die Beweislast für die Benachteiligungsabsicht liegt bei Ihren Erben.

Pflicht- und Anstandsschenkung

Gelegenheitsgeschenke

02

Unter einer Pflicht- oder Anstandsschenkung ist eine Schenkung zu verstehen, mit der der Schenker einer sittlichen Pflicht oder einer auf den Anstand zu nehmenden Rücksicht entspricht. So gehören zum Beispiel Gelegenheitsgeschenke zum Geburtstag oder zu Weihnachten zur Anstandspflicht. Einer sittlichen Pflicht kann es etwa entsprechen, wenn der Schenker unterhaltsbedürftige Geschwister unterstützt. Ob im Einzelfall eine Pflicht- und Anstandsschenkung vorliegt, hängt nicht zuletzt von der Lebensstellung der Beteiligten und ihren persönlichen Beziehungen ab.

§

Pflicht- und Anstandsschenkungen unterliegen nicht der Rückforderung und dem Widerruf (§ 534 BGB), ferner nicht der Pflichtteilsergänzung (§ 2330 BGB; vgl. dazu Seite 181 f.).

Gemischte Schenkung

Eine gemischte Schenkung liegt vor, wenn im Rahmen eines einheitlichen Rechtsgeschäfts (zum Beispiel eines Kaufvertrags) der Wert der Leistung des Zuwendenden der Gegenleistung des Empfängers nur zum Teil entspricht, die Vertragspartner dies wissen und sich einig sind, dass der übersteigende Wert unentgeltlich gegeben wird.

Beispiel

Die Eltern übertragen an ihren Sohn ein Grundstück im Wert von 150.000 Euro gegen Zahlung von 80.000 Euro.

Auf die gemischte Schenkung sind die gesetzlichen Regelungen über die Schenkung (vgl. dazu Seite 24 f.) nur eingeschränkt anwendbar. So kommt zum Beispiel eine Rückforderung wegen Verarmung des Schenkers nicht in Betracht, sondern nur ein Geldanspruch.

Steuerlich muss der Vorgang in einen entgeltlichen und einen unentgeltlichen Teil aufgeteilt werden. Der unentgeltliche Teil des Geschäfts ist schenkungsteuerpflichtig. Dazu muss der Verkehrswert der Zuwendung abzüglich des Verkehrswerts der Gegenleistung ins Verhältnis zum Verkehrswert der Zuwendung gesetzt werden.

RÜCKFORDERUNG DER SCHENKUNG DURCH DAS SOZIALAMT

Leistungen der Sozialhilfe und der Grundsicherung für Arbeitsuchende erhält nur derjenige, der sich nicht selbst helfen kann. Bevor Leistungen gewährt werden, muss der Betroffene versuchen, alle sonstigen Ansprüche, die ihm gegebenenfalls zustehen, zu realisieren. In diesem Zusammenhang müssen auch Ansprüche gegenüber anderen Personen geltend gemacht werden. Diesem Grundsatz der Nachrangigkeit der Sozialhilfe und der Grundsicherung für Arbeitsuchende entspricht die Möglichkeit des Hilfeträgers, auf bereits vom Hilfeempfänger früher übertragenes Vermögen oder auf seine gesetzlichen Ansprüche gegen Dritte zurückzugreifen. Der Anspruch kann sich insbesondere gegen den Beschenkten und den Schuldner von Versorgungsansprüchen richten.

Nachrangigkeit der Sozialhilfe

Der Träger der Sozialhilfe beziehungsweise der Leistungen der Grundsicherung für Arbeitsuchende kann Ansprüche des Hilfeempfängers gegen Dritte auf sich überleiten. Als Ansprüche kommen solche aus Gesetz oder Vertrag in Betracht.

Notbedarf

Große praktische Bedeutung hat heute der Rückforderungsanspruch zur Deckung des Notbedarfs des verarmten Schenkers (vgl. Seite 31, 48). Damit soll der Schenker wieder in die Lage versetzt werden, seinen Unterhalt selbst zu bestreiten.

Soweit der Hilfeträger diesen Notbedarf deckt, kann er den Anspruch auf Rückforderung der Schenkung auf sich überleiten. Damit wird der Hilfeträger Inhaber des Anspruchs.

Der Anspruch auf Rückforderung der Schenkung richtet sich gegen den Beschenkten, nach dessen Tod gegen die Erben. Haben Geschwister im Rahmen einer Grundstücksschenkung Abfindungs- und Ausgleichszahlungen vom Schenker erhalten (vgl. Seite 46 f.), haften sie neben dem Beschenkten. Übergeleitet werden können nicht nur Rückforderungsansprüche aus einer reinen Schenkung, sondern auch solche aus gemischten Schenkungen und aus Schenkungen unter Auflagen.

Tipp
Der Anspruch auf Rückforderung ist ausgeschlossen, wenn bei Eintritt der Bedürftigkeit die Schenkung mehr als zehn Jahre zurückliegt.

Der Anspruch ist der Höhe nach beschränkt auf das, was der Schenker benötigt, um seinen Notbedarf zu decken. Ist wie bei einem Grundstück der Schenkungsgegenstand nicht teilbar, so kann der Hilfeträger verlangen, dass der Beschenkte Wertersatz zahlt.

SONSTIGE ZUWENDUNGSFORMEN

Neben den Schenkungen kommen als Zuwendungsformen zu Lebzeiten die Ausstattung, die vorweggenommene Erbfolge und die ehebedingte Zuwendung in Betracht.

Ausstattung

Selbstständige Lebensstellung

Unter die sogenannte Ausstattung (§ 1624 BGB) fallen die Vermögenswerte, die einem Kind von Vater oder Mutter mit Rücksicht auf seine Heirat zugewendet werden oder die darauf zielen, dass der Nachkomme eine selbstständige wirtschaftliche Lebensstellung erlangt (zum Beispiel Aussteuer, Mitgift). Zur Ausstattung werden auch Rentenzahlungen, die Deckung von Verbindlichkeiten oder die Gewährung einer freien Wohnung gezählt. Ein Rechtsanspruch des Kindes auf Ausstattung besteht nicht. Maßgebend bei der Zuwendung ist, dass sie zum Zweck der Ausstattung erfolgte. Ohne Bedeutung ist, aus welchem Motiv die Zuwendung gewährt wurde.

Musterformulierung: Zuwendung

Unser Sohn .... erhält als Zuwendung zur Erhaltung der Lebensstellung 5.000 Euro.

Eine Ausstattung stellt keine Schenkung dar. Die gesetzlichen Vorschriften über die Rückforderung wegen Verarmung des Schenkers und über den Widerruf wegen groben Undanks (vgl. Seite 26) finden daher keine Anwendung. Gerät der zuwendende Ehegatte in wirtschaftliche Not, so hat er einen Unterhaltsanspruch gegen den anderen Ehegatten und gegen seine Kinder. Übersteigt die Ausstattung allerdings ein den Vermögensverhältnissen der Eltern entsprechendes Maß, kann der nicht maßvolle Teil als Schenkung betrachtet werden. Für die Beurteilung sind die Vermögensverhältnisse des Zuwendenden zum Zeitpunkt der Zuwendung maßgebend. Derjenige, der das Übermaß behauptet, ist beweispflichtig, so zum Beispiel ein Pflichtteilsberechtigter.

Tipp

Bei einer besonders werthaltigen Ausstattung sollten Sie Ihre Vermögensverhältnisse zu diesem Zeitpunkt angeben.

Eine Ausstattung begründet keinen Pflichtteilsergänzungsanspruch (vgl. dazu Seite 227). Nur wenn eine Ausstattung im Übermaß erfolgte, also Vermögensverhältnisse der Eltern überstiegen hat, dann besteht für diesen über das Maß hinausgehenden Teil ein solcher Anspruch.

Bei gesetzlicher Erbfolge ist unter Abkömmlingen eine Ausstattung bei der Auseinandersetzung des Nachlasses auszugleichen, sofern der Erblasser bei der Zuwendung nichts anderes bestimmt hat.

02

Vorweggenommene Erbfolge

Unter vorweggenommener Erbfolge sind Vermögensübertragungen zu verstehen, die bereits zu Lebzeiten des Erblassers an Personen erfolgen, die Vermögen sonst erst nach dessen Tod erhalten hätten. Die lebzeitige Vermögensübertragung erfolgt also im Vorgriff auf die Erbfolge. Gegenstand der vorweggenommenen Erbfolge sind insbesondere Geldschenkungen und die Übertragung von Immobilien. Im Rahmen der vorweggenommenen Erbfolge vorgenommene Geschäfte sind in der Regel Schenkungen.

Bei einer lebzeitigen Übertragung von Vermögenswerten ist es sinnvoll, auf die vorweggenommene Erbfolge ausdrücklich hinzuweisen.

Musterformulierung: Übertragung

Die Übertragung erfolgt im Wege der vorweggenommenen Erbfolge.

Gegenleistungen

Wenn es sich bei der vorweggenommenen Erbfolge um das wesentliche Vermögen des Erblassers handelt (zum Beispiel bei Immobilien), kann es sinnvoll sein, die Übertragung gegen Gegenleistungen vorzunehmen. In Betracht kommen insbesondere Nutzungsvorbehalte wie beispielsweise ein Nießbrauch oder ein Wohnungsrecht (vgl. Seite 37 f.), Versorgungsleistungen wie Rentenzahlungen oder Pflegeverpflichtungen (vgl. Seite 39 f.), oder ein Erb- und/oder Pflichtteilsverzicht (vgl. Seite 44 f., 188 f.). Die Übertragung gegen Gegenleistungen kann auch unter steuerlichen Gesichtspunkten sinnvoll sein (vgl. Seite 193 f.). Die Übertragung von Grundbesitz kann gegen Übernahme der mit der Immobilie zusammenhängenden Restschulden und Grundpfandrechten vorgenommen werden (vgl. Seite 35 u. 227). Und schließlich sollte sich der Erblasser im Rahmen der vorweggenommenen Erbfolge insbesondere einen vertraglichen Rückübertragungsanspruch vorbehalten (vgl. Seite 48).

Ehebedingte Zuwendung

Ehebedingte Zuwendungen sind solche vermögenswerten Beträge, die ein Ehegatte dem anderen zukommen lässt, um die eheliche Lebensgemeinschaft zu verwirklichen oder auszugestalten, zu erhalten oder zu sichern. In Betracht kommen insbesondere die Übertragung von Miteigentumsanteilen an einem Hausgrundstück, Dienstleistungen oder Beiträge zur Alterssicherung.

Ehebedingte Zuwendungen stellen im Verhältnis zwischen Ehegatten keine Schenkung dar, können als solche also nicht widerrufen werden. Scheitert die Ehe, wird beim Güterstand der Zugewinngemeinschaft der Wert der Zuwendung auf den Zugewinnausgleichsanspruch angerechnet. Ist das nicht gewünscht, bedarf es einer entsprechenden vertraglichen Vereinbarung unter den Ehegatten.

Musterformulierung: Ehebedingte Zuwendung

Als ehebedingte Zuwendung zur Verwirklichung der ehelichen Lebensgemeinschaft erhält meine Ehefrau .... die Miteigentumshälfte an dem Hausgrundstück Nr. .... zum vorzeitigen Ausgleich des Zugewinns. Es besteht keine Haftung für Sach- und Rechtsmängel an dem Vertragsgegenstand.

Tipp

Aus erbschaftsteuerlicher Sicht kann es sinnvoll sein, das Familienwohnheim schon zu Lebzeiten im Wege der vorweggenommenen Erbfolge auf den Ehegatten zu übertragen. Für den Fall, dass der beschenkte Ehegatte zuerst stirbt, kann ein Rückforderungsanspruch (vgl. Seite 41 u. 48) vereinbart werden; selbst wenn der überlebende Ehegatte dann Erbe wird, muss er keine Erbschaftsteuer für die Rückübertragung des Familienwohnheims entrichten.

Ehebedingte Zuwendungen unter Ehegatten können Pflichtteilsergänzungsansprüche (vgl. Seite 183) auslösen, weil sie erbrechtlich wie Schenkungen behandelt werden.

Sie unterliegen grundsätzlich der Schenkungsteuer. Die Übertragung selbst genutzten Wohneigentums an den Ehepartner ist aber unabhängig vom Wert steuerfrei. Das Gleiche gilt für eingetragene Lebenspartner. Wenn der überlebende Ehepartner beziehungsweise der eingetragene Lebenspartner die Immobilie komplett steuerfrei erben will, muss er sie jedoch zehn Jahre lang selbst bewohnen (er darf sie also nicht vermieten). Wenn er früher auszieht, hat er die Steuer nachzuzahlen – es sei denn, er zieht ins Pflegeheim.

Übergabevertrag

Der Übergabevertrag ist der rechtliche Rahmen der Vermögensübertragung. Sollen wesentliche Teile des Vermögens (häufig eine Immobilie) zu Lebzeiten auf die Familienangehörigen oder auf eine andere Person übertragen werden, ist der Übergabevertrag der richtige rechtliche Rahmen. Von einem Testament oder Erbvertrag unterscheidet sich dieser Vertrag dadurch, dass der Übertragende alle darin übernommenen Verpflichtungen zu Lebzeiten erfüllen muss. Für den Übergabevertrag gelten die gesetzlichen Regelungen des Erbrechts nicht. Zwar nimmt der Übergabevertrag häufig sachlich die Erbfolge vorweg, seine Wirksamkeit hängt aber nicht davon ab, dass der Empfänger der Zuwendung den Übergeber überlebt. Der Übergabevertrag bedarf der notariellen Beurkundung, wenn Grundstücke oder Gebäude Vertragsgegenstand sind.

Um die mit einem Übergabevertrag verbundenen Risiken zu minimieren, sollte unter anderem bedacht werden, ob

- eventuelle Grundschulden vor der Übertragung der Immobilie gelöscht werden sollen oder der Erwerber diese übernehmen soll (vgl. dazu Seite 47),
- der Erwerber verpflichtet werden soll, dass er als Gegenleistung für die Übereignung einen Ausgleichsbetrag zahlt (in diesem Fall muss auch die Fälligkeit geklärt werden),
- der Erwerber zur Zahlung einer monatlichen Rente verpflichtet werden soll (vgl. dazu Seite 39 f.),

Vorsicht

Vor Abschluss des Übergabevertrags sollten Sie sich über die Rechtsfolgen bewusst sein: Sie verlieren das Eigentum am Vertragsgegenstand, der Übernehmer wird neuer Eigentümer. Sie sollten sich deshalb eingehend damit befassen, was Sie im Vertrag im Einzelnen regeln wollen.

- der Erwerber verpflichtet werden soll, dass er an bestimmte Familienangehörige eine Abfindung zu leisten hat (vgl. dazu Seite 46 f.),
- der Erwerber zu Pflegeleistungen verpflichtet werden soll (vgl. dazu Seite 41 f.),
- die Immobilie oder Teile davon (zum Beispiel das Dachgeschoss) weiterhin durch den Übergebenden genutzt werden soll und er sich ein Wohnrecht oder einen Nießbrauch vorbehalten will (vgl. dazu Seite 37 f.),
- im Rückgabevertrag das Recht vorbehalten werden soll, die Übereignung der Immobilie unter bestimmten Umständen wieder rückgängig zu machen (vgl. dazu Seite 48),
- die Übertragung der Immobilie auf den späteren Erbteil des Erwerbers angerechnet werden oder die Zuwendung ohne jegliche Ausgleichspflicht und Verrechnung im Todesfall erfolgen soll,
- die Übertragung der Immobilie auf den späteren Pflichtteil angerechnet werden soll,
- die Übertragung der Immobilie davon abhängig gemacht werden soll, dass der Erwerber auf sein Erb- und Pflichtteilsrecht verzichtet (vgl. dazu Seite 188).

NUTZUNGSVORBEHALTE ALS GEGENLEISTUNG

Übertragung von Wohneigentum

Wer über bestimmte Vermögensteile bereits zu Lebzeiten verfügt, verliert zwangsläufig auch sein Verfügungs- und Nutzungsrecht darüber. Deshalb sollte zunächst darüber nachgedacht werden, ob es nicht sinnvoll ist, sich bei der Übertragung des Vermögens bestimmte Nutzungsrechte vorzubehalten (vgl. dazu zum Beispiel die anschließende Checkliste bei der Übertragung von Wohneigentum).

Checkliste: Nutzungsrechte bei Wohnungsübertragung

- Für welche Räume wollen Sie sich ein Nutzungsrecht vorbehalten?
- Wollen Sie auch gemeinschaftliche Anlagen (z. B. den Garten) nutzen?
- Welche Personen wollen Sie in die Wohnung aufnehmen?
- Wer soll die Unterhaltungskosten tragen?
- Wer soll notwendige Schönheitsreparaturen übernehmen?
- Wer soll die Betriebskosten tragen?
- Wollen Sie sich das Recht vorbehalten, die Wohnung (gegen Entgelt) zu vermieten?

Als Nutzungsvorbehalte kommen insbesondere der Nießbrauch, das Wohnungsrecht und das Wohnrecht in Betracht.

Nießbrauch

Eine Schenkung unter dem Vorbehalt des Nießbrauchs hat zur Folge, dass das Vermögen (zum Beispiel eine Immobilie) und dessen Erträge vorübergehend unterschiedlichen Personen zugeordnet werden. Der Nießbraucher hat das Recht, sämtliche Nutzungen des belasteten Grundstücks (zum Beispiel des Wohngebäudes) zu ziehen (§ 1030 BGB). Der Erwerber hat zwar die rechtliche Verfügungsbefugnis, dem Nießbraucher verbleibt allerdings die umfassende Nutzung (zum Beispiel Miet- und Pachteinnahmen).

Tipp

Wichtig ist es, im Übergabevertrag eindeutig festzulegen, wer welche Kosten zu tragen hat. Gesetzlich ist der Nießbraucher verpflichtet, die Sache auf eigene Kosten zu versichern und zu erhalten sowie die öffentlichen Lasten (zum Beispiel Grundsteuern) zu tragen – es sei denn, es handelt sich um außergewöhnliche, nicht laufend wiederkehrende Lasten.

Musterformulierung: Nießbrauchsrecht

Der Übergeber behält sich auf Lebenszeit das unentgeltliche Nießbrauchsrecht vor. Nach dem Tod des Übergebers steht das Nießbrauchsrecht mit demselben Inhalt dessen Ehefrau zu.
Für die Lastenverteilung gelten die gesetzlichen Vorschriften.

Der Nießbrauch erlischt mit dem Tod des Nießbrauchers (§ 1061 BGB). Er ist also nicht vererblich.

Wohnungsrecht

In einem Übergabevertrag kann als Gegenleistung auch ein Wohnungsrecht vereinbart werden. Als beschränkte persönliche Dienstbarkeit kann das Recht bestellt werden, ein Gebäude oder einen Teil eines Gebäudes unter Ausschluss des Eigentümers zu nutzen (§ 1093 BGB). Dieses Recht beinhaltet die Befugnis, die eigene Familie sowie zum Beispiel pflegebedürftige Angehörige in die Wohnung aufzunehmen. Zur Familie zählt unter Umständen auch der nichteheliche Lebenspartner. An sonstige Dritte darf das Wohnungsrecht allerdings nur mit ausdrücklicher Zustimmung des Eigentümers überlassen werden.

Tipp

Im Rahmen des Übergabevertrags sollten Sie eindeutig regeln, welche Räume dem Wohnungsrecht unterliegen. Ferner sollten Sie festlegen, ob nur Sie mit Ihrer Familie die Wohnung nutzen oder ob Sie diese auch an Dritte überlassen dürfen. Ferner sollten Sie regeln, wer die mit der Wohnung verbundenen Kosten zu tragen hat. Dabei geht es nicht nur um die laufenden Kosten, sondern auch um außergewöhnliche Sanierungs- und Modernisierungsmaßnahmen.

Kraft Gesetzes muss der Wohnungsberechtigte die vom Wohnungsrecht erfassten Räume unterhalten. Er hat insbesondere die gewöhnlichen Unterhaltungskosten (zum Beispiel Wasser, Abwasser, Müll, Strom) sowie die Kosten der laufenden Reparaturen zu tragen. Vertraglich können allerdings davon abweichende Regelungen getroffen werden. Die öffentlichen und privaten Lasten (zum Beispiel Grundsteuer, Versicherungen) hat gesetzlich der Grundstückseigentümer zu tragen. Abweichende Regelungen können zwischen Übergeber und Erwerber vereinbart werden. Gesetzlich ist der Eigentümer nicht verpflichtet, auf seine Kosten eine außergewöhnliche Ausbesserung des Grundstücks oder Gebäudes vorzunehmen.

Das Wohnungsrecht erlischt mit dem Tod des Berechtigten. Als höchstpersönliches Recht ist es nicht vererblich. Zu beachten ist, dass das Wohnungsrecht auch mit der Zerstörung des Gebäudes erlischt. Deshalb kann es sinnvoll sein, zur Sicherung eine sogenannte Wohnungsgewährungsreallast zu bestellen. Es empfiehlt sich deshalb eine Beratung durch einen fachkundigen Anwalt.

Das Wohnungsrecht erlischt nicht, wenn der Berechtigte persönlich (zum Beispiel wegen des Aufenthalts in einem Pflegeheim) an der Ausübung gehindert ist.

Wohnrecht

Wer sich im Übergabevertrag als Gegenleistung ein Wohnrecht vorbehält, ist nicht nur berechtigt, die Wohnung zu benutzen, sondern daneben auch der Wohnungseigentümer. Der Berechtigte hat in diesem Fall lediglich das Recht der Mitbenutzung (§ 1090 BGB).

Tipp
Die Vereinbarung eines Wohnrechts im Übergabevertrag ist im Regelfall nur dann sinnvoll, wenn sowohl Sie als auch der Übernehmer unter einem Dach leben und das Wohnrecht nicht auf einzelne Räume beschränkt werden soll.

GEGENLEISTUNG IN FORM VON RENTENZAHLUNGEN UND PFLEGEVERPFLICHTUNGEN

Typische Versorgungsleistungen, die im Rahmen der Vermögensübertragung in einem Übergabevertrag als Gegenleistung vereinbart werden können, sind insbesondere Rentenzahlungen und Pflegeverpflichtungen.

Rentenzahlung

Im Rahmen des Übergabevertrags kann als Gegenleistung auch die Zahlung regelmäßig wiederkehrender Beiträge vereinbart werden. Hierbei ist zwischen der Leibrente und der sogenannten dauernden Last zu unterscheiden.

Eine Leibrente liegt vor, wenn dem Begünstigten auf Lebenszeit aus einem selbstständigen einheitlichen Schuldverhältnis wiederkehrende gleichmäßige Leistungen zu erbringen sind (§ 759 BGB). Gesetzlich ist eine Leibrente im Voraus zu erbringen (§ 760 Abs. 1 BGB).

Von einer dauernden Last ist auszugehen, wenn die in Zeitabschnitten zu erbringende Leistung nicht in gleicher Höhe fällig ist, sondern sich nach den persönlichen Verhältnissen des Begünstigten oder Verpflichteten richtet. Bei der Leibrente handelt es sich also um eine gleichbleibende Geldleistung; bei der dauernden Last sind dagegen die Bedürftigkeit des Übergebers und die Leistungsfähigkeit des Zahlungspflichtigen maßgebend.

Checkliste: Rentenzahlungen

- Was wird von der Rentenzahlung erwartet?
- Wie hoch soll die monatliche Rente sein?
- Soll der Erwerber zur Zahlung monatlich gleichbleibender Raten verpflichtet werden oder soll die Höhe der Rente von der eigenen Bedürftigkeit beziehungsweise der Leistungsfähigkeit des Erwerbers abhängen?
- Soll die vom Verpflichteten zu zahlende Rente an die allgemeine Entwicklung der Lebenshaltungskosten angepasst und damit die Rente wertbeständig vereinbart werden?
- Wann sollen die Rentenzahlungen jeweils fällig sein?
- Welche Konsequenzen soll es haben, wenn der Verpflichtete die Rente nicht zahlt beziehungsweise mit der Zahlung in Verzug gerät?

Aus steuerlicher Sicht hat die dauernde Last den Vorteil, dass der volle Zahlbetrag abzugsfähig ist, während bei der Leibrente nur der sogenannte Ertragsanteil der Rente als Sonderausgabe abgezogen werden kann. Nachteil der dauernden Last ist jedoch, dass sich ihre Höhe auch danach richtet, wie leistungsfähig der jeweilige Übernehmer ist.

Bei der Leibrente ist darauf zu achten, dass im Übergabevertrag die Höhe der jeweiligen Zahlung, der Beginn der Leistungspflicht und die Fälligkeit geregelt sind. Sinnvoll ist es, die schuldrechtliche Leibrentenverpflichtung durch eine persönliche Zwangsvollstreckungsunterwerfung des Zahlungspflichtigen abzusichern. Werden im Übergabevertrag Rentenzahlungen bis ans Lebensende versprochen, sollte die Rentenhöhe an die allgemeine Preissteigerung gekoppelt sein. Denn nur dann bleibt die vereinbarte Rente über die gesamte Dauer wertbeständig.

Die Vermögensübertragung zu Lebzeiten an ein Kind gegen eine Altersversorgung ist ein beliebtes Steuersparmodell. Das Kind kann die monatliche Rente als Sonderausgabe einkommensteuermindernd geltend machen. Voraussetzung ist allerdings, dass die Rentenzahlungen aus dem übertragenen Vermögen erwirtschaftet werden können. Zwar muss der Veräußerer die Rente versteuern, unter Umständen allerdings zu einem geringeren Steuersatz als sein Kind. Bevor man sich für eine solche Vermögensübertragung entscheidet, sollte Rat bei einem Steuerberater eingeholt werden.

Vorsicht

Denken Sie daran, im Übergabevertrag auch eine Regelung für den Fall aufzunehmen, dass der Übernehmer seine Zahlungspflichten nicht erfüllt. Indem man sich vertraglich einen Rückforderungsanspruch vorbehält, kann für diesen Fall vorgesorgt werden (vgl. Seite 48).

Pflegeverpflichtung

Bevor man sich zu Lebzeiten von Vermögenswerten trennt, sollte unbedingt geprüft werden, ob und in welchem Umfang im Alter die eigene Pflege gesichert ist. Um diese durch einen Familienangehörigen im häuslichen Bereich zu gewährleisten, kann es sinnvoll sein, im Übergabevertrag eine Pflegeverpflichtung zu vereinbaren. Dabei sollte man sich jedoch bewusst sein, dass Pflegeleistungen letztlich nicht zu erzwingen sind. Allerdings kann eine Pflegeverpflichtung auch begründet werden, um Pflichtteilsergänzungsansprüche (vgl. Seite 181 f.) zu mindern. Der Erblasser kann eine Pflegeverpflichtung auch mit einem Wohnungsrecht verbinden und durch Reallast absichern lassen.

Checkliste: Erwartungen an eine Pflegeverpflichtung

- Haben Sie auch über eine Alternative zur Pflegeverpflichtung nachgedacht, zum Beispiel eine Verpflichtung zur Rentenzahlung, die Ihnen einen Heimaufenthalt möglich machen würde?
- Wollen Sie auch die Pflege Ihres Ehegatten gewährleistet wissen?
- Haben Sie zum Pflegeverpflichteten eine besondere persönliche Beziehung und ein besonderes Vertrauensverhältnis?
- Unter welchen Umständen soll der Pflegefall eintreten?
- In welchem Umfang wollen Sie gepflegt werden?
- Welche Konsequenzen soll es haben, wenn der Verpflichtete die Pflege nicht oder schlecht übernimmt?

Bei der Vereinbarung einer Pflegeverpflichtung im Wege der vorweggenommenen Erbfolge ist auch zu berücksichtigen, dass unter Umständen ein Leistungsanspruch nach dem Sozialgesetzbuch XI (Soziale Pflegeversicherung) besteht. Ein etwaiger Anspruch auf häusliche Pflegehilfe umfasst die Grundpflege und hauswirtschaftliche Versorgung. Bei einer selbst beschafften Pflegehilfe kann Pflegegeld beantragt werden, mit dem die erforderliche Grundpflege und hauswirtschaftliche Versorgung in geeigneter Weise gewährleistet werden kann.

Vorsicht

Wird die Pflegeverpflichtung nicht oder nur schlecht erfüllt, können Sie sich im Übergabevertrag einen Rückforderungsanspruch (vgl. Seite 48) vorbehalten. Alternativ kann auch eine Vertragsstrafe vereinbart werden.

Im Rahmen der Vereinbarung einer Pflegeverpflichtung sollten insbesondere der Anlass der Pflege (Alter, Krankheit), der Ort der Pflege und der Umfang der Pflegeleistungen (zum Beispiel häusliche Pflege) geregelt werden. Dies sollte so konkret wie möglich formuliert sein, um spätere Streitigkeiten zu vermeiden. Sinnvoll ist es unter Umständen auch, in einer Vereinbarung zu regeln, dass ein Dritter (zum Beispiel der behandelnde Hausarzt) verbindlich entscheidet, ob ein Pflegefall vorliegt und in welchem Umfang Pflegeleistungen notwendig sind. Zweckmäßig ist es, vertraglich auch die Folgen zu regeln, wenn der Pflegeverpflichtung nicht entsprochen wird.

Schuldet der Erwerber auf Grundlage eines Übergabevertrags Pflegeleistungen, kann dies Auswirkungen auf einen etwa bestehenden sozialhilferechtlichen Pflegeanspruch haben. Nach dem Sozialgesetzbuch XII (Sozialhilfe) ist Personen Hilfe zur Pflege zu leisten, die wegen einer körperlichen, geistigen oder seelischen Krankheit oder Behinderung für die gewöhnlichen und regelmäßig wiederkehrenden Verrichtungen im Ablauf des täglichen Lebens auf Dauer, voraussichtlich für mindestens sechs Monate, in erheblichem oder höherem Maße der Hilfe bedürfen. Die Hilfe zur Pflege umfasst unter anderem die häusliche Pflege, bei der darauf hingewirkt werden soll, dass die Pflege einschließlich der hauswirtschaftlichen Versorgung durch Personen, die dem Pflegebedürftigen nahestehen, oder als Nachbarschaftshilfe übernommen wird.

Wegen der Nachrangigkeit der Sozialhilfe erhält Hilfe zur Pflege insbesondere nicht, wer die erforderliche Leistung von anderen, vor allem von Angehörigen erhält. Durch die Vereinbarung einer Pflegeverpflichtung im Rahmen der vorweggenommenen Erbfolge kann also insgesamt der Pflegebedarf gedeckt sein. Das kann zur Folge haben, dass der sozialhilferechtliche Anspruch auf häusliche Pflege beziehungsweise das Pflegegeld und der Aufwendungsersatz für Pflegepersonen ganz oder teilweise entfallen.

Der sozialhilferechtliche Anspruch auf Hilfe zur Pflege besteht bei einer im Rahmen des Übergabevertrags vereinbarten Pflegeleistung nur insoweit, als der vertraglich vereinbarte Pflegeaufwand geringer ist als der sozialhilferechtlich gedeckte Leistungsanspruch.

Tipp

Lassen Sie sich bei der Festlegung der Pflegeleistungen im Übergabevertrag nicht in erster Linie davon leiten, dass Sie Ihren vertraglichen Anspruch mit Blick auf etwaige gesetzliche Leistungsansprüche möglicherweise begrenzen. Achten Sie vielmehr darauf, dass Ihre Pflege nach Ihren persönlichen Bedürfnissen gewährleistet ist. Gleichwohl kann es sinnvoll sein, den vertraglich geschuldeten Pflegeaufwand auf die häusliche Pflege zu beschränken.

Übergang von Versorgungsansprüchen auf das Sozialamt

Wie bereits oben dargelegt, erhält Leistungen der Sozialhilfe und der Grundsicherung für Arbeitsuchende nur derjenige, der sich nicht selbst helfen kann. Bevor Leistungen gewährt werden, muss der Betroffene versuchen, alle sonstigen Ansprüche, die ihm gegebenenfalls zustehen, zu realisieren. So sind hier auch Ansprüche gegenüber anderen Personen geltend zu machen. Das Sozialamt hat die Möglichkeit, auf gesetzliche und vertragliche Ansprüche des Hilfeempfängers zurückzugreifen.

Hierbei können auch Pflegeleistungen, die der Erwerber dem Übergeber nach dem Übergabevertrag schuldet, auf den öffentlichen Hilfeträger übergeleitet werden. Zieht der Übergeber zum Beispiel um, kann er nicht mehr imstande sein, seine vertraglich geschuldeten Pflegeleistungen dort zu erbringen, wo er sie nach dem Übergabevertrag erbringen muss. Dann kann das Sozialamt den Anspruch überleiten und vom Verpflichteten verlangen, dass dieser eine Geldrente (zum Beispiel Pflegegeld nach den sozialhilferechtlichen Ansätzen) zahlt.

Tipp

Wahren Sie im Übergabevertrag in erster Linie Ihre Interessen und lassen Sie sich nicht davon leiten, durch entsprechende Vertragsgestaltung zulasten des Sozialamts eine für den Erwerber günstige Versorgungsverpflichtung zu vereinbaren. Nehmen Sie lieber mögliche sozialhilferechtliche Leistungseinschränkungen zugunsten einer gesicherten Versorgung in Kauf.

Wird im Übergabevertrag vereinbart, dass der Erwerber von vertraglich vereinbarten Pflegeleistungen freigestellt ist, wenn der Übergeber in einem Pflegeheim untergebracht wird, muss damit gerechnet werden, dass das Sozialamt die entsprechende Klausel als unwirksam ansieht.

ERB- UND PFLICHTTEILSVERZICHT ALS GEGENLEISTUNG

Wird den eigenen Kindern zu Lebzeiten Vermögen übertragen, verlieren diese nicht automatisch ihr gesetzliches Erbrecht.

Unter Umständen kann sich die Konstellation ergeben, eine Person aus dem Kreis der gesetzlichen Erben (vgl. Seite 62) auszuschließen, weil diese bereits im Wege der vorweggenommenen Erbfolge durch eine Verfügung unter Lebenden ihren Erbteil erhalten hat. Häufig wird ein entsprechender Erb- und Pflichtteilsverzicht als Gegenleistung des Erwerbers vereinbart. Es kommen mehrere Motive für eine solche Vereinbarung in Betracht. So können Eltern dem gemeinsamen Kind zum Aufbau einer beruflichen Existenz einen bestimmten Betrag zahlen und mit ihm einen entsprechenden Erbverzicht vereinbaren. Auch um ein über Generationen bestehendes Familienvermögen zu erhalten, kann ein Abfindungs- und Verzichtsvertrag sinnvoll sein.

§

Der Erbverzicht erfolgt durch Vertrag, häufig durch eine entsprechende Regelung im Rahmen eines Übergabevertrags. Er bedarf der notariellen Beurkundung (§ 2348 BGB).

Mit dem Erbverzicht ist der Verzichtende von der gesetzlichen Erbfolge ausgeschlossen – genauso, als lebte er zur Zeit des Erbfalls nicht mehr. Im Zweifel erstreckt sich der Erbverzicht auch auf das Pflichtteilsrecht (§ 2346 BGB). Es ist aber auch möglich, nur auf das gesetzliche Erbrecht, nicht aber auf den Pflichtteil zu verzichten. In diesem Fall gehört der Verzichtende nicht zu den gesetzlichen Erben; er kann aber seinen gesetzlichen Pflichtteil verlangen.

Ausscheiden aus gesetzlicher Erbfolge

Der Erbverzicht betrifft auch die Abkömmlinge und Verwandten des Verzichtenden, sofern nichts anderes bestimmt wird (§ 2349 BGB). Grundsätzlich scheidet somit der gesamte Stamm des Verzichtenden aus der gesetzlichen Erbfolge aus.

Unter Eheleuten im Güterstand der Zugewinngemeinschaft erstreckt sich ein Erbverzicht nicht automatisch auf den Anspruch auf Zugewinnausgleich. Trotz Erbverzichts kann also der Ehegatte den konkret errechneten Zugewinnausgleich verlangen.

Ein Erbverzicht ist nicht schenkungsteuerpflichtig. Wenn der Verzicht mit einer Abfindung honoriert wird, unterliegt diese als Schenkung unter Lebenden der Steuerpflicht.

Der Verzicht als Gegenleistung für eine Abfindung kann sich auch auf das Pflichtteilsrecht des Verzichtenden beschränken. Damit stehen dem Verzichtenden im Erbfall keine sich aus dem Pflichtteilsrecht ergebenden Ansprüche mehr zu. Jedoch verbleibt dem Verzichtenden sein gesetzliches Erbrecht.

Tipp

Erfolgt der Erbverzicht als Gegenleistung für eine Abfindung, ist es wichtig, im Übergabevertrag eine Bedingung für den Fall aufzunehmen, dass die Abfindung nicht gezahlt wird. Damit wird verhindert, dass der Verzichtende sein gesetzliches Erbrecht verliert und die versprochene Gegenleistung nicht erhält.

Für den Pflichtteilsverzichtsvertrag gilt das zum Erbverzichtsvertrag Gesagte entsprechend. Wer auf den gesetzlichen Pflichtteil verzichtet, schließt auch seine eigenen Abkömmlinge und Verwandten aus, sofern nichts anderes bestimmt ist.

ABFINDUNGS- UND AUSGLEICHSZAHLUNGEN ALS GEGENLEISTUNG

Eltern werden ihre Kinder im Regelfall gleichbehandeln wollen. Wenn dann ein Grundstück als der einzig werthaltige Gegenstand des künftigen Nachlasses im Wege der vorweggenommenen Erbfolge auf ein Kind übertragen wird, verpflichten die Eltern dieses häufig, an seine Geschwister Abfindungs- und Ausgleichszahlungen zu leisten. Dann liegt eine gemischte Schenkung vor.

Beispiel: Gemischte Schenkung

Das Vermögen des A besteht im Wesentlichen aus einem Hausgrundstück mit einem Verkehrswert von 300.000 Euro. Er überträgt die Immobilie an seinen Sohn B und verpflichtet diesen, einen Ausgleichsbetrag von jeweils 100.000 Euro an seine beiden Geschwister zu zahlen.

Die Zuwendung aus dem Übergabevertrag ist als solche der Eltern an die Kinder, nicht jedoch als eine des Übernehmers an seine Geschwister anzusehen.

Unter schenkungsteuerlichen Gesichtspunkten ist das in der Regel günstiger.

ÜBERNAHME VON SCHULDEN UND GRUNDPFANDRECHTEN ALS GEGENLEISTUNG

Im Übergabevertrag kann sich der Übergeber vorbehalten, dass der Erwerber eine auf dem Vertragsgegenstand lastende Grundschuld einschließlich der ihr zugrunde liegenden Schuldverpflichtung übernimmt.

Musterformulierung: Übergabevertrag

Der Erwerber übernimmt anstelle des Übergebers die am Vertragsgegenstand in Abteilung III des Grundbuchs eingetragene Grundschuld über .... Euro in dinglicher und persönlicher Hinsicht.

Befreiende Schuldübernahme

Die persönliche Übernahme von Verbindlichkeiten durch den Erwerber kann im Wege der befreienden Schuldübernahme erfolgen. Damit tritt der Erwerber als Schuldner an dessen Stelle (§ 414 BGB). Der Altschuldner ist von der Schuld befreit. Die befreiende Schuldübernahme ist erst wirksam, wenn der Gläubiger ihr zugestimmt hat (§ 415 Abs. 1 BGB).

VORBEHALT VON RÜCKFORDERUNGS-ANSPRÜCHEN

Erweiterung gesetzlicher Möglichkeiten

Gesetzliche Rückforderungsansprüche stehen dem Schenker bei Nichterfüllung einer Auflage, bei Notbedarf (vgl. Seite 30 f.) und wegen groben Undanks (vgl. Seite 26) zu. Diese gesetzlichen Ansprüche sind allerdings auf eng begrenzte Fälle beschränkt. Insoweit kann es sinnvoll sein, sich im Übergabevertrag vertragliche Rückforderungsansprüche vorzubehalten. Damit werden die begrenzten gesetzlichen Möglichkeiten erweitert, um den Schenkungsgegenstand zurückzufordern – und es wird gewährleistet, dass die persönlichen Interessen bei der Vermögensübertragung zu Lebzeiten gewahrt werden.

Denkbare Anlässe für Rückforderungen in einem Übergabevertrag sind insbesondere

- Tod des Erwerbers vor dem Übergeber,
- Insolvenzverfahren über das Vermögen des Erwerbers,
- Veräußerung oder Belastung des Vermögens durch den Erwerber ohne Zustimmung des Übergebers,
- Scheidung der Ehe zwischen dem Übergeber und dem Erwerber.

ERB- UND PFLICHTTEILSRECHTLICHE KONSEQUENZEN

Die Übertragung von Vermögenswerten zu Lebzeiten kann unter erbrechtlichen Gesichtspunkten insbesondere eine Ausgleichung oder die Anrechnung auf den Pflichtteil und den Anspruch auf Ergänzung des Pflichtteils zur Folge haben. Ferner kann sie steuerliche Konsequenzen haben.

Ausgleichung

Berücksichtigung lebzeitiger Zuwendungen

Ausgleichung heißt, dass der Nachlass unter den gemeinsam erbenden Abkömmlingen aufzuteilen ist, wobei Zuwendungen zu Lebzeiten wertmäßig zu berücksichtigen sind. Vor dem

Tod des Erblassers erfolgte Zuwendungen müssen also nach dem Erbfall ausgeglichen werden.

§

Ausgleichungspflichtig sind nur die Abkömmlinge (Kinder, Enkel) des Erblassers als gesetzliche Erben, wenn also der Erblasser keine Verfügung von Todes wegen (Testament oder Erbvertrag) getroffen hat (§ 2050 Abs. 1 BGB).

Ist die Erbeinsetzung durch ein Testament oder einen Erbvertrag erfolgt, besteht eine Ausgleichungspflicht ausnahmsweise nur dann, wenn der Verstorbene seine Abkömmlinge genau mit dem bedacht hat, was deren gesetzlicher Erbteil wäre. Nur Zuwendungen zu Lebzeiten sind ausgleichungspflichtig, nicht solche von Todes wegen. Nicht ausgleichungspflichtig ist der überlebende Ehegatte.

Nicht alle Zuwendungen sind ausgleichungspflichtig. Der Ausgleichungspflicht unterliegen nur

- Ausstattungen, sofern der Erblasser bei der Zuwendung nichts anderes bestimmt hat. Eine Ausstattung ist der Vermögensvorteil, der einem Kind mit Rücksicht auf seine Heirat oder auf die Erlangung oder Erhaltung einer selbstständigen Lebensstellung von den Eltern zugewendet wird (vgl. Seite 31 f.).
- Zuschüsse zu den Einkünften, sofern der Erblasser bei der Zuwendung nichts anderes bestimmt hat. Die Zuwendungen sind aber nur dann ausgleichungspflichtig, soweit sie das den Vermögensverhältnissen des Erblassers entsprechende Maß überstiegen haben (§ 2050 Abs. 2 BGB).
- Ausbildungsaufwendungen, soweit sie die Aufwendungen für die allgemeine Schulausbildung übersteigen und sofern der Erblasser bei der Zuwendung nichts anderes bestimmt hat.

Tipp

Haben Sie es als Schenker bei der Zuwendung zu Lebzeiten versäumt, eine Ausgleichungspflicht anzuordnen, so können Sie das nachholen, indem Sie Ihren zu Lebzeiten beschenkten Abkömmling im Testament mit einem Vermächtnis (vgl. Seite 222 f.) zugunsten der anderen Erben in Höhe des Ausgleichungsanspruchs beschweren.

- Sonstige Zuwendungen, wenn der Erblasser die Ausgleichung angeordnet hat (§ 2050 Abs. 3 BGB).

Um Unklarheiten zu vermeiden, sollte die Ausgleichspflicht im Rahmen einer Ausstattung eindeutig geregelt werden. Es kann auch eine Ausgleichungspflicht zu einem niedrigeren Wert angeordnet werden.

Anrechnung der Zuwendung auf den Pflichtteil

Der Pflichtteilsberechtigte hat sich auf den Pflichtteil anrechnen zu lassen, was ihm der Erblasser durch Rechtsgeschäft unter Lebenden mit der Bestimmung zugewendet hat, dass es auf den Pflichtteil angerechnet werden soll (§ 2315 Abs. 1 BGB). Gemeint sind alle freiwilligen Zuwendungen, insbesondere Schenkungen. Die Zuwendung ist nur dann auf den Pflichtteil anzurechnen, wenn der Erblasser dies vor oder bei der Gewährung angeordnet hat. Die Anordnung kann auch stillschweigend erfolgen. Die Anrechnungsbestimmung kann auch nachträglich widerrufen werden.

Tipp

Bei einer freiwilligen Zuwendung sollte eine eindeutige Regelung über die Pflichtteilsanrechnung getroffen werden, um mögliche Zweifel von vornherein zu vermeiden.

Der Wert der Zuwendung wird bei der Bestimmung des Pflichtteils dem Nachlass hinzugerechnet. Maßgebend für den Wert der Zuwendung ist der Zeitpunkt, zu dem sie erfolgt ist (§ 2315 Abs. 2 BGB). Der Erblasser kann auch einen niedrigeren Wert bestimmen (zur Berechnung des Pflichtteils bei Anrechnung von lebzeitigen Zuwendungen vgl. Seite 180 f.).

Anspruch auf Ergänzung des Pflichtteils

Der Erblasser kann den Pflichtteilsanspruch seiner nächsten Angehörigen unter anderem dadurch verkürzen, dass er zu Lebzeiten Schenkungen an andere Personen macht. Dadurch vermindern sich die Höhe des Nachlasses und mithin auch der Pflichtteil. Um das zu verhindern, hat der Gesetzgeber Vorkehrungen getroffen.

§

Das Gesetz bestimmt, dass der Pflichtteilsberechtigte vom Erben als Ergänzung des Pflichtteils den Betrag verlangen kann, den der Erblasser einem Dritten als Schenkung zugewendet hat (Pflichtteilsergänzungsanspruch, § 2325 BGB).

Beim Pflichtteilsergänzungsanspruch werden die Zuwendungen dem Nachlass hinzugerechnet und erhöhen damit auch den Pflichtteil der Pflichtteilsberechtigten. Berücksichtigt werden allerdings nur Schenkungen, die innerhalb der letzten zehn Jahre vor dem Erbfall vorgenommen wurden (§ 2325 Abs. 3 Satz 2 BGB). Nicht berücksichtigt werden auch sogenannte Anstandsschenkungen (§ 2330 BGB; vgl. Seite 29). Der Pflichtteilsergänzungsanspruch ist der Betrag, um den sich der Pflichtteil erhöht, wenn der Wert des Geschenks dem realen Nachlass fiktiv hinzugerechnet wird (zum Pflichtteil und zum Pflichtteilsergänzungsanspruch vgl. Seite 173).

STEUERLICHE KONSEQUENZEN

Gegenleistungen

Schenkungen unter Lebenden sind schenkungsteuerpflichtig. Verpflichtet sich der Übernehmer, gewisse Gegenleistungen zu erbringen oder Auflagen zu erfüllen (zum Beispiel Einräumen eines Wohnrechts, Zahlung einer Rente), kann dies zu einer Reduzierung der Steuerlast führen (zum Erb- und Schenkungsteuerrecht vgl. Seite 193 f).

03

WENN VERMÖGEN UNTER LEBENDEN AUF DEN TODESFALL ÜBERTRAGEN WERDEN SOLL

Wer Vermögen beziehungsweise einzelne Vermögenswerte zu Lebzeiten überträgt, verliert die Befugnis, über sein Vermögen zu verfügen. Alternativ gibt es aber auch die Möglichkeit, Vermögensübertragungen durch eine Verfügung von Todes wegen oder durch Verfügungen unter Lebenden auf den Todesfall vorzunehmen.

FORMELLE ANFORDERUNGEN

Rechtsgeschäfte unter Lebenden sind von den Verfügungen von Todes wegen auch wegen der unterschiedlichen formellen Anforderungen abzugrenzen.

- Bei einer Verfügung von Todes wegen (Testament oder Erbvertrag) behält der Übergebende die volle Verfügungsfreiheit über sein Vermögen; erst nach dessen Tod kann der Bedachte Rechte am Nachlass geltend machen.
- Verfügungen unter Lebenden auf den Todesfall begründen dagegen bereits zu Lebzeiten Rechte und Pflichten des Veräußerers, entfalten aber erst nach dessen Tod volle Wirksamkeit. Solche Verfügungen werden regelmäßig nur über einzelne Vermögenswerte (zum Beispiel über eine Lebensversicherung) geschlossen. Sie haben unter anderem zur Folge, dass die entsprechenden Vermögenswerte zum Zeitpunkt des Erbfalls nicht in den Nachlass fallen.

Zu beachten ist, dass diese Rechtsgeschäfte Erben aufgrund eines Erbvertrags (vgl. Seite 111 f.), aber auch Pflichtteilsberechtigte oder Vermächtnisnehmer benachteiligen können, weil Vermögenswerte nicht in den Nachlass fallen. So werden beispielsweise Pflichtteilsansprüche gemindert, weil diese auf der Grundlage des Nachlasswerts zum Zeitpunkt des Erbfalls berechnet werden. Allerdings können Pflichtteilsberechtigte zeitlich begrenzt Ergänzung des Pflichtteils verlangen, wenn lebzeitig über das Vermögen verfügt wurde (zum Pflichtteil vgl. Seite 173 f.).

Zu den gebräuchlichsten Rechtsgeschäften unter Lebenden auf den Todesfall gehören Verträge zugunsten Dritter in Form von Lebensversiche-

Tipp

Rechtsgeschäfte unter Lebenden auf den Todesfall geben Ihnen Gelegenheit, jenen Personen Vermögenswerte zukommen zu lassen, die nicht Ihre gesetzlichen Erben sind. Und selbst wenn diese Verfügungen in Widerspruch zu einem von Ihnen errichteten Testament oder einem abgeschlossenen Erbvertrag stehen, sind sie dennoch wirksam.

rungen, Bausparverträgen und Bankkonten. Mit Verfügungen von Todes wegen haben Rechtsgeschäfte unter Lebenden auf den Todesfall gemeinsam, dass der Begünstigte die Zuwendung erst mit dem Tod des Zuwendenden erhält. Das Entscheidende ist aber, dass die Zuwendung nicht in den Nachlass fällt.

LEBENSVERSICHERUNG

Zu den Vermögenswerten gehört häufig eine Lebensversicherung, die über eine Bezugsberechtigung an den überlebenden Ehegatten oder andere Familienangehörige weitergegeben wird, um diesen einen angemessenen Lebensstandard zu gewährleisten. In diesem Fall liegt ein Vertrag zugunsten Dritter vor; die Leistung geht nicht – wie im Normalfall – an den Vertragspartner, sondern an einen Dritten, den Begünstigten. Der als bezugsberechtigt eingesetzte Begünstigte erwirbt den Anspruch gegen die Versicherung mit dem Tod der versicherten Person; deshalb liegt ein Vertrag zugunsten Dritter auf den Todesfall vor. Die Versicherungssumme fällt nicht in den Nachlass; das ist auch dann der Fall, wenn die Bezugsberechtigung nicht unwiderruflich ausgestaltet ist. Weil die Versicherungssumme nicht in den Nachlass fällt, wird sie auch nicht von Pflichtteilsansprüchen erfasst. Nur wenn der Versicherungsnehmer keinen Bezugsberechtigten benennt, der Bezugsberechtigte den Erwerb ablehnt oder vor oder gleichzeitig mit dem Versicherungsnehmer verstorben ist, fällt die Versicherungssumme in den Nachlass.

Vorsicht

Problematisch ist der Fall, wenn Sie Ihren Ehegatten als Bezugsberechtigten bezeichnet haben und die Ehe geschieden wird. Beachten Sie, dass in diesem Fall Ihr geschiedener Partner nicht automatisch die Rechte an der Lebensversicherung verliert. Die Bezugsberechtigung müssen Sie vielmehr ausdrücklich gegenüber der Versicherungsgesellschaft widerrufen.

Der Versicherungsnehmer kann Erben oder andere Personen als Bezugsberechtigte bezeichnen. Er kann die Bezugsberechtigung jederzeit ändern, es sei denn, dass die Auswechslung des Bezugsberechtigten ausdrücklich ausgeschlossen ist. Im Falle einer Scheidung kann also den Kindern oder dem neuen Ehegatten die Begünstigung eingeräumt werden. Regelmäßig bedarf die Änderung der Bezugsberechtigung nach den allgemeinen Versicherungsbedingungen der schriftlichen Anzeige. Es empfiehlt sich deshalb, die entsprechenden Regelungen in der Versicherungspolice zu überprüfen. Nach dem Erbfall können Erben die Bezugsberechtigung nicht mehr ändern.

Eine Änderung der Bezugsberechtigung kann auch im Testament vorgenommen werden. In diesem Fall wird die Änderung aber nur dann wirksam, wenn die Versicherungsgesellschaft von dieser Änderung vor Auszahlung der Lebensversicherung an den ihr bekannten Bezugsberechtigten erfährt.

Zu beachten ist, dass es zwischen dem Versicherungsnehmer und der als bezugsberechtigt benannten Person eines rechtlichen Grundes dafür bedarf, dass der Begünstigte die Versicherungsleistung behalten darf. Andernfalls können nämlich die Erben die Herausgabe der Versicherungssumme verlangen. Als rechtlicher Grund kommt im Regelfall eine Schenkung in Betracht. Damit diese wirksam wird, ist allerdings eine notarielle Beurkundung des Schenkungsversprechens erforderlich. Wurde die Schenkung vollzogen, das heißt, die Versicherungssumme an den Bezugsberechtigten ausgezahlt und dieser hat die Leistung angenommen, ist es bedeutungslos, ob die formale Anforderung der Beurkundung erfüllt war. Die Unwägbarkeit für den benannten Bezugsberechtigten besteht dann darin, dass die Erben vor Auszahlung der Versicherungssumme von der Lebensversicherung und der Bezugsberechtigung erfahren. Dann können sie nämlich die Schenkung widerrufen und Auszahlung an die Erben verlangen.

Tipp

Beachten Sie, dass eine fällige Lebensversicherung, die an den Bezugsberechtigten ausgezahlt wird, der Erbschaft- und Schenkungsteuer unterliegt. Steuerpflichtig ist die ganze Versicherungssumme, nicht nur der Prämienaufwand des Versicherungsnehmers. Keine Erbschaftsteuer fällt an, wenn der Versicherungsnehmer gleichzeitig die bezugsberechtigte Person und der Prämienzahler ist, ein Dritter aber die versicherte Person. Diese Variante bietet sich insbesondere zur Absicherung des Ehegatten oder des nichtehelichen Lebenspartners an (vgl. Seite 211 f.).

BAUSPARVERTRAG

Für Bausparverträge gilt das im Zusammenhang mit Lebensversicherungen Gesagte entsprechend. Auch hier werden bei Vertragsabschluss Begünstigungen für den Fall des Todes des Bausparers ausgesprochen. Es handelt sich also ebenfalls um einen Vertrag zugunsten Dritter auf den Todesfall.

Tipp

Prüfen Sie in Ihren Bausparbedingungen, ob eventuell die Benennung eines Bezugsberechtigten nur durch Verfügung zu Lebzeiten erfolgen kann oder auch durch Verfügung von Todes wegen (zum Beispiel durch Testament). Bei einigen Bausparkassen ist die Benennung eines Bezugsberechtigten durch Verfügung von Todes wegen nicht zulässig.

Die Zuwendung erstreckt sich auf die Bausparraten, die der Bausparer auf der Grundlage des Bausparvertrags geleistet hat. Ein etwa in Anspruch genommenes Bauspardarlehen fällt allerdings in den Nachlass, wenn nicht ausdrücklich etwas anderes bestimmt ist.

BANKKONTO

Es gibt verschiedene Möglichkeiten, bei der Einrichtung eines Bankkontos sowohl die eigenen Interessen als auch die Interessen zu begünstigender Dritter zu berücksichtigen.

Oder- und Und-Konto

Zunächst kann ein gemeinsames Bankkonto zusammen mit dem Ehegatten, dem Lebenspartner oder einer dritten Person geführt werden, und zwar als Oder-Konto oder als Und-Konto.

- Ein Oder-Konto liegt vor, wenn jeder der Inhaber allein und unbeschränkt verfügungsberechtigt ist. Im Erbfall bleibt der überlebende Kontoinhaber allein verfügungsberechtigt. Bei einem Gemeinschaftskonto ist ein solches Konto der Regelfall, wenn mit der Bank nichts anderes vereinbart wurde.
- Bei einem Und-Konto können Abhebungen und Verfügungen nur von beiden Kontoführenden gemeinsam getätigt werden.

Zwar kann im Erbfall bei einem Oder-Konto der überlebende Kontoinhaber weiterhin über das Konto verfügen, gegenüber den Erben besteht für ihn allerdings eine Ausgleichungspflicht. Es sei denn, dass der überlebende Kontoinhaber vom Verstorbenen dahingehend bedacht ist, dass ihm das am Todestag vorhandene Guthaben allein zustehen soll.

Tipp

Das Oder-Konto eignet sich grundsätzlich für eine Begünstigung außerhalb des Nachlasses, weil der überlebende Kontoinhaber im Erbfall weiterhin über das Konto verfügen kann. Dagegen bietet das Und-Konto außerhalb des Nachlasses keine Möglichkeiten, Vermögensübertragungen vorzunehmen. Im Erbfall fällt das Konto in den Nachlass; der überlebende Kontoinhaber kann dann nur noch mit Zustimmung der Erben über das Konto verfügen.

Die Einrichtung eines Oder-Kontos hat nicht zwangsläufig schenkungsteuerliche Konsequenzen. Schließlich hat die bloße Einzahlung auf ein Gemeinschaftskonto nicht automatisch zur Folge, dass sich der andere Kontoinhaber bereichert. Nur wenn dieser nachweislich den eingezahlten Betrag endgültig behalten und er über den Gesamtbetrag frei verfügen darf, liegt eine Bereicherung vor. Davon ist jedoch in der Regel nicht auszugehen.

Tipp

Sie können auch ein Bankkonto auf Ihren Namen mit der Maßgabe einrichten, dass einem zu benennenden Begünstigten zum Zeitpunkt Ihres Todes das Guthaben zur Verfügung stehen soll. Insoweit liegt ein Vertrag zugunsten Dritter auf den Todesfall vor. Die durch Sie begünstigte Person erlangt dann mit dem Tod des Kontoinhabers einen Anspruch gegen die Bank.

Möglich ist es auch, ein Konto auf den Namen des Begünstigten einzurichten. In diesem Fall liegt ein Vertrag mit der Bank zugunsten Dritter vor. Wenn verhindert werden soll, dass der Begünstigte bereits vor dem eigenen Ableben über das Konto verfügen kann, sollte ein entsprechender Sperrvermerk veranlasst werden.

04 WENN VERMÖGEN IM WEGE DER GESETZLICHEN ERBFOLGE ÜBERTRAGEN WERDEN SOLL

Wenn weder ein Testament errichtet noch ein Erbvertrag abgeschlossen wurde, erfolgt die Vermögensweitergabe im Wege der gesetzlichen Erbfolge: Dann bestimmt das Gesetz, wer die Erben sind.

GESETZLICHE ERBFOLGE MIT ÜBERRASCHUNGSEFFEKT

Eine von der Deutschen Vereinigung für Erbrecht und Vermögensnachfolge e. V. im Jahr 2006 in Auftrag gegebene Studie über die „Erbrechtliche Vorsorge in Deutschland" kam zu dem Ergebnis, dass fast drei Viertel der Befragten keine Verfügung von Todes wegen errichtet hat. 18 Prozent haben ihren Nachlass in einem Testament geregelt, einen Erbvertrag haben nur fünf Prozent abgeschlossen. Verheiratete und verwitwete Personen haben signifikant häufiger ein Testament verfasst oder einen Erbvertrag abgeschlossen als Ledige oder Personen, die getrennt oder in Scheidung leben. Mit einem steigenden monatlichen Nettoeinkommen wächst der Anteil derjenigen, die eine Verfügung von Todes wegen errichtet haben. Und mit zunehmendem Alter steigt der Anteil derjenigen, die den eigenen Nachlass durch Testament oder Erbvertrag geregelt haben.

04

Man darf sicher nicht davon ausgehen, dass alle diejenigen, die kein Testament errichten oder keinen Erbvertrag abschließen, ihr Vermögen über die gesetzliche Erbfolge weitergeben wollen. In der Praxis birgt die gesetzliche Erbfolge nämlich so manche Überraschung. Kinderlose Ehepaare gehen beispielsweise häufig davon aus, dass der überlebende Ehepartner ohnehin im Wege der gesetzlichen Erbfolge Alleinerbe wird. Dem ist allerdings nicht so, und zwangsläufig besteht eine Erbengemeinschaft zwischen dem überlebenden Ehegatten, den Eltern des Erblassers oder sogar mit dessen Geschwistern. Auch Ehepaare mit Kindern schätzen häufig die gesetzliche Erbfolge falsch ein, indem sie davon ausgehen, dass es keiner letztwilligen Verfügung bedarf, damit der überlebende Ehepartner Alleinerbe wird. Und auch der Umstand, dass die gesetzliche Erbfolge im Regelfall zu einer Erbengemeinschaft mit allen Komplikationen führt (zum Beispiel, dass der Nachlass während der Dauer der Erbengemeinschaft von allen Miterben gemeinschaftlich verwaltet werden muss), ist

Vorsicht

Wenn Sie keine Verfügung von Todes wegen errichten, müssen Sie davon ausgehen, dass im Erbfall in der Regel eine Erbengemeinschaft entsteht. Je mehr Erben vorhanden sind, desto verwickelter wird die Angelegenheit.

vielen, die von der Errichtung einer letztwilligen Verfügung absehen, nicht bewusst. Irrige Vorstellungen über die gesetzliche Erbfolge führen also in vielen Fällen zu einer falschen, oft sogar zu einer verhängnisvollen Nachlassplanung.

Das Oberlandesgericht Hamm (Urteil vom 31.5.2011, Az. 15 W 176/11) hatte einen Fall zu entscheiden, bei dem die Ehefrau und der Sohn des Verstorbenen je zur Hälfte Miterben wurden. Der Sohn wollte aber, dass seine Mutter allein erbt, und schlug sein Erbe aus. Er gab in der Ausschlagungserklärung an, dass er die angefallene Erbschaft „aus allen Gründen" ausschlage. Daraufhin wurde seine Mutter jedoch nicht Alleinerbin: Die gesetzliche Erbfolge führte dazu, dass neben ihr gesetzliche Erben der zweiten Ordnung, beispielsweise die Eltern, Geschwister, Neffen und Nichten des Erblassers, zum Zuge kamen. Da der Sohn dies nicht gewusst hatte, focht er die Ausschlagungserklärung an.

Ohne Erfolg. Die Ausschlagungserklärung sei eindeutig, so das Gericht. Die Fehleinschätzung des Sohnes, dass im Falle seiner Ausschlagung nur seine Mutter erben werde, sei irrelevant. Ihm hätte bewusst sein müssen, dass die gesetzliche Erbfolge weitere Erbberechtigte hervorbringe.

Nicht selten widerspricht also die gesetzliche Erbfolge den Vorstellungen des Erblassers. Um das eigene Vermögen in die richtige Richtung zu lenken, sollte man deshalb mit den Grundzügen des gesetzlichen Erbrechts vertraut sein und darauf eine durchdachte Nachlassplanung aufbauen.

GRUNDSÄTZE DES GESETZLICHEN ERBRECHTS

Gesetzliche Erbfolge bedeutet, dass unmittelbar das Gesetz beim Tod einer Person deren Erben bestimmt. Sie kann aus mehreren Gründen eintreten, insbesondere wenn

Voraussetzungen

- der Erblasser keine Verfügung von Todes wegen (Testament oder Erbvertrag) errichtet hat,

- eine erfolgte Erbeinsetzung unwirksam ist (zum Beispiel weil das errichtete Testament wegen formaler Mängel nichtig ist),
- die vom Erblasser errichtete Verfügung von Todes wegen nur einen Teil seines Nachlasses erfasst,
- der durch Verfügung von Todes wegen eingesetzte Erbe die Erbschaft ausschlägt oder
- die Erbeinsetzung erfolgreich angefochten wurde.

Liegen diese Voraussetzungen nur für einen Teil der Erbschaft vor, beschränkt sich die gesetzliche Erbfolge auch nur darauf.

§

Wurde kein Testament errichtet oder kein Erbvertrag abgeschlossen, geht das Gesetz davon aus, dass das Vermögen an die nächsten Verwandten und gegebenenfalls an den Ehegatten übertragen werden soll.

Verwandtschaftsverhältnisse

Unter Verwandtschaft ist die Blutsverwandtschaft zu verstehen. Personen, deren eine von der anderen abstammt, sind in gerader Linie verwandt (zum Beispiel Eltern, Kinder, Enkel). Personen, die nicht in gerader Linie verwandt sind, aber von derselben dritten Person abstammen, sind in der Seitenlinie verwandt (zum Beispiel Geschwister). Ein Verwandtschaftsverhältnis wird auch durch Adoption begründet (vgl. Seite 66 f.). Nichteheliche Kinder sind seit dem 1. April 1998 ehelichen Kindern gleichgestellt (vgl. Seite 65 f.). Nicht zu den gesetzlichen Erben gehören Verschwägerte, also die Verwandten des Ehegatten.

Um die Reihenfolge zu bestimmen, in der Verwandte beim Erben zum Zuge kommen sollen, sieht das Gesetz fünf Ordnungen vor. Maßgebend, welcher Ordnung der jeweilige Verwandte angehört, ist der Verwandtschaftsgrad.

Checkliste: Fünf Ordnungen von Erben

- Gesetzliche Erben der ersten Ordnung sind die Abkömmlinge des Erblassers.
- Gesetzliche Erben der zweiten Ordnung sind die Eltern des Erblassers.
- Gesetzliche Erben der dritten Ordnung sind die Großeltern des Erblassers und deren Abkömmlinge.
- Gesetzliche Erben der vierten Ordnung sind die Urgroßeltern des Erblassers und deren Abkömmlinge.
- Gesetzliche Erben der fünften Ordnung sind die Ururgroßeltern des Erblassers und deren Abkömmlinge.

Jeder Angehörige einer vorhergehenden Ordnung schließt alle Verwandten der späteren Ordnungen aus; ein Verwandter erbt also im Wege der gesetzlichen Erbfolge nicht, solange ein Verwandter einer vorhergehenden Ordnung vorhanden ist (§ 1930 BGB).

Beispiel: Verwandtenordnung

Kinder des Erblassers gehören zu den Erben der ersten Ordnung, die Eltern des Erblassers zu den gesetzlichen Erben der zweiten Ordnung. Leben zum Zeitpunkt des Erbfalls Kinder des Erblassers, sind dessen Eltern von der gesetzlichen Erbfolge ausgeschlossen.

Stirbt der Erbe der vorhergehenden Ordnung nach dem Erbfall, so war er schon Erbe geworden und vererbt den Nachlass weiter an seine eigenen Erben. Fällt der Verwandte der vorhergehenden Ordnung dagegen vor dem Erbfall weg (zum Beispiel auch, weil er die Erbschaft ausschlägt), so ist der Verwandte der nachfolgenden Ordnung als Erbe berufen.

Erbfolge nach Stämmen

In den ersten drei Ordnungen tritt Erbfolge nach Stämmen ein, das heißt, an die Stelle eines zur Zeit des Erbfalls nicht mehr lebenden Berufenen treten die durch ihn mit dem Erblasser verwandten Abkömmlinge.

Beispiel: Erbfolge nach Stämmen

A hinterlässt einen Sohn und eine Tochter. Der Sohn ist bereits vor dem Erbfall verstorben. An dessen Stelle treten dann seine Kinder.

04

Von der vierten Ordnung (Urgroßeltern des Erblassers und deren Abkömmlinge) ab gilt die Berufung nach dem Grad der Verwandtschaft mit dem Erblasser (Gradualsystem). Damit wird eine starke Zersplitterung des Nachlasses vermieden. Es erben nur noch die mit dem Erblasser dem Grade nach am nächsten verwandten Personen.

Ist der Erblasser verheiratet, so gewährleistet die gesetzliche Erbfolge dem überlebenden Ehegatten einen bestimmten Erbteil. Dessen Höhe hängt davon ab, ob und welche Verwandte des Erblassers erben und in welchem Güterstand die Eheleute gelebt haben.

Erbengemeinschaft

In der Regel entsteht bei gesetzlicher Erbfolge eine Erbengemeinschaft. Je mehr Erben vorhanden sind, desto komplizierter wird die Situation. Das Vermögen des Erblassers mit allen Rechten und Pflichten steht dann allen Miterben gemeinschaftlich zu. Das Nachlassvermögen muss gemeinschaftlich verwaltet und nach Begleichung aller Nachlassverbindlichkeiten unter den Miterben aufgeteilt werden. Die Konsequenzen der gesetzlichen Erbfolge beschränken sich im Wesentlichen darauf, wer Erbe wird und mit welchem Anteil, nicht jedoch, wer welche Nachlassgegenstände erhält. Es liegt auf der Hand, dass bei dieser Konstellation die unterschiedlichsten Interessen aufeinanderstoßen. Eine Alternative zur Vermögensübertragung im Wege der gesetzlichen Erbfolge ist eine Übertragung durch eine Verfügung von Todes

Verfügung von Todes wegen

wegen, also durch Testament, gemeinschaftliches Testament oder Erbvertrag (vgl. dazu Seite 79 f.).

Im Folgenden werden die Grundsätze der gesetzlichen Verwandtenerbfolge und das gesetzliche Erbrecht des überlebenden Ehegatten näher erläutert.

GESETZLICHES ERBRECHT EHELICHER KINDER

Die gesetzliche Erbfolge bestimmt in erster Linie die Abkömmlinge, also Kinder, Enkel, Urenkel usw. zu den gesetzlichen Erben. Sie bilden die Erben erster Ordnung (§ 1924 BGB). Mutter eines Kindes ist die Frau, die es geboren hat. Vater eines Kindes ist der Mann, der zum Zeitpunkt der Geburt mit der Mutter des Kindes verheiratet ist, der die Vaterschaft anerkannt hat oder dessen Vaterschaft gerichtlich festgestellt ist. Eine Vaterschaft besteht auch, wenn die Ehe durch Tod aufgelöst wurde und innerhalb von 300 Tagen nach der Auflösung ein Kind geboren wird.

Gleiche Teile

Hinterlässt der Erblasser mehrere Kinder, so erben diese zu gleichen Teilen. Ein lebendes Kind schließt seine eigenen Nachkommen aus. Leben also außer den Kindern bereits weitere Abkömmlinge, so erben nur die Kinder, nicht die Enkel oder Urenkel. Und wenn ein Kind des Erblassers bereits vor diesem verstirbt, so tritt dessen Nachkomme, also der Enkel des Erblassers, an die Stelle seiner vorverstorbenen Eltern.

Beispiele: Erbrecht der Kinder

Der ledige A hinterlässt drei Kinder, B, C und D. D hat selbst ein Kind (E). Es erben B, C und D jeweils zu einem Drittel. Da D zur Zeit des Erbfalls noch lebt, ist dessen Kind E von der gesetzlichen Erbfolge ausgeschlossen.

Die nicht verheiratete A hinterlässt zwei Kinder, B und C. Kind D, bereits vor dem Erbfall verstorben, hinterlässt zwei Kinder, E und F. Es erben B und C jeweils ein Drittel, E und F jeweils ein Sechstel.

Auch ein minderjähriges Kind, also ein Kind, das das 18. Lebensjahr noch nicht vollendet hat, kann Erbe sein. Es wird bei der Annahme der Erbschaft durch seine gesetzlichen Vertreter, in der Regel durch die Eltern vertreten.

Solange Erben der ersten Ordnung vorhanden sind, werden alle anderen Verwandten von der Erbfolge ausgeschlossen (§ 1930 BGB).

GESETZLICHES ERBRECHT NICHTEHELICHER KINDER

Gegenüber der Mutter hat das nichteheliche Kind immer ein gesetzliches Erbrecht. Für das gesetzliche Erbrecht gegenüber dem Vater sind besondere Umstände von Bedeutung.

Checkliste: Erbrecht des nichtehelichen Kindes gegenüber dem Vater

- Wann ist der Erblasser verstorben?
- Wann ist das nichteheliche Kind geboren?
- Wo war der gewöhnliche Aufenthalt des Vaters vor dem 3. Oktober 1990?
- Kein gesetzliches Erbrecht gegenüber seinem Vater steht dem nichtehelichen Kind zu, wenn es vor dem 1. Juli 1949 geboren ist. Ausnahme: Das Kind hatte am 2. Oktober 1990, dem Tag vor dem Beitritt, seinen gewöhnlichen Aufenthalt im Gebiet der ehemaligen DDR. Nicht von Bedeutung ist der Geburtsort oder der Aufenthaltsort des Kindes.
- Ist der Erblasser vor dem 1. Juli 1970 verstorben, hat das nichteheliche Kind keine gesetzlichen Erbansprüche. Wurde das nichteheliche Kind zwischen dem 1. Juli 1970 und dem 31. März 1998 geboren und starb

Tipp

Sind nach Ihrem Tod in einer Erbengemeinschaft Schwierigkeiten zwischen Ihrem Ehegatten, Ihren ehelichen Kindern und Ihrem nichtehelichen Kind zu befürchten, so können Sie diesen entgegensteuern, indem Sie das nichteheliche Kind enterben. Sie können es auf den Pflichtteil setzen oder, um es finanziell nicht zu benachteiligen, ein Vermächtnis im Wert des gesetzlichen Erbteils bestimmen.

der Vater zwischen dem 1. Juli 1970 und dem 31. März 1998, stand dem nichtehelichen Kind ein sogenannter Erbersatzanspruch zu; das Kind konnte einen Geldanspruch in Höhe des Verkehrswerts seines Erbteils verlangen.

- Ist der Vater nach dem 1. April 1998 verstorben, besitzt das nichteheliche Kind ein gesetzliches Erbrecht wie dessen eheliche Kinder. Es wird auch Mitglied der Erbengemeinschaft und ihm steht der Pflichtteil zu.

GESETZLICHES ERBRECHT ADOPTIERTER KINDER

Das Erbrecht unterscheidet, ob ein Minderjähriger oder ein Volljähriger adoptiert wurde.

Neue Familie

Seit dem 1. Januar 1977 wird durch die Adoption eines Minderjährigen die gleiche erbrechtliche Beziehung hergestellt wie zu leiblichen Kindern. Für den adoptierten Minderjährigen erlischt damit auch komplett das Verwandtschaftsverhältnis zu seinen leiblichen Eltern und seinen leiblichen Verwandten. Der adoptierte Minderjährige wechselt also vollständig in das Lager der aufnehmenden Familie. Erbrechtliche Ansprüche gibt es nur noch in dieser neuen Familie. Von diesem Grundsatz gibt es aber zwei wichtige Ausnahmen:

Ausnahmen

- Wenn ein Kind adoptiert wird, mit dem die Annehmenden im zweiten oder dritten Grad verwandt oder verschwägert sind, erlischt nur das Verwandtschaftsverhältnis des Kindes und seiner Abkömmlinge zu den leiblichen Eltern (§ 1756 Abs. 1 BGB). Das Kind beziehungsweise seine Abkömmlinge sind daher nicht gesetzliche Erben der ersten Ordnung nach den leiblichen Eltern, wohl aber nach den leiblichen Großeltern und Urgroßeltern.
- Und auch wenn ein Ehegatte ein Kind des anderen Ehegatten aus einer früheren, durch Tod aufgelösten Ehe an-

nimmt, bleiben die Verwandtschaftsverhältnisse zu den Verwandten des verstorbenen leiblichen Elternteils erhalten (§ 1756 Abs. 2 BGB). Das Kind und seine Abkömmlinge zählen daher zu den gesetzlichen Erben der ersten Ordnung, nach den Eltern und Großeltern des verstorbenen Elternteils.

04

Beispiel: Erbrecht adoptierter Kinder

Die Eheleute A adoptieren ein Kind im Alter von vier Jahren. Der Adoptivvater verstirbt einige Jahre später. Das Kind ist neben der Mutter voll erbberechtigt. Als wiederum ein paar Jahre später die Großeltern adoptivväterlicherseits versterben, ohne weitere Abkömmlinge zu hinterlassen, erbt das Adoptivkind alles, genau wie bei einem leiblichen Enkelkind.

Mit der Adoption eines Volljährigen entsteht ein Verwandtschaftsverhältnis zwischen dem Annehmenden und dem Adoptierten. Dem angenommenen Kind steht also gegenüber den annehmenden Eltern ein volles Erb- und Pflichtteilsrecht zu. Durch die Annahme entsteht allerdings kein Verwandtschaftsverhältnis zwischen dem Adoptierten und den Verwandten des Annehmenden (zum Beispiel deren Eltern), also auch kein gesetzliches Erbrecht. Die erbrechtlichen Beziehungen zwischen dem Adoptierten und seiner leiblichen Familie bleiben bestehen.

Bei einer Erwachsenenadoption hat der Adoptierte deshalb bezüglich vier Elternteilen ein gesetzliches Erbrecht.

Tipp

Eine Adoption kann unter erbschaftsteuerlichen Gesichtspunkten sinnvoll sein, weil das angenommene Kind einer wesentlich günstigeren Steuerklasse angehört und ihm wesentlich höhere Steuerfreibeträge zustehen.

GESETZLICHES ERBRECHT DER ELTERN UND GESCHWISTER

Erben der zweiten Ordnung sind die Eltern, Geschwister, Neffen und Nichten des Erblassers und deren Kinder (§ 1925 BGB). Sie erben nur dann, wenn keine Erben der ersten Ordnung, also keine Abkömmlinge vorhanden sind. Die gesetzlichen Erben der zweiten Ordnung schließen ihrerseits die Erben der dritten Ordnung von der Erbfolge aus.

Tipp

Häufig wollen kinderlose Ledige, wenn nur noch ein Elternteil lebt, dass dieser Alleinerbe wird und die Geschwister nicht erben. In diesem Fall bedarf es einer entsprechenden Verfügung von Todes wegen.

Leben zur Zeit des Erbfalls beide Eltern, so erben sie alle zu gleichen Teilen. Lebt ein Elternteil nicht mehr, so treten an seine Stelle dessen Abkömmlinge. Sind keine Abkömmlinge vorhanden, so erbt der überlebende Elternteil allein. Sind beide Eltern bereits verstorben, so kommen nur deren Abkömmlinge zum Zuge.

Beispiel: Eltern erben zu gleichen Teilen

Der ledige A hinterlässt seine Eltern B und C und seine Brüder D und E. Es erben die Eltern je zur Hälfte. Die Geschwister D und E sind von der gesetzlichen Erbfolge ausgeschlossen.

GESETZLICHES ERBRECHT VON ERBEN DER DRITTEN ORDNUNG

In der Verwandtenerbfolge bilden Großeltern, Onkel, Tante, Cousine und Cousin des Erblassers sowie deren Kinder und Kindeskinder die Erben der dritten Ordnung (§ 1926 BGB).

Großeltern

Leben zur Zeit des Erbfalls die Großeltern väter- und mütterlicherseits, so erben sie allein und zu gleichen Teilen. Lebt zur Zeit des Erbfalls von einem Großelternpaar der Großvater oder die Großmutter nicht mehr, so treten an die Stelle des Verstorbenen dessen Abkömmlinge (Onkel, Tante des Erblassers). Sind keine Abkömmlinge vorhanden, so fällt der Anteil des Verstorbenen dem anderen Teil des Großelternpaars, und wenn dieser nicht mehr lebt, dessen Abkömmlingen zu. Lebt zur Zeit des Erbfalls ein Großelternpaar nicht mehr und haben die Verstorbenen keine Abkömmlinge, so erben die anderen Großeltern und deren Abkömmlinge allein.

Beispiel: Erbrecht bei vier Großelternteilen

Der ledige A hinterlässt vier Großeltern, zwei Onkel und eine Tante. Jeder Großelternteil erbt ein Viertel des Nachlasses. Weil alle Großelternteile noch leben, sind deren Abkömmlinge (Onkel und Tanten) von der gesetzlichen Erbfolge ausgeschlossen.

GESETZLICHES ERBRECHT DER URGROSSELTERN UND ENTFERNTEREN VERWANDTEN

Erben vierter Ordnung

Erben der vierten Ordnung sind die Urgroßeltern des Erblassers und deren Abkömmlinge (§ 1928 BGB). Sie erben aber erst dann, wenn kein Verwandter der vorhergehenden Ordnung vorhanden ist. Erben der fünften Ordnung sind die Ururgroßeltern des Erblassers und deren Abkömmlinge. Allerdings schließt ein Ehegatte des Erblassers ab der vierten Ordnung sämtliche Verwandten von der gesetzlichen Erbfolge aus.

GESETZLICHES ERBRECHT DES ÜBERLEBENDEN EHEGATTEN

Der überlebende Ehegatte ist gesetzlicher Erbe. Voraussetzung ist allerdings, dass die Ehe zum Zeitpunkt des Todes des Erblassers noch besteht. Die Ehe darf weder rechtskräftig geschieden noch aufgehoben sowie auch nicht für nichtig erklärt worden sein.

§

Trotz bestehender Ehe ist das gesetzliche Erbrecht des überlebenden Ehegatten ausgeschlossen, wenn zur Zeit des Erbfalls die Voraussetzungen für die Scheidung der Ehe gegeben waren und der Erblasser die Scheidung beantragt oder ihr zugestimmt hatte (§ 1933 BGB).

Scheidung

Stirbt also der Ehegatte während des Scheidungsverfahrens, dann verliert der überlebende Ehegatte sein gesetzliches Erbrecht, wenn der Erblasser dem Scheidungsantrag seines Ehegatten schon vor dem Tod zugestimmt hatte. Hatte der überlebende Ehegatte einen Scheidungsantrag gestellt, aber der Verstorbene noch nicht zugestimmt, so besteht das Erbrecht des überlebenden Ehegatten fort. Unbeachtlich für das gesetzliche Erbrecht des Ehegatten ist in jedem Fall die bloße Trennung der Eheleute.

Gesetzliches Erbrecht des überlebenden Ehegatten bei begründetem Scheidungsantrag

	Erbrecht des Ehegatten	**Erbrecht der Verwandten**
überlebender Ehegatte hatte zum Zeitpunkt des Erbfalls begründeten Scheidungsantrag gestellt und der Erblasser hatte nicht zugestimmt	gesetzliches Erbrecht; maßgebend für den Erbteil sind der Güterstand und die vorhandenen Verwandten (vgl. unten)	gesetzliches Erbrecht der Verwandten richtet sich danach, welche Verwandten erben und in welchem Güterstand die Eheleute lebten (vgl. Seite 71 f.)
überlebender Ehegatte hatte zum Zeitpunkt des Erbfalls begründeten Scheidungsantrag gestellt und der Erblasser hatte zugestimmt	kein gesetzliches Erbrecht	gesetzliche Erben sind in erster Linie die Abkömmlinge des Erblassers (Kinder, Enkel usw.) oder, wenn Verwandte der ersten Ordnung nicht vorhanden sind, die Eltern beziehungsweise Geschwister des Erblassers (vgl. Seite 62 f.)
Erblasser hat begründeten Scheidungsantrag gestellt	kein gesetzliches Erbrecht	gesetzliche Erben sind in erster Linie die Abkömmlinge des Erblassers (Kinder, Enkel usw.) oder, wenn Verwandte der ersten Ordnung nicht vorhanden sind, die Eltern beziehungsweise Geschwister des Erblassers (vgl. Seite 62 f.)

Für die Höhe des Ehegattenerbteils ist von Bedeutung,

- ob und welche Verwandten des Verstorbenen erben und
- in welchem Güterstand die Eheleute während der Ehe gelebt haben. Als Güterstand bezeichnet man eine vom Gesetz zur Verfügung gestellte Möglichkeit, die vermögensrechtlichen Beziehungen unter den Ehegatten zu regeln. Gesetzlicher Güterstand ist die Zugewinngemeinschaft. Sofern also zwischen den Ehegatten nichts anderes vereinbart wurde, ist dieser Güterstand maßgebend. Anstelle der Zugewinngemeinschaft können die Ehegatten durch Ehevertrag auch einen anderen Güterstand (z. B. Gütertrennung) vereinbaren.

Selbstständige Erbteile

Gehört der überlebende Ehegatte zu den erbberechtigten Verwandten, so erbt er zugleich als Verwandter (§ 1934 BGB). Er erhält also sowohl seinen gesetzlichen Erbteil als Ehegatte als auch den gesetzlichen Erbteil als Verwandter.

GESETZLICHES ERBRECHT DES EHEGATTEN IN ZUGEWINNGEMEINSCHAFT

Sofern die Eheleute durch Ehevertrag nichts anderes vereinbart haben, leben sie automatisch im gesetzlich festgelegten Güterstand der Zugewinngemeinschaft. Die Vermögen der Eheleute bleiben getrennt. Jeder Ehegatte behält das Vermögen, das er bei Eheschließung hat und das er während der Ehe erwirbt. Bei der Zugewinngemeinschaft gibt es also kein gemeinschaftliches Vermögen der Eheleute. Jeder Ehegatte verwaltet grundsätzlich sein Vermögen selbstständig, darf also über sein Vermögen frei verfügen und ist dem anderen Ehegatten keine Rechenschaft schuldig. Besonderheit der Zugewinngemeinschaft ist es, dass zwar zunächst das Vermögen der Ehegatten rechtlich getrennt behandelt wird, der während der Ehe von den Ehegatten jeweils erzielte Vermögenszuwachs aber nach Beendigung des Güterstands wieder ausgeglichen wird (Zugewinnausgleich).

Kein gemeinschaftliches Vermögen

§

Bei der Zugewinngemeinschaft erbt der überlebende Ehegatte nach § 1931 BGB:

- neben den Erben der ersten Ordnung (Kinder, Enkel, Urenkel) ein Viertel des Nachlasses,
- neben Erben der zweiten Ordnung (Eltern, Geschwister, Neffen, Nichten) und neben Großeltern die Hälfte des Nachlasses.
- Sind weder Verwandte der ersten noch der zweiten Ordnung noch Großeltern vorhanden, so erbt der überlebende Ehegatte allein.

Gesetzliches Erbrecht des überlebenden Ehegatten bei Zugewinngemeinschaft

Erbteil des Ehegatten neben folgenden Verwandten	Erbteil des Ehegatten	Erbteil des Verwandten
Abkömmlinge (Kinder, Enkel, Urenkel)	½ ¼ Erbteil + ¼ pauschaler Zugewinnausgleich	½
Eltern beziehungsweise im Todesfall deren Abkömmlinge (zum Beispiel Geschwister)	¾ ½ Erbteil + ¼ pauschaler Zugewinnausgleich	¼

Pauschales Viertel

Wird die Zugewinngemeinschaft beendet, muss der von den Ehegatten jeweils erzielte Zugewinn ausgeglichen werden. Im Falle des Todes eines Ehegatten erfolgt der Zugewinnausgleich dadurch, dass sich der gesetzliche Erbteil des überlebenden Ehegatten pauschal um ein Viertel erhöht (§ 1371 Abs. 1 BGB). Damit erbt der überlebende Ehegatte dann wie folgt:

- Neben den Erben der ersten Ordnung erbt der überlebende Ehegatte ein Viertel. Hinzu kommt ein Viertel als pauschaler Ausgleich des Zugewinns. Insgesamt erbt also der überlebende Ehegatte die Hälfte des Nachlasses.
- Neben Erben der zweiten Ordnung erbt der überlebende Ehegatte die Hälfte des Nachlasses. Hinzu kommt ein Vier-

tel als pauschaler Zugewinnausgleich, sodass der überlebende Ehegatte drei Viertel des Nachlasses erbt.

- Konkurriert der überlebende Ehegatte ausschließlich mit Erben der dritten Ordnung (also Großeltern und deren Abkömmlingen), so erhält er den ganzen Nachlass, es sei denn, einzelne Großelternteile lebten noch.

Beispiel: Erbrecht der Ehefrau und der Kinder

A hinterlässt seine Frau und eine Tochter mit drei Kindern. Sein Sohn ist bei einem Autounfall vor Jahren verunglückt; er war verheiratet und hatte zwei Kinder. Die überlebende Ehefrau erhält die Hälfte des Nachlasses. Die andere Hälfte geht an die Kinder. Die Tochter erhält ein Viertel; sie schließt ihre Kinder von der gesetzlichen Erbfolge aus. Das andere Viertel erhalten die beiden Kinder des Sohnes für ihren Vater, also jeweils ein Achtel. Die Schwiegertochter erbt nicht.

Ausbildungsfinanzierung

Durch das pauschale Zugewinnviertel wird letztlich der überlebende Ehegatte gegenüber den Verwandten des Erblassers erbrechtlich bevorzugt. Geschmälert wird diese Bevorzugung dadurch, dass er aus dem Wert des Zusatzviertels eine angemessene Ausbildung der erbberechtigten Abkömmlinge des Erblassers (insbesondere der Kinder) finanzieren muss. Diese Verpflichtung kann unter anderem dadurch beseitigt werden, dass der überlebende Ehegatte durch Verfügung von Todes wegen zum Erben eingesetzt wird.

GESETZLICHES ERBRECHT DES EHEGATTEN BEI GÜTERTRENNUNG

Kein Zugewinnausgleich

Gütertrennung tritt ein, wenn die Ehegatten in einem Ehevertrag den gesetzlichen Güterstand der Zugewinngemeinschaft ausschließen oder aufheben, ohne einen anderen Güterstand zu vereinbaren, den Versorgungsausgleich ausschließen oder die Gütergemeinschaft aufheben. Bei der Gütertrennung werden die Ehegatten praktisch wie Unverheiratete behandelt.

Alles, was nach Abzug für den Familienunterhalt noch übrig bleibt, gehört allein dem Verdienenden. Im Unterschied zur Zugewinngemeinschaft muss bei Beendigung der Ehe kein Zugewinnausgleich durchgeführt werden.

Gesetzliches Erbrecht des überlebenden Ehegatten neben Verwandten bei Gütertrennung

Erbteil des Ehegatten neben folgenden Verwandten	Erbteil des Ehegatten	Erbteil des Verwandten
ein Kind beziehungsweise im Todesfall seine Abkömmlinge (zum Beispiel Enkel)	½	½
zwei Kinder beziehungsweise im Todesfall deren Abkömmlinge (zum Beispiel Enkel)	⅓	⅔
drei und mehr Kinder beziehungsweise im Todesfall deren Abkömmlinge (zum Beispiel Enkel)	¼	¾
Erblasser hinterlässt Eltern beziehungsweise deren Abkömmlinge (zum Beispiel Geschwister)	½	½

Besonderheiten

Haben die Eheleute durch Abschluss eines Ehevertrags den Güterstand der **Gütertrennung** vereinbart, so erbt der überlebende Ehegatte neben Verwandten der ersten Ordnung (Kinder, Enkel, Urenkel) ein Viertel, neben Verwandten der zweiten Ordnung (insbesondere Eltern, Geschwister) oder neben Großeltern die Hälfte des Nachlasses. Darüber hinaus sind folgende Besonderheiten zu beachten (vgl. § 1931 Abs. 4 BGB):

- Sind weder Verwandte der ersten oder zweiten Ordnung noch Großeltern vorhanden, erbt der überlebende Ehegatte allein.
- Erben allerdings neben dem überlebenden Ehegatten ein oder zwei Kinder, so erben der überlebende Ehegatte und jedes Kind zu gleichen Teilen. Neben einem Kind erbt also der Ehegatte die Hälfte, neben zwei Kindern ein Drittel des Nachlasses. Bei drei und mehr Kindern erbt der überlebende Ehegatte entsprechend der Grundregel seinen Mindestanteil von einem Viertel.

Beispiel: Erbfolge bei Gütertrennung

A hinterlässt seine Frau B und zwei Kinder, ferner ein Enkelkind. B und die beiden Kinder erben jeweils ein Drittel des Nachlasses. Das Enkelkind ist von der gesetzlichen Erbfolge ausgeschlossen.

Tipp

Der Güterstand der Gütertrennung ist unter erbschaftsteuerlichen Gesichtspunkten ungünstig. Schließlich kann der erbschaftsteuerfreie Zugewinnausgleich nicht in Anspruch genommen werden. Der Güterstand der Zugewinngemeinschaft ist in erbschaftsteuerlicher Hinsicht besser geeignet, um dem überlebenden Ehegatten einen möglichst großen Anteil am Nachlass zukommen zu lassen.

Natürlich können Ehegatten, die im Güterstand der Gütertrennung leben, während der Ehe jederzeit in die erbschaftsteuerlich günstigere Zugewinngemeinschaft wechseln. Allerdings gilt dann als Anfangsvermögen nicht das Vermögen jedes Ehepartners zu Beginn der Ehe, sondern das zum Zeitpunkt der Vereinbarung der Zugewinngemeinschaft vorhandene Vermögen. Die Zugewinngemeinschaft rückwirkend auf den Beginn der Ehe zu vereinbaren, ist erbschaftsteuerlich nicht möglich.

ANSPRUCH DES EHEGATTEN AUF DEN „VORAUS“

Zusätzlich zu seinem Erbteil und unabhängig vom Güterstand, in dem die Eheleute gelebt haben, steht dem überlebenden Ehegatten als gesetzlichem Erben der Anspruch auf den sogenannten Voraus zu (§ 1932 BGB): Das sind die zum ehelichen Haushalt gehörenden Gegenstände, soweit diese nicht Zubehör eines Grundstücks sind, und die Hochzeitsgeschenke. Voraussetzung für den Anspruch auf den Voraus ist insbesondere, dass der Ehegatte gesetzlicher Erbe ist. Er darf also nicht durch Verfügung von Todes wegen (zum Beispiel durch ein Testament) zum Erben bestimmt worden sein, auf sein Erbrecht verzichtet oder die Erbschaft ausgeschlagen haben.

Voraussetzung: gesetzlicher Erbe

Für den Umfang des Voraus ist von Bedeutung, welcher Ordnung die mit dem Ehegatten zur gesetzlichen Erbfolge berufenen Personen angehören:

- Gegenüber Verwandten der zweiten Ordnung (Eltern beziehungsweise Geschwister) oder gegenüber Großeltern um-

Tipp

Sinnvoll ist es, rechtzeitig ein Verzeichnis zu erstellen, in dem die einzelnen Vermögensgegenstände einzeln aufgeführt sind. Damit können spätere Zuordnungsprobleme vermieden werden.

fasst der – neben seinem Erbteil – zustehende Voraus des überlebenden Ehegatten alle zum Haushalt gehörenden Gegenstände und die Hochzeitsgeschenke. Dazu gehören insbesondere die Wohnungseinrichtung, die Haushaltswäsche, Fernseh- und Radiogeräte, Gartenmöbel und im Allgemeinen auch der gemeinsam genutzte Familien-Pkw. Auch Rechte wie zum Beispiel Miet- und Leasingverträge oder Luxusgüter wie kostbare Antiquitäten oder Gemälde gehören dazu, nicht aber, was den besonderen beruflichen Bedürfnissen des Erblassers diente (zum Beispiel ein ausschließlich zu beruflichen Zwecken genutzter Pkw).

- Wenn der Ehegatte neben Abkömmlingen (Kinder, Enkel) als gesetzlicher Erbe berufen ist, stehen ihm die Gegenstände des Voraus nur insoweit zu, als sie zur Führung eines angemessenen Haushalts von Bedeutung sind, der überlebende Ehegatte also weder genügend Gegenstände besitzt noch ihm die Beschaffung aus eigenen Mitteln zugemutet werden kann. Nicht entscheidend ist der Wert der Haushaltsgegenstände.

Tipp

Als Erblasser können Sie Ihrem Ehegatten den Voraus entziehen, wenn Sie diesen durch Verfügung von Todes wegen zum Erben einsetzen oder ihn enterben. Auch können Sie Gegenstände, die dem Voraus angehören, an Dritte vermachen.

Der Voraus ist ein gesetzliches Vorausvermächtnis (vgl. Seite 150). Der überlebende Ehegatte hat gegen die Erbengemeinschaft Anspruch auf Übereignung der Gegenstände. Der Anspruch ist eine Nachlassverbindlichkeit. Die Erbengemeinschaft muss den Anspruch bei der Abwicklung des Nachlasses vorab befriedigen.

GESETZLICHES ERBRECHT DES ÜBERLEBENDEN GLEICHGESCHLECHTLICHEN LEBENSPARTNERS

Zwei Personen gleichen Geschlechts können eine Lebensgemeinschaft auf Lebenszeit eingehen. Beide Partner müssen bei gleichzeitiger Anwesenheit vor der zuständigen Behörde erklären, miteinander eine Partnerschaft auf Lebenszeit führen zu wollen. Durch die Begründung einer solchen Partnerschaft können die gleichgeschlechtlichen Partner unmittelbar auf das gesetzliche Erbrecht Einfluss nehmen.

§

Der überlebende (gleichgeschlechtliche) Lebenspartner ist gesetzlicher Erbe (§ 10 Lebenspartnerschaftsgesetz). Wie im Ehegattenerbrecht ist für die Höhe seines Erbteils zunächst von Bedeutung, ob und welche Verwandten des Verstorbenen erben. Der überlebende Lebenspartner ist neben Verwandten der ersten Ordnung (Kinder, Enkel, Urenkel) zu einem Viertel, neben Verwandten der zweiten Ordnung (Eltern beziehungsweise Geschwister) oder neben Großeltern zur Hälfte der Erbschaft gesetzlicher Erbe. Sind weder Verwandte der ersten noch der zweiten Ordnung noch Großeltern vorhanden, so erhält der überlebende Lebenspartner die gesamte Erbschaft.

Güterstand

Wie beim Erbrecht des überlebenden Ehegatten hat auch der Güterstand der Lebenspartner Auswirkungen auf die Höhe des gesetzlichen Erbteils. Lebten die Lebenspartner im gesetzlichen Güterstand der Zugewinngemeinschaft, so erhöht sich der Erbteil um ein Viertel. Unerheblich ist, ob die Lebenspartner tatsächlich einen Zugewinn erzielt haben.

Beispiel: Erbrecht bei Zugewinngemeinschaft

Hinterlässt der verstorbene Lebenspartner zwei Kinder und lebten die Lebenspartner im Güterstand der Zugewinngemeinschaft, so erbt der überlebende Lebenspartner die Hälfte, jedes Kind ein Viertel des Nachlasses.

Das gesetzliche Erbrecht des überlebenden Lebenspartners ist ausgeschlossen, wenn zur Zeit des Todes des Erblassers die Voraussetzungen für die Aufhebung der Lebenspartnerschaft gegeben waren und der Erblasser die Aufhebung beantragt oder ihr zugestimmt hatte, oder der Erblasser einen begründeten Antrag auf Aufhebung der Lebenspartnerschaft wegen unzumutbarer Härte gestellt hatte.

05 WENN DAS VERMÖGEN DURCH EIN TESTAMENT ODER EINEN ERBVERTRAG ÜBERTRAGEN WERDEN SOLL

In den meisten Fällen dürfte die gesetzliche Erbfolge (vgl. Seite 59 f.) den Wünschen und Vorstellungen der Beteiligten nicht entsprechen; dies gilt insbesondere für die finanzielle und wirtschaftliche Versorgung des überlebenden Ehegatten. Die verfassungsrechtlich verankerte Testierfreiheit erlaubt es deshalb, die Nachlass- und Vorsorgeplanung unabhängig von der gesetzlichen Erbfolge zu gestalten und über Vermögen nach dem Tod entsprechend den persönlichen Vorstellungen und Wünschen eigenverantwortlich zu bestimmen.

VERFÜGUNGEN VON TODES WEGEN

Um die Nachlassplanung nach eigenen Vorstellungen zu gestalten, gibt es verschiedene Instrumente der Vermögensübertragung, die sogenannten Verfügungen von Todes wegen. In Betracht kommen das Testament, mit der Besonderheit des gemeinschaftlichen Testaments, und der Erbvertrag. Andere Möglichkeiten, die Vermögensnachfolge nach dem Tod erbrechtlich zu regeln, bestehen nicht.

Testament

- Das Testament ist eine einseitige Verfügung von Todes wegen. Es können darin Anordnungen und Bestimmungen getroffen werden, die nicht des Einvernehmens eines anderen Beteiligten bedürfen. Deshalb können das Testament oder einzelne Verfügungen auch jederzeit widerrufen werden. Gründe dafür müssen nicht angegeben werden (vgl. Seite 90 f.).

Erbvertrag

- Die Erbfolge kann auch durch einen Erbvertrag geregelt werden. Darin treffen entweder beide Vertragspartner oder nur einer eine Verfügung von Todes wegen mit vertraglicher Bindung. Während das Testament grundsätzlich jederzeit widerrufen werden kann, sind die vertragsmäßigen Verfügungen eines Erbvertrags grundsätzlich unwiderruflich (zum Erbvertrag vgl. Seite 111 f.).

Gemeinschaftliches Testament

- Das gemeinschaftliche Testament ist eine Zwischenform zwischen einem Testament und einem Erbvertrag. Es kann nur von Eheleuten und eingetragenen Lebenspartnern errichtet werden. In einem gemeinschaftlichen Testament können Anordnungen sowohl für den Tod des einen wie für den Tod des anderen Ehegatten beziehungsweise eingetragenen Lebenspartners getroffen werden. Die sogenannten wechselbezüglichen Anordnungen stehen gewissermaßen in einem Gegenseitigkeitsverhältnis zueinander, sodass im Gegensatz zum Testament besondere Bestimmungen für den Widerruf solcher Verfügungen zu berücksichtigen sind. Ähnliche Bindungen wie das gemeinschaftliche

Testament begründet der Erbvertrag, allerdings besteht beim gemeinschaftlichen Testament die grundsätzliche Möglichkeit, sich auch einseitig von der gemeinsamen Verfügung zu lösen (Einzelheiten zum gemeinschaftlichen Testament vgl. Seite 97 f.).

Wie in Kapitel 2 dargelegt, können Vermögensübertragungen durch Rechtsgeschäfte unter Lebenden (insbesondere durch Schenkungen auf den Todesfall oder durch Verträge zugunsten Dritter auf den Todesfall) vorgenommen werden. Daneben bieten sich Verfügungen von Todes wegen (Testament, Erbvertrag) an. Gegenüber den Rechtsgeschäften unter Lebenden behält man bei Verfügungen von Todes wegen die Befugnis, über das Vermögen zu Lebzeiten zu verfügen; erst mit dem Tod des Erblassers erwerben die eingesetzten Erben Rechte an dem Vermögen. Dagegen begründen Rechtsgeschäfte unter Lebenden bereits zu Lebzeiten des Veräußerers Rechte und Pflichten, selbst wenn die Vermögensübertragung erst mit dem Tod des Verpflichteten eintritt.

Verfügungsbefugnis

TESTIERFREIHEIT

Jede Person hat das Recht, nach freiem Belieben Anordnungen und Bestimmungen über ihr Vermögen nach dem Tod zu treffen.

§

Durch Testament oder Erbvertrag können Erben und damit die Vermögensnachfolger bestimmt (§ 1937 BGB), das Vermögen unter mehreren Personen aufgeteilt oder Verwandte oder der Ehegatte von der gesetzlichen Erbfolge ausgeschlossen werden.

Eine vertragliche Beschränkung dieser verfassungsrechtlich garantierten Testierfreiheit ist grundsätzlich nicht möglich; eine entsprechende Verpflichtung, eine Verfügung von Todes wegen zu errichten oder nicht zu errichten, aufzuheben oder nicht aufzuheben, ist nichtig (§ 2302 BGB). Gleichwohl besteht die Testierfreiheit nicht uneingeschränkt, sondern innerhalb gesetzlicher und vertraglicher Grenzen.

Die Testierfreiheit wird zunächst beschränkt durch das Pflichtteilsrecht, mit dem das Gesetz den nächsten Familienangehörigen und dem Ehegatten einen Mindestanteil am hinterlassenen Vermögen garantieren will (Einzelheiten zum Pflichtteilsanspruch von Abkömmlingen, Eltern und des Ehegatten vgl. Seite 173 f.).

Einschränkungen

Zwar steht es im Belieben des Erblassers, grundsätzlich jede Person als Erben einzusetzen, doch gibt es Personen, die aufgrund ihrer besonderen Beziehung zu ihm nicht als Erben bestimmt werden können. Einschränkungen erfährt die Testierfreiheit durch das Heimgesetz. So ist es dem Träger des Heims, seinem Leiter und dessen Angehörigen, den Beschäftigten und sonstigen Mitarbeitern untersagt, sich über das für die Unterbringung, Beköstigung und Pflege der Bewohner vereinbarte Entgelt hinaus Leistungen oder geldwerte Leistungen versprechen oder gewähren zu lassen, soweit es sich nicht um geringwertige Leistungen handelt. Eine gegen das Zuwendungsverbot verstoßende Verfügung von Todes wegen ist nichtig.

Keine Anwendung findet das Zuwendungsverbot nach dem Heimgesetz auf ein Betreuungsverhältnis. Eine Verfügung von Todes wegen, mit der ein Betreuer vom Betreuten bedacht wird, ist also wirksam.

Notarstellung

Unwirksam ist eine vom Notar beurkundete Verfügung von Todes wegen, durch die der Notar selbst einen rechtlichen Vorteil erlangt. Rechtlicher Vorteil ist alles, was die Rechtsstellung des Notars verbessert.

Das Testament des Angehörigen eines Heimbewohners, mit dem der Heimträger zum Nacherben eingesetzt wird und von dem dieser erst nach dem Tod des Erblassers erfährt, ist nicht unwirksam (BGH, Urteil vom 26.10.2011, Az. IV ZB 33/10).

Das dem Urkundsnotar vom Erblasser in seiner notariell beurkundeten letztwilligen Verfügung eingeräumte Recht zur Bestimmung der Person des Testamentsvollstreckers stellt für den Urkundsnotar einen rechtlichen Vorteil dar, sodass die diesbezügliche Beurkundung der Willenserklärung des Erblassers unwirksam ist (OLG Stuttgart, Beschluss vom 29.03.2012, Az. 8 W 112/12).

Wechselbezügliche Verfügungen

Eine Einschränkung erfährt die Testierfreiheit auch dadurch, dass man sich in einem wirksamen Erbvertrag gebunden hat und keine vom Vertrag abweichenden Verfügungen mehr getroffen werden können (vgl. Seite 111 f.). Entsprechendes gilt, wenn man sich im Rahmen eines gemeinschaftlichen Testaments durch sogenannte wechselbezügliche Verfügungen gebunden hat. Beim gemeinschaftlichen Testament tritt die Bindungswirkung erst mit dem Tod des Erstversterbenden ein. Vorher kann jeder Ehegatte das Testament durch einen notariell zu beurkundenden Widerruf, der dem anderen Ehegatten zugehen muss, aufheben (vgl. Seite 103 f.). Bei bindenden Verfügungen in einem Erbvertrag oder in einem gemeinschaftlichen Testament sind alle späteren Verfügungen unwirksam, wenn sie der früheren Verfügung von Todes wegen widersprechen.

Beispiel: Widerruf der Erbeinsetzung

Sie und Ihr Ehegatte haben sich in einem „Berliner Testament" (vgl. Seite 106 f.) gegenseitig zu Alleinerben und Ihre gemeinsamen Kinder nach dem Tod des Längerlebenden als Schlusserben eingesetzt. Sie können aufgrund dieser wechselbezüglichen Verfügung danach keine andere Erbeinsetzung vornehmen. Erst wenn für Sie keine rechtliche Bindung mehr besteht, weil Sie die Erbeinsetzung in notariell beurkundeter Form widerrufen und die Widerrufserklärung Ihrem Ehegatten zugegangen ist, können Sie anderweitig verfügen.

Um sicher zu gehen, dass durch frühere Verfügungen von Todes wegen nicht bereits anderweitige Bestimmungen getroffen wurden (insbesondere lange zurückliegende Verfügungen können in Vergessenheit geraten), ist bei der Errichtung einer Verfügung von Todes wegen klarzustellen, dass alle früheren Verfügungen widerrufen werden.

05

Musterformulierung: Widerruf früherer Verfügungen

Vorsorglich hebe ich alle in der Vergangenheit getroffenen notariellen oder privatschriftlichen Verfügungen von Todes wegen in vollem Umfang auf und widerrufe sie.

TESTIER- UND GESCHÄFTSFÄHIGKEIT

Wirksamkeit

Die Testier- beziehungsweise Geschäftsfähigkeit ist Voraussetzung, um ein Testament wirksam zu errichten oder einen wirksamen Erbvertrag abzuschließen. Die Testierfähigkeit betrifft die Fähigkeit, ein Testament wirksam zu errichten, zu ändern oder aufzuheben; die Geschäftsfähigkeit die Fähigkeit, einen wirksamen Erbvertrag abzuschließen.

§

Die Testierfähigkeit beginnt mit Vollendung des 16. Lebensjahres (§ 2229 Abs. 1 BGB). Allerdings kann der Minderjährige sein Testament nur wirksam als öffentliches Testament durch mündliche Erklärung vor einem Notar oder durch Übergabe einer offenen Schrift errichten. Er bedarf hierfür nicht der Zustimmung seines gesetzlichen Vertreters (§ 2229 Abs. 2 BGB). Vor Erreichen des 16. Lebensjahres besteht Testierunfähigkeit.
Ein Testament einer Person, die das 16. Lebensjahr noch nicht vollendet hat, ist auch dann unwirksam, wenn der Erbfall erst nach Erreichen der für die Testierfähigkeit maßgebenden Altersgrenze eingetreten ist.

Personen, die wegen krankhafter Störung der Geistestätigkeit, Geistesschwäche oder Bewusstseinsstörung nicht in der Lage sind, die Bedeutung einer von ihnen abgegebenen Willenserklärung zu verstehen und nach dieser Einsicht zu handeln (zum Beispiel Demenz vom Alzheimer Typ, Demenz bei Parkinson-Syndrom; siehe § 2229 Abs. 4 BGB) können kein wirksames Testament errichten. Die Annahme einer Testierunfähigkeit aus einem dieser Gründe muss als Ausnahmefall angesehen werden; das bedeutet, dass jede Person solange als testierfähig gilt, bis das Gegenteil zur vollen Gewissheit bewiesen ist. Auch der Umstand, dass eine Person unter Betreuung steht, bedeutet nicht automatisch deren Testierunfähigkeit. In einem „lichten Moment" kann die betreffende Person sehr wohl in der Lage sein, ein wirksames Testament oder einen wirksamen Erbvertrag abzuschließen.

Einschränkungen

Eingeschränkt testierfähig sind unter anderem leseunfähige, sprech- und sehbehinderte Menschen.

§

Eine Person, die nach ihren Angaben oder nach Überzeugung des Notars nicht lesen kann, kann ein Testament nur durch mündliche Erklärung vor dem Notar errichten (§ 2233 Abs. 2 BGB). Eine schreibunfähige kann ebenso wie eine blinde Person kein eigenhändiges Testament errichten; Blindenschrift entspricht nicht den gesetzlichen Formerfordernissen.

Geschäftsfähigkeit

Einen wirksamen Erbvertrag kann nur abschließen, wer unbeschränkt geschäftsfähig ist, also das 18. Lebensjahr vollendet hat. Ausnahmen gelten für Verheiratete und Verlobte. Danach können Ehegatten und Verlobte einen Erbvertrag abschließen, selbst wenn sie beschränkt geschäftsfähig sind. Sie bedürfen hierzu allerdings der Zustimmung des gesetzlichen Vertreters und, sofern der gesetzliche Vertreter ein Vormund ist, der Genehmigung durch das Familiengericht (§ 2275 BGB).

EIGENHÄNDIGES TESTAMENT

Das eigenhändige Testament ist die am häufigsten gewählte Testamentsform. Es kann, ohne einen Notar oder eine andere öffentliche Stelle einzuschalten, durch eine eigenhändig geschriebene und unterschriebene Erklärung errichtet werden.

Vorsicht
Häufig sind eigenhändige Testamente nicht klar und eindeutig formuliert. Deshalb sollte bei komplexen Erbrechtsangelegenheiten fachkundiger Rat eingeholt werden.

Diese Form hat den Vorteil, dass keine Kosten anfallen und dass das Testament einfach und bequem errichtet werden kann. Ferner kann ein eigenhändiges Testament schnell widerrufen oder geändert werden. Allerdings kann das eigenhändige Testament leichter verloren gehen; und schlimmer noch, wenn das Schriftstück im Erbfall nicht auffindbar ist.

FORM

In einem eigenhändigen Testament wird der letzte Wille durch eine eigenhändig geschriebene und unterschriebene Erklärung zum Ausdruck (§ 2247 Abs. 1 BGB) gebracht.

Vorsicht
Werden die Formerfordernisse an das Testament nicht beachtet, ist dieses Schriftstück unwirksam.

Die gesamte Testamentserklärung muss vom Erblasser selbst mit der Hand geschrieben sein. Nicht ausreichend ist eine mit einer Schreibmaschine oder mit einem PC erstellte Erklärung. Auch wenn das Testament einer anderen Person diktiert wird, ist die gesetzlich vorgeschriebene Form nicht erfüllt. Wichtig ist die Lesbarkeit des Textes. Ein unlesbares Testament ist nichtig.

Gleichgültig ist, ob es in Schreibschrift oder in Druckbuchstaben geschrieben wird: Auf jeden Fall müssen die charakteristischen Züge der eigenen Handschrift ohne Weiteres erkennbar sein. In welcher Sprache das Testament verfasst wird, ist unbeachtlich. Allerdings muss der Text verständlich formuliert werden. Das eigenhändige Testament muss nicht formvollendet sein. Rechtschreibfehler, Streichungen oder Verbesserungen sind ohne Bedeutung. Allerdings muss es lesbar sein und der Wille muss in der Erklärung zweifelsfrei und umfassend zum Ausdruck kommen.

Vorsicht

Vorsicht ist allerdings geboten, wenn im Testament auf maschinengeschriebene Vermögensaufstellungen verwiesen werden soll. Hier ist im Einzelfall fachkundiger Rat einzuholen!

Bei der Errichtung des Testaments kann man sich selbstverständlich anderer Personen bedienen. Diese dürfen auch körperlich unterstützen, also etwa den Arm oder die Hand halten. Das Testament darf aber nicht durch die andere Person errichtet werden, indem diese die Hand ohne den Willen des Erklärenden führt.

Im Testament kann auch auf andere Schriftstücke Bezug genommen werden, soweit der formgerecht erklärte Willen dadurch konkretisiert wird. So ist es beispielsweise möglich, dass auf Katasterpläne oder Grundbuchauszüge verwiesen wird.

Eine alleinstehende Frau errichtete ein handschriftliches Testament, in dem sie über ihren vor allem aus Sparguthaben bestehenden Nachlass mit den folgenden Worten verfügte: „Nach Abwicklung der gesamten anfallenden Kosten geht das restliche Sparguthaben zu gleichen Teilen an vorliegende Erben (s. Liste)". Die aus sechs Personen bestehende Auflistung der vermeintlichen Erben war nicht im unterzeichneten Testamentstext enthalten, sondern erfolgte nach der Unterschrift.

Das Oberlandesgericht München kam zu dem Ergebnis, dass keine wirksame Erbeinsetzung der in der Liste aufgeführten Personen vorlag. Bei einem eigenhändigen Testament muss der gesamte Text vom Verfügenden handschriftlich niedergelegt und eigenhändig unterschrieben werden. Sonst ist ein solches Testament unwirksam. Hier war die Auflistung der Erben nicht von der Unterschrift der Erblasserin erfasst und damit formunwirksam. Ein Verweis in dem Testament auf eine nicht gesondert unterschriebene Anlage ist nicht ausreichend. Statt der in der Liste aufgeführten Personen traten damit die gesetzlichen Erben das Erbe an (OLG München, Beschluss vom 7.10.2010, Az. 31 Wx 161/10).

Das Testament muss eigenhändig unterschrieben sein und damit bestätigt werden, dass die Erklärung ernsthaft ist und kein unverbindlicher Entwurf vorliegt. Fehlt im Testament die Unterschrift, ist es unwirksam. Der Formfehler kann nicht geheilt werden. Im Gegensatz zum Text des Testaments muss die Unterschrift nicht leserlich sein. Ausreichend ist, dass diese leserlich und wegen ihrer charakteristischen und persönlichen Merkmale erkennbar ist. Im Regelfall muss die Unterschrift unter der letzten Zeile des Textes stehen, um auszudrücken, dass der Text beendet ist. Die Unterschrift soll den Vor- und Familiennamen enthalten.

Tipp

Achten Sie darauf, dass Sie Änderungen in Ihrem eigenhändigen Testament formgerecht vornehmen. Änderungen in mechanischer Schrift gelten als nicht geschrieben; sie machen also nicht das gesamte Testament unwirksam.

§

Wird in anderer Weise (zum Beispiel mit „Euer Vater") unterschrieben und reicht diese Unterzeichnung aus, um die Urheberschaft zweifelsfrei festzustellen, ist das Testament wirksam (§ 2247 Abs. 3 BGB).

Besteht das Testament aus mehreren, nicht miteinander verbundenen Blättern, ist es ausreichend, sofern ein inhaltlicher Zusammenhang des Textes erkennbar ist, wenn das Dokument auf dem letzten Blatt unterschrieben wird. Nachträgliche Radierungen oder Änderungen im Testament müssen nicht gesondert unterschrieben werden. Gleichwohl wird empfohlen, nachträgliche Änderungen mit Datum und Unterschrift zu versehen.

Unter Umständen kann ein nicht unterzeichnetes Testament wirksam sein, wenn es in einem verschlossenen Briefumschlag aufbewahrt wird und sich die darauf angebrachte Unterschrift eindeutig auf den Inhalt des Umschlags bezieht.

Das Gesetz schreibt vor, dass im Testament angegeben werden „soll", an welchem Ort und zu welcher Zeit es errichtet wurde (§ 2247 Abs. 2 BGB). Das Fehlen dieser Angaben macht das Testament aber nicht unwirksam.

Tipp

Aus Beweisgründen wird dringend empfohlen, den Zeitpunkt der Errichtung des Testaments anzugeben. Wenn nämlich mehrere sich widersprechende Testamente vorliegen, kann fraglich sein, welches Testament das aktuelle ist.

- Die auf einem Notizzettel eigenhändig geschriebene und unterschriebene Aufforderung, „anliegende" Unterlagen dem Notar zu geben, „damit der Erbschein für Dich ausgestellt werden kann", stellt kein formwirksames Testament dar (OLG München, Beschluss vom 25.9.2008, Az. 31 Wx 42/08).
- Ein wirksames Testament kann auch in Form eines handschriftlichen Briefes vorliegen (OLG Schleswig, Beschluss vom 29.5.2009, Az. 3 Wx 58/04).
- In einem handschriftlichen Testament ist ein unterhalb der Unterschrift später angebrachter Zusatz, der die ursprüngliche Verfügung an eine Bedingung knüpft, ohne erneute Unterschrift formunwirksam (OLG München, Beschluss vom 13.9.2011, Az. 31 Wx 298/11).
- Lässt der Erblasser der von ihm unterschriebenen letztwilligen Verfügung einen Satz folgen, der eine weitere letztwillige Verfügung enthält, und unterschreibt diesen mit „D. O.", genügt diese weitere Verfügung, wenn man die Abkürzung überhaupt und dann als „Der Obengenannte" versteht, nicht der gesetzlich vorgeschriebenen Form (OLG Celle, Urteil vom 22.9.2011, Az. 6 U 117/10).
- Nachträge auf Testamentskopien, die keine Unterschrift enthalten, erfüllen das Formerfordernis nicht und sind damit unwirksam (OLG München, Beschluss vom 31.8.2011, Az. 31 Wx 179/10).

TESTAMENTSÄNDERUNGEN

Ein einmal errichtetes eigenhändiges Testament kann jederzeit nachträglich geändert werden. Gründe dafür müssen nicht angegeben werden. Das Änderungsrecht ist ein unverzichtbares Recht. Ein Vertrag, durch den sich der Erblasser verpflichtet, ein einmal errichtetes Testament nicht mehr zu ändern, ist unwirksam. Auch müssen bei Änderungen des eigenhändigen Testaments die geltenden Formvorschriften beachtet werden; die Änderungen und Zusätze müssen also eigenhändig geschrieben sein, in Maschinenschrift wären sie ungültig. Diese machen jedoch die anderen formgerechten Anordnungen nur dann unwirksam, wenn anzunehmen ist, dass sie nicht ohne die unwirksame Verfügung getroffen worden wären.

Änderungen und Ergänzungen des Testaments sind in mehreren Formen möglich: Erblasser können

- ihr Testament einfach ändern, indem sie einzelne Verfügungen durchstreichen.
- Nachträge auf demselben Blatt des Testaments oberhalb der Unterschrift vornehmen. In diesem Fall sind die Nachträge im Regelfall von der früheren Unterschrift gedeckt. Nachträge müssen dann nicht gesondert unterschrieben werden. Entsprechendes gilt, wenn anstelle des gestrichenen Textes ein neuer geschrieben wird.
- Nachträge auf demselben Blatt unterhalb der Unterschrift vornehmen. Dann sollte der Nachtrag gesondert unterzeichnet werden. Dies ist insbesondere dann erforderlich, wenn der nach der früheren Unterschrift stehende Zusatz eine weitere selbstständige Verfügung enthält.
- Änderungen oder Ergänzungen auch auf einem anderen Blatt vornehmen. Dann handelt es sich um eine neue Verfügung, die in jedem Fall gesondert zu unterzeichnen ist.

TESTAMENTSAUFBEWAHRUNG

Das eigenhändige Testament kann an jedem beliebigen Ort aufbewahrt werden. Allerdings sollten vertrauenswürdige Personen von dem Aufbewahrungsort wissen. Sonst besteht die Gefahr, dass das Testament nicht oder erst längere Zeit nach dem Erbfall aufgefunden wird.

§

Das eigenhändige Testament kann auch in besondere amtliche Verwahrung gegeben (§ 2248 BGB) werden, um es vor Verlust oder Fälschung zu schützen.

Für die Verwahrung des Testaments beim Amtsgericht wird eine Gebühr in Höhe eines Viertels der vollen Gebühr nach der Kostenordnung erhoben. Bei einem Nachlasswert von beispielsweise 150.000 Euro würde die Gebühr 70,50 Euro, bei einem Nachlasswert von 300.000 Euro würde sie 126,75 Euro betragen, jeweils zuzüglich Mehrwertsteuer.

Rückgabe

Natürlich kann das Testament jederzeit wieder aus der besonderen amtlichen Verwahrung zurückverlangt werden. Die Rückgabe darf nur an den Testamentsverfasser persönlich erfolgen. Die Rücknahme aus der besonderen amtlichen Verwahrung hat keinen Einfluss auf die Wirksamkeit des eigenhändigen Testaments.

TESTAMENTSWIDERRUF

Ein eigenhändiges Testament kann jederzeit ganz oder teilweise widerrufen (§ 2253 BGB) werden. Gründe dafür müssen nicht angegeben werden. Das Widerrufsrecht ist ein unverzichtbares Recht. Eine auf vertraglicher Grundlage begründete Verpflichtung zum Widerruf wäre unwirksam. Mit dem Widerruf enden die erbrechtlichen Wirkungen der bisherigen Verfügung unmittelbar und endgültig.

Formen

Der Widerruf des Testaments beziehungsweise von einzelnen Bestimmungen kann in unterschiedlichen Formen erfolgen. So kann ein sogenanntes Widerrufstestament errichtet werden (§ 2254 BGB). Dieses muss keine positiven Verfügungen enthalten. Das Widerrufstestament muss entweder eigenhändig geschrieben und unterschrieben oder vor dem Notar errichtet sein. Ein notarielles Testament kann auch durch ein eigenhändiges Testament und umgekehrt widerrufen werden.

Musterformulierung: Testamentswiderruf

Mein am .... errichtetes Testament widerrufe ich hiermit.

Auch kann der Widerruf auf einzelne Verfügungen beschränkt werden. Und in einem neuen Testament können neben entsprechenden positiven Verfügungen auch die früheren Verfügungen widerrufen werden.

Änderung oder Vernichtung

Der Widerruf eines eigenhändigen Testaments kann auch durch eine Änderung oder Vernichtung der Testamentsurkunde (§ 2255 BGB) erfolgen. Vorausgesetzt natürlich, dass der Testamentsverfasser testierfähig ist. Geht das Testament verloren, bedeutet dies nicht zwangsläufig, dass es unwirksam wird. Das Testament bleibt gültig, wenn mit dem Verlust nicht die Absicht verbunden ist, dass es seine Gültigkeit verliert.

Verfügungen in einem Testament können auch widerrufen werden, indem in einem späteren Testament andere Verfügungen als im früheren getroffen (§ 2258 BGB) werden.

Werden in einem späteren Testament andere Verfügungen getroffen, gelten ausschließlich die späteren Anordnungen. Keine Bedeutung hat in diesem Zusammenhang, ob der Widerspruch gegenüber den früheren Verfügungen erkannt wurde und der Widerruf gewollt war.

Tipp

Wenn Sie den Widerruf Ihres Testaments oder einzelner Verfügungen bedauern und Ihr früheres Testament beziehungsweise einzelne Verfügungen wieder aufleben lassen wollen, können Sie Ihren Widerruf einfach widerrufen (§ 2257 BGB). Im Zweifel wird durch den Widerruf des Widerrufs Ihre ursprüngliche Verfügung wieder wirksam. Der Widerruf des Widerrufs erfolgt durch Testament.

Nicht als Widerruf gilt, wenn das eigenhändige Testament aus der besonderen amtlichen Verwahrung genommen wurde. Es bleibt also in diesem Fall weiterhin gültig; etwas anderes gilt beim notariellen Testament (vgl. Seite 96 f.).

NOTARIELLES TESTAMENT

Ein notarielles oder öffentliches Testament muss bei einem Notar errichtet werden (§ 2232 BGB). Die Errichtung ist in zwei Formen möglich: Das Testament kann zur Niederschrift eines Notars errichtet werden, indem diesem der letzte Wille erklärt wird. Ein Testament kann aber auch durch Übergabe einer Schrift an den Notar mit der Erklärung errichtet werden, dass dieses Dokument den letzten Willen enthält.

Prüfungs- und Belehrungspflichten

Dem Notar obliegen gesetzliche Prüfungs- und Belehrungspflichten. Er hat den Willen des Erblassers zu erforschen, den Sachverhalt zu klären und den Mandanten über die rechtliche Tragweite des Testaments zu belehren.

Besondere amtliche Verwahrung

Das notarielle Testament hat den Vorteil, dass bei Bedarf eine eingehende notarielle Beratung erfolgen kann. Fehler und Unklarheiten können so vermieden werden. Gleichzeitig wird durch die besondere amtliche Verwahrung des notariellen Testaments gewährleistet, dass dieses nicht verloren geht oder unterdrückt wird. Im Übrigen wird durch ein notarielles Testament ein Erbschein, dessen Erteilung oft lange dauert und Kosten verursacht (nach der Kostenordnung ist eine volle Gebühr zu entrichten), in der Regel überflüssig. Andererseits entstehen aber bei der Errichtung des notariellen Testaments wiederum Kosten, die der Erblasser – im Gegensatz zum Erbschein – selber tragen muss.

TESTAMENTSERRICHTUNG DURCH MÜNDLICHE ERKLÄRUNG

In der Regel wird ein notarielles Testament durch mündliche Erklärung zur Niederschrift des Notars (§ 2232 BGB) errichtet. Das Gesetz verlangt, dass der Erblasser seinen Willen persönlich erklärt. Eine telefonische Erklärung ist also nicht ausreichend. Nicht erforderlich ist, dass der Wille als Ganzes in zusammenhängender Rede vorgebracht wird. Ausreichend sind Erklärungen im Gespräch mit dem Notar, auch im Wege von Fragen und Antworten. Auch schlüssige Handlungen, wie zum Beispiel Kopfnicken auf eine Frage des Notars, genügen.

Über die Erklärung nimmt der Notar eine Niederschrift auf. Diese muss die Bezeichnung des Notars und der Beteiligten und die Erklärung enthalten. Die Niederschrift muss in Gegenwart des Notars vorgelesen, genehmigt und vom Testamentserrichter eigenhändig unterschrieben werden.

Wenn der Erblasser es verlangt, wird der Notar bis zu zwei Zeugen oder einen weiteren Notar zur Überwachung der Beurkundung hinzuziehen.

Vorsicht
Empfehlenswert ist das Hinzuziehen von Zeugen insbesondere dann, wenn Einwendungen gegen die Testierfähigkeit des Testamentserrichters zu erwarten sind.

Wird ein notarielles Testament durch mündliche Erklärung zur Niederschrift errichtet, hat der Notar eine Reihe von Belehrungs- und Aufklärungspflichten. Ganz allgemein muss er den Willen des Erblassers erforschen, den Sachverhalt klären, über die rechtliche Tragweite des Geschäfts belehren und die Erklärungen klar und unzweideutig in der Niederschrift wiedergeben. Auf dieser Grundlage bestehen für den Notar ganz konkrete Pflichten: Der Notar hat

Pflichten des Notars

- die Testierfähigkeit des Erblassers festzustellen.
- sich ein Bild über dessen Familienverhältnisse zu verschaffen, da diese für den Umfang seiner Beratungs- und Belehrungspflicht von Bedeutung sind. Er hat den Erblasser zu belehren, wenn diesem ein wirtschaftlicher Schaden droht, der für ihn allein nicht erkennbar ist.
- über das Pflichtteilsrecht zu belehren, wenn Abkömmlinge oder Ehegatten von der Erbfolge ausgeschlossen werden sollen.
- zu prüfen, ob frühere Verfügungen von Todes wegen errichtet wurden.

Für Amtspflichtverletzungen haftet der Notar persönlich, unmittelbar und unbeschränkt mit seinem gesamten Vermögen. Er haftet auch für Pflichtverletzungen, die von seinen Mitarbeitern verursacht worden sind. Pflichtverletzungen der Notare im Staatsdienst unterliegen der Staatshaftung.

TESTAMENTSERRICHTUNG DURCH ÜBERGABE EINER SCHRIFT

Ein notarielles Testament zur Niederschrift eines Notars kann auch in der Form errichtet werden, dass dem Notar eine Schrift mit der Erklärung übergeben wird, dass diese Schrift den letzten Willen enthält. Die Schrift kann dem Notar offen oder verschlossen übergeben werden. Ein minderjähriger Erblasser kann allerdings nur durch Übergabe einer offenen Schrift testieren (§ 2232 BGB).

Die übergebene Schrift braucht nicht eigenhändig geschrieben zu sein; sie kann in jeder Form, also auch in Maschinenschrift, ausgefertigt sein.

Tipp

Die Übergabe einer verschlossenen Schrift hat den Vorteil, dass Ihre Verfügung gegenüber dem Notar geheim gehalten wird. Nachteilig ist, dass Sie der Notar nicht beraten und belehren kann. Gleichwohl ist der Notar berechtigt, Sie über den Inhalt der Schrift zu befragen und auf mögliche Bedenken aufmerksam zu machen.

Über den Vorgang nimmt der Notar eine Niederschrift auf, in der er die Übergabe der Schrift und die Erklärung, dass die Schrift Ihren letzten Willen enthält, beurkundet. Er hat die Schrift so zu kennzeichnen, dass eine Verwechslung ausgeschlossen ist. In der Niederschrift wird vermerkt, ob die Schrift offen oder verschlossen übergeben worden ist. Die übergebene Schrift soll der Niederschrift beigefügt werden.

AMTLICHE VERWAHRUNG DES NOTARIELLEN TESTAMENTS

Amtsgericht

Das notarielle Testament wird nach der Beurkundung durch den Notar immer in besondere amtliche Verwahrung gebracht. Zuständig ist das Amtsgericht, in dessen Bezirk der Notar seinen Sitz hat. In Baden-Württemberg sind die Notariate für die besondere amtliche Verwahrung zuständig. Durch die besondere amtliche Verwahrung des notariellen Testaments ist gewährleistet, dass das Testament nach dem Tod des Erblassers eröffnet wird.

Kosten

Die Kosten für die besondere amtliche Verwahrung richten sich nach dem Geschäftswert, das heißt nach dem Wert des Vermögens. Es wird eine Gebühr in Höhe eines Viertels der vollen Gebühr nach der Kostenordnung erhoben. Bei einem Nachlasswert von beispielsweise 80.000 Euro würde die Gebühr 177 Euro, bei einem Nachlasswert von 200.000 Euro würde sie 357 Euro betragen, jeweils zuzüglich Mehrwertsteuer.

§

Die Rücknahme des notariellen Testaments aus der besonderen amtlichen Verwahrung hat automatisch zur Folge, dass das Testament als widerrufen gilt (§ 2256 BGB). In diesem Fall gilt wieder gesetzliche Erbfolge.

KOSTEN DES NOTARIELLEN TESTAMENTS

Für das notarielle Testament wird auf Grundlage der Kostenordnung eine volle Gebühr nach dem Wert des Vermögens, über das der Erblasser zum Zeitpunkt der Errichtung des Testaments verfügt, erhoben. Bei einem Nachlasswert von beispielsweise 100.000 Euro würde die Gebühr 51,75 Euro, bei einem Nachlasswert von 200.000 Euro würde sie 89,25 Euro betragen, jeweils zuzüglich Mehrwertsteuer.

Für die Beurkundung eines notariellen gemeinschaftlichen Testaments (vgl. Seite 102 f.) wird das Doppelte der vollen Gebühr erhoben.

WIDERRUF

Auch ein notarielles Testament oder einzelne Verfügungen in einem notariellen Testament können jederzeit widerrufen werden (§ 2253 BGB). Der Widerruf kann durch Testament erfolgen (§ 2254 BGB). Das Widerrufstestament bedarf nicht der gleichen Form wie das widerrufene. Ein notarielles Testament kann also auch durch ein eigenhändiges Testament widerrufen werden.

Ein notarielles Testament oder einzelne Verfügungen können auch widerrufen werden, indem ein neues Testament errichtet wird, das mit dem früheren in Widerspruch steht (§ 2258 BGB). Das neue Testament mit einem gegenüber dem früheren Testament abweichenden Inhalt kann sowohl als eigenhändiges als auch als notarielles Testament errichtet werden (Einzelheiten vgl. Seite 90 f. und 96 f.).

Beim Widerruf eines notariellen Testaments gelten, anders als beim eigenhändigen Testament, jedoch einige Besonderheiten. So gilt ein notarielles Testament als widerrufen, wenn es auf Verlangen des Erblassers aus der besonderen amtlichen Verwahrung zurückgegeben wird (§ 2256 BGB). Dieser Widerruf erfolgt unmittelbar, es ist nicht von Bedeutung, ob die Konsequenzen des Widerrufs beabsichtigt oder bekannt waren. Auch wenn das Testament erneut in besondere amtliche Verwahrung gegeben wird, bleibt es beim Widerruf.

Tipp

Wenn Sie Ihr notarielles Testament aus der besonderen amtlichen Verwahrung genommen haben, gilt das Testament automatisch kraft Gesetz als widerrufen. Damit tritt wieder gesetzliche Erbfolge ein. Gegebenenfalls müssen Sie also eine neue wirksame Verfügung von Todes wegen errichten.

Erblasser können jederzeit die Rückgabe ihres Testaments aus der besonderen amtlichen Verwahrung verlangen. Das Testament darf nur persönlich zurückgegeben werden (§ 2256 Abs. 2 BGB). Weil nach dem Gesetz mit der Rückgabe des Testaments ein Widerruf verbunden ist, soll über deren Folgen belehrt werden (§ 2256 Abs. 1 Satz 2 BGB). Allerdings gilt das Testament auch als widerrufen, wenn eine solche Belehrung unterbleibt. Es kommen jedoch unter Umständen Schadenersatzansprüche wegen Amtspflichtverletzung in Betracht.

Vorsicht

Beachten Sie, dass nur die Rücknahme eines notariellen Testaments aus der besonderen amtlichen Verwahrung automatisch den Widerruf des Testaments zur Folge hat. Die Rücknahme eines eigenhändigen Testaments aus der besonderen amtlichen Verwahrung stellt keinen automatischen Widerruf dar.

GEMEINSCHAFTLICHES TESTAMENT DER EHEGATTEN

Ehegatten und eingetragene Lebenspartner (vgl. Seite 76 f.) haben verschiedene Möglichkeiten, ihren letzten Willen niederzulegen. In Betracht kommt insbesondere das Einzeltestament, in dem jeder Partner unabhängig vom anderen seine Verfügungen trifft. Allerdings kann hierbei jeder Ehegatte beziehungsweise gleichgeschlechtliche Lebenspartner sein Testament oder einzelne Verfügungen ändern oder widerrufen, ohne dass der andere davon erfährt.

Besonderheit

Für Ehegatten (nicht für Verlobte) und gleichgeschlechtliche Lebenspartner (nicht für sonstige nichteheliche Lebenspartner) sieht das Gesetz eine Testamentsform vor, die deren besonderen Interessen berücksichtigt: das gemeinschaftliche Testament (§ 2247 BGB). Besonderheit: Hierin können Verfügungen sowohl für den Tod des einen wie auch für den des anderen Partners getroffen werden und ein Ehegatte oder Lebenspartner kann einseitig und ohne Kenntnis des anderen seine Verfügung nicht ändern oder aufheben.

Im Folgenden wird das Ehegattentestament dargestellt. Die Ausführungen gelten aber entsprechend auch für das gemeinschaftliche Testament von Lebenspartnerschaften.

GÜLTIGE EHE

Ein gemeinschaftliches Testament ist nur wirksam, wenn die Ehegatten zum Zeitpunkt der Errichtung des Testaments in einer gültigen Ehe leben.

Wird die Ehe durch rechtskräftiges Scheidungsurteil geschieden, werden das gemeinschaftliche Testament und die in ihm enthaltenen Verfügungen grundsätzlich unwirksam. Entsprechendes gilt, wenn während eines Scheidungsverfahrens der Erblasser stirbt und er die Scheidung beantragt oder dem Scheidungsantrag des überlebenden Ehegatten zugestimmt hat. In diesen Fällen bleiben allerdings ausnahmsweise die Verfügungen insoweit in Kraft, als anzunehmen ist, dass sie auch für den Fall der Scheidung getroffen sein würden. Maßgebend ist dabei der Wille jedes einzelnen Ehegatten zum Zeitpunkt der Errichtung des gemeinschaftlichen Testaments. Wenn der wirkliche oder mutmaßliche Wille nicht festgestellt werden kann, ist davon auszugehen, dass das Testament unwirksam ist. Wer sich auf die Wirksamkeit eines gemeinschaftlichen Testaments oder einzelner Verfügungen nach rechtskräftiger Scheidung der Ehe beruft, muss dies im Streitfall beweisen.

Tipp

Überprüfen Sie nach Scheidung Ihrer Ehe die in einem gemeinschaftlichen Testament getroffenen Verfügungen. Gegebenenfalls sollten Sie das Testament oder einzelne Verfügungen in notarieller Form widerrufen, damit sie unwirksam werden. Danach können Sie eine neue Verfügung von Todes wegen treffen und gegebenenfalls auch Ihren geschiedenen Ehegatten wiederum bedenken.

Haben Eheleute während der Ehezeit ein gemeinschaftliches Testament errichtet und wurden danach geschieden, lebt das Testament nach der Wiederverheiratung des Paares nicht wieder auf (OLG Hamm, Beschluss vom 26.8.2010, Az. I-15 Wx 317/09).

INHALT

Wechselbezügliche Verfügungen

In einem gemeinschaftlichen Testament können dieselben Verfügungen wie in einem Einzeltestament getroffen werden. Möglich sind jedoch – und hier liegt die entscheidende Besonderheit – sogenannte wechselbezügliche Verfügungen (§ 2270 Abs. 1 BGB). Hier trifft der eine Ehegatte eine Verfügung „im Hinblick darauf", dass auch der andere eine entsprechende Verfügung vornimmt. Beide Verfügungen stehen gewissermaßen in einem Gegenseitigkeitsverhältnis zueinander. Wechselbezügliche Verfügungen sind solche Bestimmungen in einem gemeinschaftlichen Testament, die ein Ehegatte gerade deshalb trifft, weil der andere Ehegatte eine entsprechende Verfügung vorgenommen hat. Notwendig ist also, dass ein Ehegatte gerade wegen der Verfügung des anderen so verfügt hat und dass seine Verfügung mit der des anderen stehen und fallen soll.

05

Vorsicht

Berücksichtigen Sie, dass der längerlebende Ehegatte durch eine wechselbezügliche Verfügung in seiner Testierfreiheit beschränkt wird (vgl. unten). Er hat also kaum Gelegenheit, nach dem ersten Erbfall auf überraschende Lebensumstände zu reagieren.

Welche Verfügungen wechselseitig sein sollen, entscheiden die Ehegatten. Als wechselseitige Verfügungen kommen allerdings nur die Erbeinsetzung (vgl. Seite 128 f.), Vermächtnisse (vgl. Seite 146) und Auflagen (vgl. Seite 159 f.) in Betracht (§ 2270 Abs. 3 BGB). Nicht wechselbezüglich ausgestaltet werden können also insbesondere die Enterbung oder der Verzicht auf Erb- oder Pflichtteilsansprüche.

Häufig ist es schwierig, Verfügungen in einem gemeinschaftlichen Testament nach ihrer Wechselbezüglichkeit zu beurteilen. Wenn die Ehegatten keine klaren und eindeutigen Anordnungen getroffen haben, bedürfen die Verfügungen der Auslegung. In einem gemeinschaftlichen Testament ist deshalb ausdrücklich und eindeutig festzulegen, welche Verfügungen wechselbezüglich sein sollen.

Musterformulierung: wechselbezügliche Verfügung

Wir, ... und ...., setzen uns gegenseitig als Alleinerben ein. Bestimmungen für den etwaigen Fall der Wiederverheiratung des Überlebenden von uns treffen wir nicht.

Diese Verfügung ist gegenseitig wechselbezüglich. Nach dem Tod eines der Ehegatten kann der andere Ehegatte nach Annahme der Zuwendung seine eigenen Verfügungen nicht mehr widerrufen.

Auslegungsregel

Wenn nach dem Wortlaut und dem Inhalt des Testaments die Wechselbezüglichkeit einer Verfügung nicht festgestellt werden kann, ist die gesetzliche Auslegungsregel maßgebend. Danach ist eine wechselbezügliche Verfügung im Zweifel anzunehmen, wenn sich die Ehegatten gegenseitig bedenken. Aber auch, wenn dem einen Ehegatten von dem anderen eine Zuwendung gemacht wird und für den Fall des Überlebens des Bedachten eine Verfügung zugunsten einer Person getroffen wird, die mit dem anderen Ehegatten verwandt ist oder ihm sonst nahe steht (§ 2277 Abs. 2 BGB), wird von einer wechselbezüglichen Verfügung ausgegangen

Beispiel: wechselbezügliche Verfügung

Die Eheleute A und B setzen sich gegenseitig als Alleinerben ein. Schlusserbe soll C, das nichteheliche Kind von A sein. In diesem Fall ist bei Überleben des B seine Erbeinsetzung durch den vorverstorbenen A wechselbezüglich zu seiner Einsetzung des Schlusserben.

Setzen sich Eheleute in einem gemeinschaftlichen handschriftlichen Testament gegenseitig zu Alleinerben und ihre namentlich aufgeführten gemeinsamen Kinder zu Schlusserben ein, handelt es sich hinsichtlich der Schlusserbeneinsetzung im Regelfall um sogenannte wechselbezügliche Verfügungen, an die beide Eheleute nach dem Tod des Erstversterbenden gebunden sind. Eine nachträgliche Schlusserbeneinsetzung eines Dritten ist daher unwirksam. Soll eine getroffene Schlusserbenbestimmung nicht bindend sein, können die Eheleute dies mit einer Abänderungsklausel oder einem Änderungsvorbehalt konkret regeln (OLG München, Beschluss vom 13.9.2010, Az. 31 Wx 119/10).

Rechtsgeschäfte unter Lebenden

Das gemeinschaftliche Testament hindert den Erblasser auch bei wechselbezüglichen Verfügungen nicht, durch Rechtsgeschäft unter Lebenden (zum Beispiel durch eine Schenkung) über sein Vermögen zu verfügen. Auch besteht weiterhin die Möglichkeit, Rechtsgeschäfte unter Lebenden auf den Todesfall (vgl. Seite 53 f.) vorzunehmen.

FORM

Ein gemeinschaftliches Testament kann als eigenhändiges oder notarielles Testament errichtet werden.

§

Das eigenhändige gemeinschaftliche Testament wird errichtet, indem ein Ehegatte das Testament durch eine eigenhändig geschriebene und unterschriebene Erklärung errichtet und der andere Ehegatte diese Verfügung eigenhändig unterzeichnet (§ 2267 Satz 1 BGB).

Aus der gemeinschaftlichen Erklärung muss sich ergeben, dass Verfügungen über den Nachlass beider Ehegatten getroffen werden, seien es wechselbezügliche oder einseitige. Allerdings muss nicht bereits der Text der Erklärung selbst die Anordnung beider Ehegatten wiedergeben. Auch eine in Ich-Form gehaltene Verfügung kann durch die Mitunterzeichnung des anderen Ehegatten zu einem gemeinschaftlichen Testament werden. Die Verfügung muss grundsätzlich mit dem Vor- und Familiennamen unterzeichnet werden. Der mitunterzeichnende Ehegatte soll angeben, zu welcher Zeit (Tag, Monat, Jahr) und an welchem Ort er seine Unterschrift beigefügt hat (§ 2267 Satz 2 BGB).

Mitunterzeichnung

Ein gemeinschaftliches Testament kann auch dann wirksam errichtet sein, wenn der andere Ehegatte erst nach längerer Zeit beitritt, sofern im Zeitpunkt des Beitritts der Wille des ersttestierenden Ehegatten zur gemeinschaftlichen Testierung weiterhin besteht (OLG München, Beschluss vom 1.12.2011, Az. 31 Wx 249/10).

Zwar muss das gemeinschaftliche Testament nur von einem Ehegatten eigenhändig geschrieben und unterzeichnet und vom anderen nur mitunterzeichnet werden, gleichwohl kann es aus Beweisgründen sinnvoll sein, dass der zweite Ehegatte einen kurzen Zusatztext verfasst und damit nochmals seine Zustimmung deutlich zum Ausdruck bringt.

Musterformulierung: gemeinschaftliches Testament – Zusatz

Das ist auch mein letzter Wille.

Das notarielle gemeinschaftliche Testament wird zur Niederschrift des Notars errichtet, indem beide Ehegatten dem Notar ihren letzten Willen mündlich erklären oder ihm eine Schrift mit der Erklärung übergeben, dass die Schrift ihren letzten Willen enthält (§ 2232 BGB). Die einzelnen Arten des notariellen Testaments stehen den Eheleuten auch wahlweise zur Verfügung. Es ist also auch möglich, dass ein Ehegatte seinen Willen mündlich erklärt und der andere durch Übergabe einer offenen oder verschlossenen Schrift. Bei Übergabe einer verschlossenen Einzelschrift muss allerdings sichergestellt sein, dass der andere Ehegatte die Verfügung kennt.

Kosten

Für die Beurkundung eines notariellen gemeinschaftlichen Testaments werden auf der Grundlage der Kostenordnung zwei volle Gebühren nach dem Wert des Vermögens, über das die Erblasser zum Zeitpunkt der Errichtung des Testaments verfügen, erhoben. Bei einem Nachlasswert von beispielsweise 100.000 Euro würde die Gebühr 414 Euro, bei einem Nachlasswert von 200.000 Euro würde sie 714 Euro betragen, jeweils zuzüglich Mehrwertsteuer.

AUFBEWAHRUNG

Gemeinsame Rücknahme

Das eigenhändige gemeinschaftliche Testament kann an jedem beliebigen Ort aufbewahrt oder in besondere amtliche Verwahrung gegeben werden. Die Rücknahme aus der besonderen amtlichen Verwahrung ist nur durch beide Ehepartner gemeinsam und persönlich möglich. Auch bei Rücknahme aus der besonderen amtlichen Verwahrung bleibt das eigenhändige gemeinschaftliche Testament wirksam.

Das notarielle gemeinschaftliche Testament wird immer beim Amtsgericht, das für den Sitz des Notariats zuständig ist, verwahrt. Auch ein notarielles gemeinschaftliches Testament kann nur von beiden Ehegatten aus der besonderen amtlichen Verwahrung genommen werden. Die Ehegatten müssen gleichzeitig und persönlich erscheinen. Die Rücknahme des notariellen gemeinschaftlichen Testaments aus der besonderen amtlichen Verwahrung führt automatisch dazu, dass das Testament unwirksam wird (vgl. Seite 96 f.).

Für die besondere amtliche Verwahrung des gemeinschaftlichen Testaments wird eine Gebühr in Höhe eines Viertels der vollen Gebühr nach der Kostenordnung erhoben.

WIDERRUF

Testament

Einseitige, also nicht wechselbezügliche Verfügungen kann jeder Ehegatte jederzeit (auch nach dem Tod des anderen) frei widerrufen. Die Zustimmung des anderen Ehegatten ist nicht erforderlich. Der Widerruf kann durch ein Widerrufstestament, durch ein widersprechendes Testament sowie durch die Vernichtung oder Veränderung des Testaments erfolgen (vgl. im Einzelnen Seite 90 f.). Bei einem notariellen gemeinschaftlichen Testament kann der Widerruf einer einseitigen Verfügung allerdings nicht in der Form erfolgen, dass das Testament durch den Erblasser aus der besonderen amtlichen

Verwahrung genommen wird; hierfür bedarf es der Zustimmung des anderen Ehegatten.

Wechselbezügliche Verfügungen

Gemeinsam können Ehegatten auch wechselbezügliche Verfügungen aus der Welt schaffen. Dabei stehen ihnen alle Formen des Widerrufs zur Verfügung, um diese unwirksam zu machen. In Betracht kommen insbesondere ein gemeinschaftliches Widerrufstestament, die gemeinschaftliche Rücknahme des notariellen Testaments aus der besonderen amtlichen Verwahrung oder die einvernehmliche Vernichtung oder Änderung des Testaments. Der Widerruf kann auch durch die Errichtung eines neuen gemeinschaftlichen Testaments oder durch widersprechende Verfügungen in einem neuen Testament erfolgen. Auch durch einen Erbvertrag (vgl. Seite 111 f.) können wechselbezügliche Verfügungen widerrufen werden.

§

Ein einseitiger Widerruf einer wechselbezüglichen Verfügung durch einen Ehegatten – gleichgültig, ob es sich um ein notarielles oder eigenhändiges gemeinschaftliches Testament handelt – kann nur durch von einem Notar beurkundete Erklärung gegenüber dem anderen Ehegatten erfolgen (§ 2271 Abs. 1 BGB).

Die Widerrufserklärung wird erst wirksam, wenn sie dem anderen Ehegatten zugegangen ist. Der Widerruf einer wechselbezüglichen Verfügung hat, wenn nichts anderes bestimmt ist, zur Folge, dass damit automatisch auch die entsprechende Verfügung des anderen Ehegatten unwirksam ist.

Beispiel: Widerruf wechselbezüglicher Verfügung

Die Eheleute A und B haben sich in einer wechselbezüglichen Verfügung gegenseitig zu Alleinerben eingesetzt. Wenn A die Erbeinsetzung ihres Ehegatten formgerecht widerruft, ist sie damit automatisch auch nicht mehr Erbe des B.

Das Widerrufsrecht einer wechselbezüglichen Verfügung erlischt mit dem Tod des anderen Ehegatten. In diesem Fall kann die Verfügung nur dann aufgehoben werden, wenn der überlebende Ehegatte das ihm vom Verstorbenen Zugewendete ausschlägt (§ 2271 Abs. 2 BGB).

Freies Widerrufsrecht

Den Ehegatten steht es frei, im gemeinschaftlichen Testament das Widerrufsrecht für wechselbezügliche Verfügungen über den gesetzlichen Rahmen hinaus zu erweitern und dem überlebenden Ehegatten sogar ein freies Widerrufsrecht einzuräumen. Diesem kann beispielsweise ein Widerrufsrecht bei einem bestimmten Fehlverhalten eingeräumt werden.

EHEGATTENTESTAMENT ALS EINZEL- ODER GEMEINSCHAFTLICHES TESTAMENT?

Eheleute können wählen, ob sie ein Einzeltestament oder ein gemeinschaftliches Testament errichten wollen. Daneben können sie auch einen Ehegattenerbvertrag abschließen (vgl. Seite 115 f.). Die verschiedenen Verfügungsformen unterscheiden sich insbesondere dadurch, dass sie die Ehegatten unterschiedlich stark an die getroffenen Verfügungen binden.

Tipp

Ehegatten sollten nur dann Einzeltestamente errichten, wenn sie finanziell unabhängig sind oder wenn sie großes Vertrauen zueinander haben.

Das einseitige Testament eines Ehegatten hat den Vorteil, dass es jederzeit frei widerruflich ist. Damit kann es schnell etwaigen geänderten Lebensumständen angepasst werden. Der Nachteil dieses Testaments besteht darin, dass der Erblasser Änderungen vornehmen kann, ohne diese dem anderen Ehegatten mitzuteilen. Jeder Ehegatte kann sein Testament widerrufen, ohne dass der andere davon erfährt.

Das gemeinschaftliche Testament hat gegenüber dem Einzeltestament den Vorteil, dass es zwar zu Lebzeiten beider

Vorsicht
Gegenüber dem Einzeltestament hat das gemeinschaftliche Testament den Nachteil, dass es zu Lebzeiten nur in notarieller Form widerrufen werden kann. Und nach dem Tod eines der Ehegatten kann der überlebende Ehegatte wechselbezügliche Verfügungen nur dann widerrufen, wenn er die Erbschaft ausschlägt.

Ehegatten von jedem Ehegatten einseitig widerrufen werden kann, der andere Ehegatte jedoch durch Zustellung einer Ausfertigung des Widerrufs davon erfährt. Der Widerruf des Testaments beziehungsweise einzelner Verfügungen kann also nicht heimlich erfolgen. Gegenüber dem Erbvertrag hat das gemeinschaftliche Testament den Vorteil, dass es auch als eigenhändiges Testament errichtet werden kann, während der Erbvertrag in jedem Fall der notariellen Beurkundung bedarf.

BERLINER TESTAMENT

Es entspricht einem weit verbreiteten Bedürfnis von Eheleuten, sich zunächst gegenseitig als Erben einzusetzen und das vom überlebenden Ehegatten nicht verbrauchte Vermögen erst nach dessen Tod an Dritte (meist die Kinder) zu übertragen. Diese Vorstellungen und Wünsche können Ehegatten mit dem sogenannten Berliner Testament realisieren.

INHALT

Wechselseitige Erbeinsetzung

Mit dem Berliner Testament setzen sich beide Ehegatten wechselseitig zu Erben ein und verfügen, dass nach dem Tod des Überlebenden der beiderseitige Nachlass an einen Dritten fallen soll, in der Regel an die Kinder. In diesem Fall ist im Zweifel anzunehmen, dass die Kinder dann für den gesamten Nachlass als Erbe des zuletzt verstorbenen Ehegatten eingesetzt sind (§ 2269 Abs. 1 BGB).

Musterformulierung: Berliner Testament

Wir, ... und ...., setzen uns gegenseitig zu alleinigen und unbeschränkten Erben ein. Nach dem Tod des Längerlebenden sollen unsere gemeinsamen Kinder .... und .... je zur Hälfte Schlusserben werden.

Schlusserben

Mit dem Tod des erstversterbenden Ehegatten geht dessen Vermögen in das des überlebenden Ehegatten über. Dieser ist Vollerbe und nicht nur Vorerbe des Verstorbenen. Die Schlusserben (in der Regel die Kinder) erben beim ersten Erbfall nichts; sie erlangen lediglich eine rechtlich begründete Aussicht, künftig Erbe zu werden. Sie können aber nur Erbe werden, wenn sie den letztlebenden Ehegatten überleben.

Stirbt der überlebende Ehegatte, geht sein Vermögen, zu dem auch der Nachlass des Erstverstorbenen gehört, als einheitlicher Nachlass auf den Schlusserben, meist die Kinder, über. Diese beerben dann nicht den Erstverstorbenen als Nacherben, sondern den zuletzt Verstorbenen als Schlusserben.

Zu Lebzeiten können beide Ehegatten über ihr Vermögen verfügen. Nach dem Tod eines Ehegatten ist der Überlebende an die Einsetzung der Kinder als Schlusserben gebunden. Allerdings kann er die angefallene Erbschaft ausschlagen und so seine Testierfreiheit wieder erlangen.

Vorsicht

Das Berliner Testament hat den Nachteil, dass dasselbe Vermögen zweimal der Erbschaftsteuer unterworfen ist. Steuerlich kann es auch ungünstig sein, wenn sich die Eheleute im Berliner Testament als Alleinerben einsetzen, weil Steuerfreibeträge der Kinder nach dem erstversterbenden Elternteil nicht ausgenutzt werden.

Die Eheleute haben auch die Möglichkeit zu verfügen, dass der Längerlebende nicht Vollerbe, sondern nur Vorerbe des Nachlasses des Erstversterbenden wird. Als Nacherben werden dann dritte Personen, zum Beispiel die Kinder, eingesetzt. In diesem Fall unterliegt der Vorerbe den gesetzlichen Verfügungsbeschränkungen, von denen er aber durch entsprechende Verfügung befreit werden kann. In diesem Fall bestehen nach dem ersten Erbfall zwei getrennte Vermögensmassen; der überlebende Ehegatte erhält das Vermögen des Verstorbenen als Vorerbvermögen, daneben besteht sein eigenes Vermögen. Mit dem zweiten Erbfall erbt der gemeinsame Schlusserbe das Vermögen des Erstverstorbenen als Nacherbe und das Vermögen des Letztverstorbenen als Erbe (zur Vor- und Nacherbfolge vgl. Seite 135 f.).

Musterformulierung: Vorerbe

Wir, ... und ...., setzen uns gegenseitig zu unserem alleinigen Erben ein. Der Überlebende ist nur Vorerbe. Er ist von den gesetzlichen Beschränkungen befreit, soweit dies zulässig und rechtlich möglich ist. Nacherben werden unsere gemeinsamen Kinder zu gleichen Teilen. Erben des Längstlebenden werden unsere gemeinsamen Kinder zu gleichen Anteilen.
Der Nacherbfall tritt mit dem Tod des Vorerben ein.

Tipp

Sind Ihre als Schlusserben eingesetzten Kinder nur Nacherben, können diese den Pflichtteil nur verlangen, wenn sie die Nacherbfolge ausschlagen.

PFLICHTTEILSKLAUSELN

Wenn eine Vermögensübertragung durch ein Berliner Testament vorgenommen werden soll, müssen etwaige Pflichtteilsansprüche berücksichtigt werden. So können die beim ersten Erbfall enterbten Kinder beim Tod des Erstversterbenden den Pflichtteil aus seinem Nachlass verlangen.

Der Pflichtteilsanspruch kann den überlebenden Ehegatten unter Umständen in arge finanzielle Schwierigkeiten bringen, beispielsweise wenn der Nachlass weitgehend aus Immobilien oder Wertpapieren besteht. Dieser Gefahr kann einmal damit begegnet werden, dass mit den Kindern bereits zu Lebzeiten ein Pflichtteilsverzicht vereinbart wird. Kommt ein solcher nicht in Betracht, können in das Berliner Testament Verwirkungs- und Strafklauseln aufgenommen werden, die die Kinder veranlassen sollen, von der Geltendmachung des Pflichtteils abzusehen. Bei diesen Klauseln geht es darum, es so unattraktiv wie möglich zu machen, den Pflichtteil überhaupt in Anspruch zu nehmen.

Eine Möglichkeit, den überlebenden Ehegatten vor Pflichtteilsansprüchen zu schützen, ist eine Verfügung, dass der Schlusserbe, der beim ersten Erbfall den Pflichtteil fordert, auch beim zweiten Erbfall nur den Pflichtteil erhalten soll.

05

Musterformulierung: Schlusserbe auf Pflichtteil

Wir, ... und ...., setzen uns gegenseitig zu alleinigen und unbeschränkten Erben ein. Schlusserbe ist unser gemeinsamer Sohn .... Verlangt unser Sohn nach dem Tod des erstversterbenden Elternteils den Pflichtteil, so steht ihm auch nach dem Tod des Letztversterbenden nur der Pflichtteil zu.

„Doppelter Pflichtteil"

Ist der überlebende Ehegatte nicht als Vollerbe, sondern nur als Vorerbe und ein Abkömmling als Nacherbe eingesetzt (vgl. oben) und macht dieser beim ersten Erbfall den Pflichtteil geltend, dann wird der Nacherbe insoweit „bestraft", als er beim Tod jedes Ehegatten den Pflichtteil aus dem jeweiligen Vermögen erhält. Ist der überlebende Ehegatte dagegen Vollerbe, ist beim zweiten Erbfall der Pflichtteil aus dem gesamten Vermögen des Zuletztversterbenden (also einschließlich des Nachlasses des Zuletztversterbenden) zu berechnen. Das begünstigt den Abkömmling, weil er in diesem Fall den Pflichtteil aus dem Nachlass des Erstversterbenden fast doppelt erhält: einmal beim ersten Erbfall und ein weiteres Mal als Pflichtteil aus dem gemeinsamen Vermögen beider Ehegatten beim zweiten Erbfall. Dann kann es sinnvoll sein, den eingesetzten Schlusserben, der seinen Pflichtteil beim ersten Erbfall nicht geltend macht, durch die Anordnung eines Geldvermächtnisses (vgl. Seite 153 f. und 213) aus dem Nachlass des erstversterbenden Elternteils zu „belohnen". Dieses fällt zwar beim Tod des Erstversterbenden an, wird aber erst mit dem Tod des letztversterbenden Elternteils ausgezahlt.

Musterformulierung: Geldvermächtnisse

Wir, ... und ...., setzen uns gegenseitig zu alleinigen und unbeschränkten Erben ein. Schlusserben sind unsere gemeinsamen Kinder .... und ....

Verlangt eines unserer Kinder nach dem Tod des erstversterbenden Elternteils den Pflichtteil, so steht ihm auch nach dem Tod des Letztversterbenden nur der Pflichtteil zu.

Kinder, die den Pflichtteil nicht verlangt haben, erhalten aus dem Nachlass des erstversterbenden Elternteils Geldvermächtnisse im Wert ihres gesetzlichen Erbteils, auszuzahlen beim Tod des Letztversterbenden.

Freie Nachlässverfügung

Wird dem überlebenden Ehegatten im Berliner Testament die Befugnis eingeräumt, frei über den Nachlass zu verfügen, wenn ein zunächst enterbtes, aber als Schlusserbe eingesetztes Kind den Pflichtteil im ersten Erbfall geltend macht, eröffnet ihm dies die Möglichkeit, das Kind später auf den Pflichtteil zu setzen.

Musterformulierung: Änderung der Erbeinsetzung

Wir, ... und ...., setzen uns gegenseitig zu alleinigen und unbeschränkten Erben ein. Schlusserbe ist unser gemeinsamer Sohn .... Verlangt unser Sohn nach dem Tod des erstversterbenden Elternteils den Pflichtteil, so kann der Überlebende von uns in diesem Fall diese Erbeinsetzung beliebig ändern.

WIEDERVERHEIRATUNGSKLAUSELN

Tipp

Mit einer Wiederverheiratungsklausel schützen Sie die Schlusserben davor, dass das Nachlassvermögen des zuerst versterbenden Ehegatten zu deren Lasten beeinträchtigt wird.

Mit einer sogenannten Wiederverheiratungsklausel soll verhindert werden, dass der Übergang des Nachlasses an die im Berliner Testament eingesetzten Schlusserben gefährdet wird, wenn der Überlebende Ehegatte nach dem Tod des anderen Partners wieder heiratet. Insbesondere soll ausgeschlossen werden, dass sich die eingesetzten Schlusserben den Nachlass mit neuen Pflichtteilsberechtigten teilen müssen.

Es gibt mehrere Möglichkeiten, entsprechende Verfügungen zu treffen. So kann insbesondere verfügt werden, dass der Überlebende im Falle der Wiederheirat den Nachlass (des Erstversterbenden) ganz oder zu Bruchteilen an die vorgesehenen Schlusserben herauszugeben hat. Der überlebende Ehegatte ist in diesem Fall also nur solange Alleinerbe, bis er sich wieder verheiratet. Im Falle der Wiederheirat können die

Erben den Nachlass des Erstversterbenden oder ihren gesetzlichen Erbteil herausverlangen.

Vor- und Nacherben

Die Ehegatten können sich im Berliner Testament aber auch als Vor- und Nacherben einsetzen (vgl. oben). In diesem Fall ist der überlebende Ehegatte nur Nutznießer des Nachlasses des verstorbenen Ehegatten. Im Falle der Wiederheirat können also Dritte keine Pflichtteilsansprüche erwerben (zur Vor- und Nacherbschaft vgl. im Einzelnen Seite 135 f.).

ERBVERTRAG

„Vertragserbe"

Eine Vermögensübertragung im Rahmen einer Verfügung von Todes wegen kann auch durch einen Erbvertrag vorgenommen werden. Dabei wird ein Vertrag mit dem eingesetzten Erben geschlossen, um diesem „Vertragserben" die Erbschaft rechtlich zu sichern.

Größere Verbindlichkeit

Während einseitige Verfügungen in Form eines Testaments jederzeit frei widerrufen werden können, ist das bei vertragsmäßigen Anordnungen im Erbvertrag nicht einfach möglich. Und in manchen Fällen besteht tatsächlich ein Bedürfnis nach mehr Bindung als in einem Testament. So ist vor allem für nichteheliche Lebensgemeinschaften der Erbvertrag eine geeignete Form, gemeinsame erbrechtliche Verfügungen zu treffen (vgl. Seite 239 f.). Der Abschluss eines Erbvertrags kann auch dann sinnvoll sein, wenn der „Begünstigte" sich seiner Erbschaft sicher sein möchte, weil er seine ganze Lebensführung oder sein Verhalten auf die erwartete Erbschaft ausrichten musste (zum Beispiel ein Studium, um den elterlichen Betrieb später zu übernehmen). Schließlich soll plötzlich nicht alles umsonst gewesen sein, weil sich der Erblasser die Sache im letzten Moment doch noch anders überlegt hat. Auch bei Verfügungen unter Eheleuten kann der Erbvertrag unter Umständen gegenüber dem gemeinschaftlichen Testament Vorteile haben (Einzelheiten vgl. Seite 115 f.).

VORAUSSETZUNGEN

Persönliche Anwesenheit

Der Erblasser kann den Erbvertrag nur persönlich abschließen (§ 2274 BGB). Er kann sich also nicht vertreten lassen; der Erbvertrag wäre dann unwirksam. Der jeweilige Vertragspartner muss nur dann persönlich handeln, wenn er ebenfalls Verfügungen trifft. Andernfalls kann er auch durch einen Bevollmächtigten handeln. Nicht ausgeschlossen ist natürlich, dass bei Vertragsabschluss ein Beistand hinzugezogen wird, der den Erblasser berät.

§

Wer einen Erbvertrag abschließen will, muss unbeschränkt geschäftsfähig sein (§ 2275 Abs. 1 BGB). Andernfalls ist der Erbvertrag unwirksam. Unter Umständen kann ein nichtiger Erbvertrag noch in ein wirksames Testament umgewandelt werden. Maßgebend sind die Umstände des Einzelfalls. Für Erbverträge zwischen Eheleuten und Verlobten reicht die beschränkte Geschäftsfähigkeit aus (§ 2275 Abs. 2 BGB).

Vorsicht

Wegen der unterschiedlichen Bindungswirkung müssen Sie darauf achten, dass im Erbvertrag eindeutig zum Ausdruck kommt, welche Verfügungen vertragsmäßig und welche einseitig getroffen sind. Deshalb sollten vertragsmäßige Verfügungen auch ausdrücklich als solche bezeichnet werden.

INHALT UND BINDUNG

Im Erbvertrag können alle die Verfügungen getroffen werden, die auch in einem Testament möglich sind. Im Gegensatz zum Testament sind aber bestimmte Anordnungen, nämlich die sogenannten vertragsmäßigen Verfügungen, bindend. Vertragsmäßig können aber nur Erbeinsetzungen (vgl. Seite 128 f.), Vermächtnisse (vgl. Seite 146 f.) und Auflagen (vgl. Seite 159 f.) getroffen werden (§ 2279 BGB). Zwar sind im Erbvertrag auch andere Verfügungen zulässig, diese sind jedoch nicht bindend. Sie haben die gleiche Wirkung wie Verfügungen im Testament. Mindestens eine Verfügung eines Vertragspartners im Erbvertrag muss vertragsmäßig sein; andernfalls liegt kein Erbvertrag vor, sondern ein Testament.

Welche Verfügungen vertragsmäßig, also bindend sein sollen, entscheidet der Erblasser.

Zu beachten ist, dass auch Verfügungen wie Erbeinsetzung, Vermächtnis und Auflage, die vertragsmäßig ausgestaltet werden können, durch die Aufnahme in den Erbvertrag nicht zwangsläufig vertragsmäßig bindend sind. Auch diese Verfügungen können einseitig ausgestaltet werden.

Wenn keine ausdrückliche Bestimmung vorliegt, muss nach den Regeln des Vertragsrechts ermittelt werden, ob und inwieweit eine Bindung gewollt ist oder ob nur eine einseitige Verfügung vorliegt. Maßgebend ist der Wille des Erblassers, daneben aber auch seine Interessenlage. So ist in der Regel davon auszugehen, dass eine vertragsmäßige Verfügung vorliegt, wenn der Erblasser den Vertragspartner selbst begünstigt. Entsprechendes gilt, wenn Ehegatten sich gegenseitig etwas zuwenden. Wird eine dritte Person durch einen Erbvertrag begünstigt, so wird im Regelfall eine vertragsmäßige Verfügung vorliegen, wenn die betreffende Person mit den Vertragspartnern verwandt ist.

---

§

Durch vertragsmäßige Verfügungen in einem Erbvertrag werden frühere testamentarische Verfügungen aufgehoben, soweit sie das Recht des im Erbvertrag Bedachten beeinträchtigen (§ 2289 BGB).

Beispiel: Vertragsmäßige Verfügung

Haben Sie in einem Testament Ihren Sohn zum Alleinerben eingesetzt, so wird dieses Testament unwirksam, wenn Sie durch eine vertragsmäßige Verfügung im Erbvertrag Ihre Lebenspartnerin als Alleinerbin einsetzen.

Beeinträchtigende Verfügungen

Eine beeinträchtigende Verfügung liegt auch dann vor, wenn die Verfügung die Begünstigung des vertragsmäßig Bedachten vermindert, beschränkt oder belastet.

Beispiel: Beeinträchtigende Verfügung

Sie haben Ihren Sohn in einem Testament als Alleinerben eingesetzt und verfügen nunmehr in einem Erbvertrag vertragsmäßig ein Vermächtnis zugunsten Ihrer Lebenspartnerin. In diesem Fall bleibt es zwar bei der Erbeinsetzung Ihres Sohnes, die vertragsmäßige Anordnung des Vermächtnisses schränkt jedoch die Erbeinsetzung Ihres Sohnes ein.

Erbrechtliche Verfügungen vor Abschluss des Erbvertrags werden jedoch dann nicht durch vertragsmäßige Verfügungen im Erbvertrag aufgehoben, wenn diese selbst vorrangig verbindlich sind. Das betrifft insbesondere wechselbezügliche Verfügungen in einem gemeinschaftlichen Testament und vertragsmäßige Verfügungen in einem früheren Erbvertrag.

Beispiel: Unwirksame vertragsmäßige Verfügung

In einem gemeinschaftlichen Testament haben sich die Ehegatten gegenseitig zu Alleinerben eingesetzt. Eine vertragsmäßige Verfügung in einem späteren Erbvertrag, durch die der Erblasser seine Schwester als Alleinerbin einsetzt, ist unwirksam.

Zwar wird der Erblasser durch den Erbvertrag nicht eingeschränkt, zu Lebzeiten über sein Vermögen zu verfügen (§ 2286 BGB), beschnitten wird aber sein Recht, künftig andere erbrechtliche Verfügungen zu treffen. Insoweit wird also die Testierfreiheit eingeschränkt. Spätere erbrechtliche Anordnungen, die den im Erbvertrag vertragsmäßig Bedachten benachteiligen, sind unwirksam. In Betracht kommen Beeinträchtigungen durch Testament und Erbvertrag.

Beispiel: Beeinträchtigung durch Testament

Sie haben Ihre Schwester durch vertragsmäßige Verfügung in einem Erbvertrag als Alleinerbin eingesetzt. Nunmehr setzen Sie Ihre Lebensgefährtin durch Testament als Alleinerbin ein. Das Testament ist unwirksam, weil es Ihre vertragsmäßig bedachte Schwester beeinträchtigt.

Bindung im Erbfall

Die Bindung an vertragsmäßige Verfügungen im Erbvertrag bezieht sich allerdings nur auf den Erbfall. Stirbt der Bedachte vor dem Tod des Erblassers, so ist die Zuwendung gegenstandslos. In diesem Fall kann der Erblasser wieder eine wirksame Verfügung von Todes wegen treffen.

Änderungsvorbehalt

Der Erblasser kann sich im Erbvertrag die Möglichkeit vorbehalten, nachträglich noch abweichende wirksame Verfügungen von Todes wegen zu treffen. Mit einem solchen Änderungsvorbehalt wird die Testierfreiheit gewahrt. Unzulässig ist jedoch ein genereller Änderungsvorbehalt, also die Möglichkeit des Erblassers, sämtliche vertragsmäßigen Verfügungen aufzuheben. Um spätere Streitigkeiten zu vermeiden, sollte ein Änderungsvorbehalt im Erbvertrag ausdrücklich vereinbart werden. Auch sollte er inhaltlich so bestimmt sein, dass sich eindeutig ergibt, welche Einschränkungen gelten beziehungsweise welche Verfügungen des Erblassers später noch möglich sein sollen.

VERFÜGUNGEN VON EHEGATTEN: GEMEINSCHAFTLICHES TESTAMENT ODER ERBVERTRAG?

Ob Ehegatten Verfügungen von Todes wegen in einem gemeinschaftlichen Testament oder in einem Ehegatten-Erbvertrag treffen, hängt von den jeweiligen Interessen ab.

Das eigenhändige gemeinschaftliche Testament hat den Vorteil, dass es ohne Einschaltung eines Notars errichtet werden kann, der Erbvertrag bedarf dagegen in jedem Fall der notariellen Beurkundung. Ein weiterer Vorteil des gemeinschaftlichen Testaments besteht darin, dass es zu Lebzeiten beider Ehegatten durch notariell zu beurkundende Widerrufserklärung auch einseitig widerrufen werden kann. Die Aufhebung von vertragsmäßigen Verfügungen im Erbvertrag bedarf dagegen grundsätzlich des Einvernehmens der anderen Vertragspartei. Ein einseitiges Rücktrittsrecht oder ein Anfechtungsrecht besteht beim Erbvertrag nur in den gesetzlich zulässigen Fällen beziehungsweise bei einem vertraglich vereinbarten Rücktrittsvorbehalt (vgl. unten).

Widerruf

Gegenüber dem Erbvertrag hat das gemeinschaftliche Testament den Nachteil, dass darin beide Ehegatten Verfügungen treffen müssen, während dies im Erbvertrag nur der Erblasser tun muss. Der Erbvertrag zwischen Ehegatten hat gegenüber dem gemeinschaftlichen Testament den Vorteil, dass vertragliche Bindungen möglich sind, ohne dass die Ehegatten wechselbezügliche Verfügungen treffen; dagegen tritt beim gemeinschaftlichen Testament Bindungswirkung nur bei wechselbezüglichen Verfügungen ein. Von Vorteil ist auch, dass beim Erbvertrag der Schutz des anderen Ehegatten und der Schlusserben vor Schenkungen des Erblassers, die dieser in der Absicht vornimmt, die Erben zu beeinträchtigen, (vgl. Seite 118 f.) bereits mit Vertragsabschluss eintritt, beim gemeinschaftlichen Testament dagegen erst mit dem Tod des Erstversterbenden.

Bindungswirkung

FORM

Der Erbvertrag kann nur vor einem Notar bei gleichzeitiger Anwesenheit beider Vertragspartner geschlossen werden (§ 2276 Abs. 1 BGB). Der Erblasser muss persönlich anwesend sein. Der Vertragsschluss bedarf der gleichen Formen

Notarielle Beurkundung

wie die Errichtung eines notariellen Testaments. Die Erklärung des letzten Willens kann also mündlich oder durch Übergabe einer offenen oder verschlossenen Schrift erfolgen. Zur Wirksamkeit muss der Erbvertrag vorgelesen, genehmigt und eigenhändig unterschrieben sein.

Für die Beurkundung eines Erbvertrags werden auf der Grundlage der Kostenordnung zwei volle Gebühren nach dem Wert des Vermögens, über das die Erblasser zum Zeitpunkt der Errichtung des Testaments verfügen, erhoben. Bei einem Nachlasswert von beispielsweise 100.000 Euro würde die Gebühr 414 Euro, bei einem Nachlasswert von 200.000 Euro würde sie 714 Euro betragen, jeweils zuzüglich Mehrwertsteuer.

Nach Abschluss des Erbvertrags nimmt der Notar diesen in besondere amtliche Verwahrung; darüber erhalten die Vertragsparteien einen Hinterlegungsschein. Die Rücknahme aus der besonderen amtlichen Verwahrung berührt die Gültigkeit des Erbvertrags nicht. Die Vertragspartner können die besondere amtliche Verwahrung des Erbvertrags gegenüber dem Notar ausschließen.

Kosten

Die Kosten für die besondere amtliche Verwahrung richten sich nach dem Geschäftswert, das heißt nach dem Wert des Vermögens. Es wird eine Gebühr in Höhe eines Viertels der vollen Gebühr nach der Kostenordnung erhoben. Bei einem Nachlasswert von beispielsweise 80.000 Euro würde die Gebühr 177 Euro, bei einem Nachlasswert von 200.000 Euro würde sie 357 Euro betragen, jeweils zuzüglich Mehrwertsteuer. Gebührenfrei ist die Herausgabe des Erbvertrags aus der besonderen amtlichen Verwahrung.

FREIE VERFÜGBARKEIT ZU LEBZEITEN

Wenn im Rahmen eines Erbvertrags eine Erbeinsetzung vorgenommen, ein Vermächtnis oder eine Auflage angeordnet wurde, kann zwar durch eine Verfügung von Todes wegen nichts anderes mehr bestimmt werden, gleichwohl kann der Erblasser natürlich zu Lebzeiten noch grundsätzlich über sein Vermögen nach Belieben verfügen.

§

Vertragsmäßige Verfügungen in einem Erbvertrag haben also ausschließlich erbrechtliche Wirkungen. Der Erblasser wird nicht in seinem Recht beschränkt, über sein Vermögen durch Rechtsgeschäft unter Lebenden zu verfügen (§ 2286 BGB).

Schenkungen

Der Erblasser hat auch das Recht, aus seinem Vermögen Schenkungen vorzunehmen. Um Missbrauch und ein Unterlaufen vertragsmäßiger Verfügungen durch Schenkungen zu Lebzeiten zu verhindern, erfahren die im Erbvertrag Begünstigten aber einen besonderen gesetzlichen Schutz.

Ansprüche des Vertragserben

Wenn Erblasser Schenkungen zu Lebzeiten in der Absicht vorgenommen haben, den im Erbvertrag vertraglich eingesetzten Erben zu beeinträchtigen, so kann der Vertragserbe, nachdem ihm die Erbschaft angefallen ist, vom Beschenkten die Herausgabe des Geschenks verlangen (§ 2287 BGB). Zu berücksichtigen ist, dass der Vertragserbe keinen Anspruch darauf hat, dass ein bestimmter Vermögenswert im Nachlass erhalten bleibt. Er hat es also grundsätzlich hinzunehmen, dass der Erblasser Vermögenswerte aus dem Nachlass nimmt und diese verschenkt. Nur wenn er Zuwendungen vornimmt, um dem Vertragserben damit objektiv zu schaden, kann dieser später die Herausgabe des Geschenks verlangen. Voraussetzung ist also, dass der Erblasser sein Recht, zu Lebzeiten über sein Vermögen zu verfügen, missbraucht. Das ist unter anderem dann nicht der Fall, wenn er selbst ein Interesse, also ein sogenanntes „lebzeitiges Eigeninteresse" an der Schenkung hat.

Beispiel: Lebzeitiges Interesse

Schenkungen, um Ihre eigene Altersversorgung zu sichern oder zu verbessern, erfolgen grundsätzlich nicht in der Absicht, den Vertragserben zu beeinträchtigen. Kein lebzeitiges Eigeninteresse ist allerdings gegeben, wenn Sie eine Schenkung machen, weil Sie festgestellt haben, dass der Beschenkte im Rahmen Ihrer Verfügung von Todes wegen zu gering bedacht wurde.

Ein lebzeitiges Eigeninteresse des Erblassers an einer Schenkung kann auch dann vorliegen, wenn der Beschenkte ohne rechtliche Bindung Leistungen – etwa zur Betreuung im weiteren Sinne – übernimmt, tatsächlich erbringt und auch in der Zukunft vornehmen will (BGH, Beschluss vom 26.10.2011, Az. IV ZR 72/11).

Vermächtnisnehmer

Gesetzlich geschützt wird auch der durch vertragliche Verfügung im Erbvertrag bedachte Vermächtnisnehmer (Einzelheiten zum Vermächtnis vgl. Seite 146 f.). Soweit der Erblasser den Gegenstand eines vertragsmäßig angeordneten Vermächtnisses in der Absicht, den Bedachten zu beeinträchtigen, zerstört, beiseite schafft oder beschädigt, tritt – soweit der Erbe dadurch außerstande gesetzt ist, die Leistung zu bewirken – an die Stelle des Gegenstands dessen Wert. Ist der Vermächtnisgegenstand durch den Erblasser in der Absicht, den Bedachten zu beeinträchtigen, veräußert oder belastet worden, so ist der Erbe verpflichtet, dem Bedachten den Gegenstand zu beschaffen oder die Belastung zu beseitigen (§ 2288 BGB).

Tipp

Die Rücknahme des Erbvertrags aus der besonderen amtlichen Verwahrung beseitigt nicht seine Wirksamkeit beziehungsweise die einzelner vertragsmäßiger Verfügungen.

AUFHEBUNG

Innerhalb der gesetzlich zulässigen Grenzen ist es möglich, die Bindungswirkung des Erbvertrags oder einzelner vertragsmäßiger Verfügungen zu beenden. In diesem Fall erlangt der

Erblasser wieder die Möglichkeit, anderweitige Verfügungen von Todes wegen zu treffen.

Zunächst besteht die Möglichkeit, den Erbvertrag oder eine einzelne vertragsmäßige Verfügung durch einen Vertrag aufzuheben (§ 2290 BGB). Vertragspartner des Aufhebungsvertrags sind die Personen, die den Erbvertrag geschlossen haben. Die Zustimmung eines im Erbvertrag Bedachten ist nicht erforderlich, weil dieser selbst bei vertragsmäßig bindenden Verfügungen vor dem Erbfall keine Rechte erwirbt. Nach dem Tod einer dieser Personen kann die Aufhebung nicht mehr erfolgen. In diesem Fall können die Rechtswirkungen des Erbvertrags beziehungsweise einzelner vertragsmäßiger Verfügungen nur noch durch Anfechtung oder durch Rücktritt (vgl. Seite 116 u. 121 f.) beseitigt werden. Der Aufhebungsvertrag kann vom Erblasser nur persönlich geschlossen werden. Ein in seiner Geschäftsfähigkeit beschränkter Erblasser bedarf zur Aufhebung nicht der Zustimmung durch seinen gesetzlichen Vertreter. Der Aufhebungsvertrag muss, wie der Erbvertrag, bei gleichzeitiger Anwesenheit beider Vertragspartner notariell beurkundet werden.

§

In Form des Testaments können vertragsmäßige Verfügungen aufgehoben werden, durch die ein Vermächtnis (vgl. Seite 146 f.) oder eine Auflage (vgl. Seite 159 f.) angeordnet wurden (§ 2291 BGB).

Zustimmungserklärung

Nicht durch Testament aufgehoben werden kann allerdings eine vertragsmäßige Erbeinsetzung. Damit die Wirksamkeit der Anordnung eines Vermächtnisses oder einer Auflage aufgehoben wird, ist die Zustimmung des anderen Vertragspartners erforderlich. Die Zustimmungserklärung bedarf der notariellen Beurkundung, damit sie wirksam wird. Nach dem Tod des Vertragspartners kann die Zustimmung nicht mehr erteilt werden; das Zustimmungsrecht geht also nicht auf die Erben des Vertragspartners über. Das Aufhebungstestament kann als eigenhändiges oder notarielles Testament errichtet werden. Darin kann der Erblasser seine Verfügungen ausdrücklich aufheben oder sie durch andere, ihnen widersprechende ersetzen.

§

Ehegatten beziehungsweise Lebenspartner einer eingetragenen Lebenspartnerschaft haben die Möglichkeit, einen zwischen ihnen abgeschlossenen Erbvertrag auch durch ein gemeinschaftliches Testament aufzuheben (§ 2292 BGB).

Das Aufhebungstestament kann in jeder rechtlich zulässigen Form, also als eigenhändiges oder notarielles gemeinschaftliches Testament errichtet werden. Nicht ausreichend sind zwei übereinstimmende Einzeltestamente.

RÜCKTRITT

Einseitige Erklärung

Neben der Aufhebung des Erbvertrags bietet der Rücktritt vom Erbvertrag eine weitere Möglichkeit, sich von vertragsmäßigen Verfügungen zu lösen. Während der Erbvertrag stets nur im Einvernehmen mit dem Vertragspartner aufgehoben werden kann, reicht beim Rücktritt eine einseitige Erklärung. Der Rücktritt vom Erbvertrag kommt aber nur in engen Grenzen in Betracht.

Der Erblasser kann vom Erbvertrag zurücktreten, wenn er sich den Rücktritt im Vertrag vorbehalten hat (§ 2293 BGB). In diesem Fall steht ihm das Rücktrittsrecht nur persönlich zu. Der Rücktrittsvorbehalt kann auf einzelne vertragsmäßige Verfügungen beschränkt sein oder die erbvertraglichen Verfügungen insgesamt erfassen.

Beispiel: Rücktrittsvorbehalt

Ein Rücktrittsrecht kann für den Fall vorbehalten werden, dass der Vertragspartner der ihm vertraglich obliegenden Verpflichtung zur Pflege nicht nachkommt.

Unwirksamer Erbvertrag

Sind in einem Erbvertrag von beiden Vertragspartnern bindende Verfügungen getroffen worden und tritt einer von ihnen aufgrund eines Rücktrittsvorbehalts vom Erbvertrag zurück, so wird der Erbvertrag dadurch insgesamt unwirksam (§ 2298 Abs. 2 BGB). In diesem Fall kann der Rücktritt nur bis zum Tod des anderen Vertragspartners erfolgen. Nach dessen Tod besteht die Möglichkeit, die Zuwendung auszuschlagen und dann wieder neue wirksame Verfügungen zu treffen. Hat nur der überlebende Vertragspartner vertragsmäßige Verfügungen getroffen, kann er die Verfügung nach dem Tod seines Vertragspartners durch ein Testament aufheben.

Ein gesetzliches Rücktrittsrecht steht dem Erblasser in zwei Fällen zu:

Verfehlung

- Er kann von einer vertragsmäßigen Verfügung zurücktreten, wenn sich der Bedachte einer Verfehlung schuldig macht, die den Erblasser zur Entziehung des Pflichtteils berechtigt – oder, falls der Bedachte nicht zu den Pflichtteilsberechtigten gehört – zu der Entziehung berechtigen würde, wenn der Bedachte sein Abkömmling wäre. Das Rücktrittsrecht beschränkt sich damit auf vorsätzliche körperliche Misshandlung, Verbrechen oder sonstige schwere Verfehlungen (§ 2294 BGB; zu den Möglichkeiten, den Pflichtteil zu entziehen, vgl. im Einzelnen Seite 186 f.). Zum Rücktritt berechtigt ist der Erblasser nur, wenn die Verfehlungen nach dem Abschluss des Erbvertrags begangen wurden, frühere Verfehlungen des Bedachten sind unerheblich, können aber unter Umständen ein Anfechtungsrecht (vgl. unten) begründen. Das Rücktrittsrecht steht nur dem Erblasser zu. Er kann nicht im Voraus darauf verzichten. Dass die Voraussetzungen für den Rücktritt vorliegen, muss der Erblasser beweisen.

Rechtsgeschäftliche Verpflichtung

- Er kann von einer vertragsmäßigen Verfügung auch zurücktreten, wenn er die Verfügung mit Rücksicht auf eine rechtsgeschäftliche Verpflichtung des Bedachten, dem Erblasser zu Lebzeiten wiederkehrende Leistungen zu entrichten, insbesondere Unterhalt zu gewähren, getroffen hat und die Verpflichtung vor seinem Tod aufgehoben wird (§ 2295 BGB). In Betracht kommen hierbei ausschließlich rechtsgeschäftliche Verpflichtungen und keine gesetzlichen Verpflichtungen (zum Beispiel gesetzliche Unterhaltspflicht). Schlechterfüllung, Verzug oder Nichterfüllung reichen für den Rücktritt nicht aus, allerdings kann in diesen Fällen die Anfechtung (vgl. unten) in Betracht kommen. Das Rücktrittsrecht steht nur dem Erblasser zu. Dass die Voraussetzungen für den Rücktritt vorliegen, muss der Erblasser jedoch beweisen.

Ist mit einem Erbvertrag, durch den der Erblasser den Bedachten zum Erben bestimmt, ein gegenseitiger Vertrag unter Lebenden verbunden, in dem der Bedachte sich zum Erbringen von Pflegeleistungen verpflichtet und der Erblasser weitere Verpflichtungen übernimmt – etwa die Verpflichtung, keine Veräußerung oder Belastung seines Hausgrundstücks zu Lebzeiten vorzunehmen –, so kann der Erblasser wegen unterbliebener Pflegeleistungen von diesem Vertrag und zugleich vom Erbvertrag zurücktreten. Ein derartiger Rücktritt kommt allerdings erst dann in Betracht, wenn der Erblasser den Bedachten unter Fristsetzung zuvor vergeblich aufgefordert hat, die im Einzelnen zu bezeichnenden Pflegeleistungen zu erbringen (BGH, Beschluss vom 5.10.2010, Az. IV ZR 30/10).

Notarielle Beurkundung

Wenn der Erblasser vom Erbvertrag oder von einzelnen vertragsmäßigen Verfügungen zurücktreten will, muss diese Erklärung notariell beurkundet sein, damit sie wirksam ist. Sie muss persönlich abgegeben werden; der Rücktritt kann nicht durch einen Stellvertreter erfolgen (§ 2296 BGB).

Musterformulierung: Rücktritt vom Erbvertrag

Frau .... hat sich im Erbvertrag vom .... mir gegenüber zu Pflegeleistungen verpflichtet. Im Gegenzug habe ich ihr ein Wohnungsrechtsvermächtnis zugewandt.
Nachdem Frau .... seit .... die Pflegeleistungen wegen Krankheit nicht mehr erbringen kann, trete ich hiermit vom Erbvertrag in vollem Umfang zurück. Der Notar wird beauftragt, Frau .... eine Ausfertigung der Rücktrittserklärung durch den zuständigen Gerichtsvollzieher zustellen zu lassen.

Die notarielle Urkunde mit dem Rücktritt muss dem anderen Vertragspartner in Urschrift oder als Ausfertigung zugehen. Der Zugang einer einfachen Abschrift genügt nicht. Sinnvoll ist die Zustellung durch den Gerichtsvollzieher.

Tipp

Wenn Sie als Erblasser zum Rücktritt berechtigt sind, können Sie von der vertragsmäßigen Verfügung auch noch nach dem Tod Ihres Vertragspartners zurücktreten, indem Sie die Verfügung durch Testament aufheben. Voraussetzung ist, dass Sie aufgrund eines Rücktrittsvorbehalts oder aufgrund eines gesetzlichen Rücktrittsrechts zum Rücktritt berechtigt sind.

Tritt der Erblasser aufgrund eines gesetzlichen Rücktrittsrechts vom Erbvertrag oder von einzelnen vertragsmäßigen Verfügungen zurück, so werden dessen Verfügungen aufgehoben, die vertragsmäßigen Verfügungen seines Vertragspartners bleiben jedoch wirksam.

ANFECHTUNG

Einseitige Verfügungen in einem Erbvertrag können jederzeit frei widerrufen werden. Vertragsmäßige Verfügungen sind jedoch bindend; deren Wirksamkeit kann nur durch einvernehmliche Aufhebung des Erbvertrags oder durch Rücktritt aufgrund eines Rücktrittsvorbehalts oder eines gesetzlichen Rücktrittsgrundes beseitigt werden. Der Erblasser kann den Erbvertrag aber unter bestimmten Voraussetzungen anfechten und damit unwirksam machen.

Voraussetzungen

Erblasser können den Erbvertrag anfechten, soweit sie über den Inhalt der Erklärung im Irrtum waren oder eine Erklärung dieses Inhalts gar nicht abgeben wollten und anzunehmen ist, dass der Erblasser die Erklärung nicht abgegeben hätte, wenn ihm diese Sachlage bekannt gewesen wäre (§§ 2281, 2078 Abs. 1 BGB). Maßgebend sind allein die Vorstellungen des Erblassers beim Abschluss des Erbvertrags, die zumindest mitbestimmend für die entsprechenden Verfügungen waren. Wichtigster Fall in diesem Zusammenhang ist, dass sich der Erblasser falsche Vorstellungen über die Bedeutung seiner Erklärung gemacht hat.

Beispiel: Falsche Vorstellung über Bedeutung

Die Anfechtung des Erbvertrags kann zulässig sein, wenn der Erblasser von der falschen Vorstellung ausgegangen ist, er könne auch eine vertragsmäßige Verfügung im Erbvertrag jederzeit widerrufen und über seinen Nachlass anderweitig verfügen.

Die Anfechtung des Erbvertrags kommt auch in Betracht, wenn der Erblasser zu deren Verfügung widerrechtlich durch Drohung bestimmt worden ist (§§ 2281, 2078 Abs. 2 BGB).

Beispiel: Anfechtung wegen Drohung

Die Drohung Ihrer Tochter, sie werde Sie im Alter nicht pflegen, wenn Sie nicht als Alleinerbin eingesetzt wird, kann die Anfechtung des Erbvertrags rechtfertigen.

Motivirrtum

Auch ein sogenannter Motivirrtum berechtigt den Erblasser, seine vertragsmäßige Verfügung (§§ 2281, 2078 Abs. 2 BGB) anzufechten. Anfechtbar ist danach jede Verfügung, zu welcher der Erblasser durch die irrige Annahme oder Erwartung bestimmt worden ist, dass dieser Umstand eintritt oder nicht eintritt. In Betracht kommen können aber nur besonders schwerwiegende Umstände, die dazu geführt hätten, dass anderweitig verfügt worden wäre. Typische Fehleinschätzungen sind beispielsweise enttäuschte Erwartungen über das künftige Verhalten des Bedachten gegenüber dem Erblasser (zum Beispiel Pflegeerwartungen) oder die Annahme, zwischen dem Erblasser und dem Bedachten bestehe ein Verwandtschaftsverhältnis.

Schließlich kann die Anfechtung des Erbvertrags auch darauf gestützt werden, dass ein zur Zeit des Erbfalls vorhandener Pflichtteilsberechtigter übergangen wurde (§§ 2281, 2079 BGB). Pflichtteilsberechtigt sind alle Abkömmlinge, Eltern und Ehegatten (vgl. im Einzelnen Seite 180 f.).

Beispiel: Übergehen eines Pflichtteilsberechtigten

Der unverheiratete Erblasser hat seine Schwester zur Alleinerbin eingesetzt und nach Abschluss des Erbvertrags geheiratet.

Tipp

Bevor Sie den Erbvertrag anfechten, sollten Sie unbedingt Rat bei einem fachkundigen Anwalt einholen. Die Einzelheiten der Anfechtung des Erbvertrags sind sehr kompliziert.

Die Anfechtung des Erbvertrags kann nur innerhalb eines Jahres ab Kenntnis des Anfechtungsgrundes beziehungsweise Beendigung der Drohung erfolgen (§ 2283 BGB). Die Anfechtung kann nur persönlich erklärt werden (§ 2282 Abs. 1 BGB). Dass ein gesetzlich anerkannter Anfechtungsgrund vorliegt, hat der Erblasser im Streitfall zu beweisen.

Die Erklärung, mit der der Erbvertrag angefochten wird, bedarf der notariellen Beurkundung (§ 2282 Abs. 3 BGB).

Die form- und fristgerechte Anfechtung hat zur Folge, dass der Erbvertrag unwirksam wird. Der Erblasser ist nicht mehr an seine vertragsmäßigen Verfügungen gebunden und kann wieder neue Verfügungen von Todes wegen errichten.

WELCHE ERBRECHTLICHEN ANORDNUNGEN GETROFFEN WERDEN KÖNNEN

06

In einem Testament oder einem Erbvertrag können verschiedene Verfügungen getroffen werden. Wer erben oder nicht erben soll, wer ersatzweise Erbe wird, ob eine Vor- oder Nacherbschaft eintritt, ob ein Testamentsvollstrecker eingesetzt wird oder wie der Nachlass unter mehreren Erben verteilt werden soll oder nicht verteilt werden darf, kann hierin angeordnet werden. Darüber hinaus kann verfügt werden, ob bestimmten Personen ein Vermächtnis zustehen soll oder ob den Erben bestimmte Verpflichtungen auferlegt werden sollen.

ERBEINSETZUNG

Persönliche Entscheidung

Wenn eine Verfügung von Todes wegen errichtet werden soll, dann gehört die Erbeinsetzung zu den wichtigsten Bestimmungen. Wer als Erbe eingesetzt wird, ist zunächst die ganz persönliche Entscheidung des Erblassers. Allerdings sollten bestimmte rechtliche Gegebenheiten beachtet werden, um eine für die jeweilige persönliche Situation richtige Entscheidung treffen zu können.

Checkliste: Wer soll was erben?

- Welches Vermögen möchte ich vererben?
- Wem möchte ich mein Vermögen vererben?
- Will ich einen Alleinerben bestimmen oder wünsche ich eine Erbengemeinschaft?
- Wer soll welche Erbquote erhalten?
- Werden die Miterben in der Erbengemeinschaft miteinander klarkommen oder sind Schwierigkeiten zu erwarten?
- Wie ist die Beziehung zu den Schwiegerkindern?
- Sollen bestimmte Vermögenswerte den Miterben unmittelbar übertragen werden?
- Wie alt sind die Erben?
- Wer soll erben, wenn ein eingesetzter Erbe vor dem Erbfall verstirbt?

Nachdem sich der Erblasser einen grundsätzlichen Überblick über sein Vermögen verschafft hat (vgl. Seite 18 f.), muss er zunächst entscheiden, wer allein oder gemeinsam mit anderen erben soll. Grundsätzlich kann jede Person – unabhängig vom Alter, Geschlecht oder von der Staatsangehörigkeit – als

Freie Bestimmung

Erbe eingesetzt werden. Es steht dem Erblasser frei, bestimmte Kinder zu bevorzugen oder zu enterben. Auch der nichteheliche Lebenspartner kann Erbe sein, und zwar selbst dann, wenn der Erblasser selbst oder der Partner noch verheiratet sind (vgl. auch Seite 80 f.). Ist der Erblasser allerdings in einer Heimeinrichtung untergebracht, sind Einschränkungen zu beachten, wenn der Träger des Heims, dessen Leiter oder Heimbeschäftigte bedacht werden sollen (vgl. im Einzelnen Seite 81 f.). Ein Tier kann nicht als Erbe eingesetzt werden. Ein entsprechendes Testament wäre unwirksam. Allerdings kann der Tierschutzverein als Erbe bestimmt und in diesem Zusammenhang können dann Verfügungen für die Betreuung des Tiers getroffen werden.

§

Als Erbe kommt jeder Mensch, also jede natürliche Person in Betracht, wenn sie zum Zeitpunkt des Erbfalls lebt (§ 1923 Abs. 1 BGB). Stirbt der eingesetzte Erbe vor dem Erbfall, wird er nicht Erbe. Wer an seiner Stelle Erbe wird, kann der Erblasser in einer Verfügung von Todes wegen bestimmen (§ 2096 BGB); andernfalls gilt gesetzliche Erbfolge. Als Erbe kann auch eingesetzt werden, wer bei Eintritt des Erbfalls zwar noch nicht geboren, aber bereits gezeugt worden ist (§ 1923 Abs. 2 BGB). Voraussetzung ist, dass das Kind lebend zur Welt kommt.

Als Erben können juristische Personen des Privatrechts (zum Beispiel eingetragene Vereine, Gesellschaften mit beschränkter Haftung, Aktiengesellschaften) ebenso eingesetzt werden wie juristische Personen des öffentlichen Rechts (zum Beispiel der Bund, ein Bundesland oder die Kirche).

Gesamtrechtsnachfolge

Der Erblasser kann einen Alleinerben einsetzen oder mehrere Erben bestimmen, was zwangsläufig eine Erbengemeinschaft zur Folge hat. Wichtig ist, dass sich die Erbeinsetzung entweder auf den gesamten Nachlass oder auf einen Bruchteil (zum Beispiel die Hälfte oder ein Viertel) bezieht. Einzelne Gegenstände können nicht vererbt werden, sondern nur im Rahmen eines Vermächtnisses (vgl. Seite 146 f.) bestimmten Personen zugewendet werden. Für die Gesamtrechtsnachfolge muss der Erblasser einen Erben bestimmen. Wenn er im Testament nur einzelne Vermächtnisse anordnet, so gilt für den Rest seines Vermögens gesetzliche Erbfolge.

Musterformulierung: Erbeinsetzung

Hiermit setze ich meine beiden Kinder .... und .... zu meinen Erben zu jeweils gleichen Teilen meines gesamten Vermögens ein.

Häufig entspricht der gesetzliche Sprachgebrauch nicht dem umgangssprachlichen. Deshalb ist es im Einzelfall erforderlich, letztwillige Verfügungen auszulegen, so etwa, ob der Begünstigte Erbe oder nur Vermächtnisnehmer sein soll.

Für diesen Fall enthält das Gesetz eine allgemeine Auslegungsregel: Hat der Erblasser sein Vermögen oder einen Bruchteil seines Vermögens dem Bedachten zugewendet, so ist die Verfügung als Erbeinsetzung anzusehen, auch wenn der Bedachte nicht als Erbe bezeichnet ist. Sind dem Bedachten dagegen nur einzelne Gegenstände zugewendet, so ist im Zweifel nicht anzunehmen, dass er Erbe sein soll, auch wenn er als Erbe bezeichnet ist (§ 2087 BGB).

Tipp

Nehmen Sie sich bei der Formulierung Ihrer Verfügung von Todes wegen ausreichend Zeit. Lassen Sie sich gegebenenfalls von einem Notar oder einem fachkundigen Anwalt beraten.

Es ist nicht möglich, eine letztwillige Verfügung so zu treffen, dass ein anderer zu bestimmen hat, ob diese gelten oder nicht gelten soll. Auch kann die Bestimmung der Person, die eine Zuwendung erhalten soll, sowie die Bestimmung des Gegenstands der Zuwendung keinem Dritten überlassen werden.

In der Regel führt die Unwirksamkeit einer vom Erblasser getroffenen Verfügung aber nicht automatisch dazu, dass das gesamte Testament unwirksam wird. Es wird in diesem Fall ausnahmsweise nur dann unwirksam, wenn anzunehmen ist, dass andere Verfügungen nicht ohne die unwirksame Verfügung getroffen worden wären.

Aufschiebende Bedingung

Eine Erbeinsetzung kann auch unter einer sogenannten aufschiebenden Bedingung vorgenommen werden. In diesem Fall erfolgt die Zuwendung im Zweifel nur, wenn der Bedachte den Eintritt der Bedingung erlebt (§ 2074 BGB).

Beispiel: Aufschiebende Bedingung

A hat seinem Sohn B ein Geldvermächtnis für den Fall angeordnet, dass er sein Jura-Studium erfolgreich abschließt. Wenn B sein Studium nach dem Tod seines Vaters beendet, steht ihm das Geldvermächtnis zu, nachdem er die Bedingung erfüllt hat.

06

Auflösende Bedingung

Für den Fall einer auflösenden Bedingung gilt Folgendes: Hat der Erblasser eine letztwillige Zuwendung unter der Bedingung gemacht, dass der Begünstigte sich in einer bestimmten Weise verhält oder dass er ein bestimmtes Verhalten unterlässt, so verbleibt ihm die Zuwendung, solange er sich entsprechend der Bedingung verhält (§ 2075 BGB).

Beispiel: Auflösende Bedingung

Der unverheiratete A hat seine Lebensgefährtin B zur Alleinerbin eingesetzt unter der Bedingung, dass sie sich innerhalb von fünf Jahren nach seinem Tod nicht wiederverheiratet. Beim Tod von A wird B Erbin. Heiratet sie aber vor Ablauf von fünf Jahren, dann hat sie die Erbschaft an die gesetzlichen Erben des A herauszugeben.

EINSETZUNG EINES ERSATZERBEN

Wer vor dem Erblasser stirbt, kann diesen nicht beerben (§ 1923 BGB). Der Nachlass kann deshalb auch nicht auf dessen Erben übergehen.

§

Für den Fall, dass ein Erbe vor oder nach Eintritt des Erbfalls wegfällt, kann der Erblasser in seiner Verfügung von Todes wegen einen Ersatzerben, also einen anderen Erben einsetzen (§ 2096 BGB).

Der zunächst eingesetzte Erbe kann aus verschiedenen Gründen wegfallen. So kann der zuerst Berufene bereits vor dem

Erbfall versterben oder er kann die angefallene Erbschaft ausschlagen; ferner kann die Verfügung von Todes wegen wirksam angefochten werden. Für diese Fälle kann der Erblasser eine Ersatzerbschaft verfügen. Der Ersatzerbe wird nur Erbe, wenn der zunächst berufene Erbe vor oder nach dem Erbfall aus einem der genannten oder aus anderen Gründen wegfällt. Durch die Benennung eines Ersatzerben werden die Abkömmlinge des ausgefallenen Erben ausgeschlossen.

Vorsicht

Hat der Erblasser mehrere Personen in der Weise zu Miterben berufen, dass sie die gesetzliche Erbfolge ganz ausschließen und fällt einer der Miterben vor oder nach dem Erbfall weg, dann wächst der Anteil des Weggefallenen den übrigen Miterben im Verhältnis ihrer Erbteile an. Mit dem Ergebnis, dass den Miterben also ein proportional vergrößerter Erbteil zufällt. Soll das vermieden werden, muss eine Ersatzerbschaft angeordnet werden.

Beispiel: Einsetzung eines Ersatzerben

A hat in seinem Testament B als Alleinerben eingesetzt. Als Ersatzerben für B hat er C bestimmt. Stirbt B vor dem Erbfall oder schlägt er die Erbschaft aus, wird C als eingesetzter Ersatzerbe Alleinerbe.

Die Anordnung einer Ersatzerbschaft ist ein wichtiges Gestaltungsmittel in einer Verfügung von Todes wegen. Damit wird in erster Linie verhindert, dass gesetzliche Erbfolge eintritt, deren Folgen der Erblasser unter Umständen nicht wünscht. Ferner kann damit die sogenannte Anwachsung vermieden werden, die bei mehreren eingesetzten Erben eintreten kann.

Vom Ersatzerben zu unterscheiden ist der Nacherbe (vgl. Seite 135 f.). Der Ersatzerbe wird nicht Nachfolger des Erben. Er ist vielmehr statt des Erben zur Erbfolge berufen, wenn der zunächst berufene Erbe vor oder nach Eintritt des Erbfalls wegfällt. Dagegen ist der Nacherbe Nachfolger des (Vor-)Erben.

Musterformulierung: Ersatzerbschaft

Hiermit setze ich meinen Sohn .... zu meinem Alleinerben ein, ersatzweise meine Schwester ....

Selbst wenn eine Ersatzerbschaft nicht ausdrücklich bestimmt wurde, kann sich diese unmittelbar aus dem Gesetz ergeben.

Danach gilt: Hat ein Erblasser einen seiner Abkömmlinge bedacht und fällt dieser nach der Errichtung des Testaments weg, so ist – wenn nichts anderes angeordnet wurde – anzunehmen, dass dessen Abkömmlinge insoweit bedacht sind, als sie bei der gesetzlichen Erbfolge an dessen Stelle treten würden (§ 2069 BGB). Zuwendungen an einen Abkömmling werden also im Zweifel auf dessen Abkömmlinge erstreckt, wenn der zunächst Bedachte nach Errichtung des Testaments weggefallen ist (durch Tod, Ausschlagung, Erbunwürdigkeitserklärung). Die Ersatzerbschaft tritt in diesem Fall also kraft gesetzlicher Vermutung ein, wenn der Erblasser keine abweichenden Regelungen trifft.

Tipp

Achten Sie darauf, dass die Berufung eines Ersatzerben in Ihrer Verfügung von Todes wegen eindeutig zum Ausdruck kommt. Vermeiden Sie möglichst, dass im Streitfall auf die genannten gesetzlichen Vermutungen oder Auslegungsregeln zurückgegriffen werden muss.

Beispiel: Ausdrückliche Bestimmung der Ersatzerbschaft

Der Erblasser hat seine Tochter als Alleinerbin eingesetzt, will aber auf keinen Fall, dass deren Sohn (sein Enkelkind) anstelle der Tochter erbt. In diesem Fall muss der Erblasser einen Ersatzerben (zum Beispiel seine Geschwister) einsetzen, andernfalls würde das Enkelkind kraft gesetzlicher Vermutung anstelle der Mutter erben.

Die Einsetzung als Nacherbe (vgl. Seite 135 f.) enthält im Zweifel auch die Einsetzung als Ersatzerbe (§ 2102 BGB). Wird also der zunächst Berufene nicht Erbe (zum Beispiel durch Tod, Ausschlagung, Anfechtung), so fällt der als Nacherben eingesetzten Person die Erbschaft im Zweifel bereits mit dem Erbfall an.

Der Ersatzerbe hat vor dem Erbfall keine Rechte am Nachlass. Nach dem Wegfall des zunächst berufenen Erben wird er unmittelbarer Rechtsnachfolger des Erblassers. Er tritt dann das Erbe zum Zeitpunkt des Todes des Erblassers an, mit allen Rechten und Pflichten eines Erben. Er ist dann unter Umständen mit Auflagen und Vermächtnissen belastet. Im Zweifel trifft ihn auch eine Ausgleichungspflicht (vgl. Seite 48 f.).

ENTERBUNG

Dem Erblasser steht es nicht nur frei, von der gesetzlichen Erbfolge in der Weise abzuweichen, dass er andere Personen als seine Erben bestimmen kann, sondern er kann auch durch Testament oder Erbvertrag einen Verwandten oder seinen Ehegatten von der gesetzlichen Erbfolge ausschließen, ohne einen Erben einzusetzen. Diese Verfügung muss nicht begründet werden.

Die Enterbung kann in zwei Formen erfolgen:

- In einem sogenannten negativen Testament wird ausdrücklich die Enterbung eines gesetzlichen Erben angeordnet, ohne eine Erbeinsetzung vorzunehmen (§ 1938 BGB).

Musterformulierung: Enterbung

Meine Kinder .... und .... enterbe ich.

- Der Erblasser vererbt seinen gesamten Nachlass an eine Person, die nicht zu den gesetzlichen Erben gehört. Damit ergibt sich zwangsläufig die Enterbung seiner gesetzlichen Erben.

Die in einem privatschriftlichen Testament enthaltene Formulierung „jegliche Forderungen von Verwandten (mit denen schon seit Jahrzehnten keinerlei Kontakt mehr besteht) werden ausdrücklich ausgeschlossen" stellt eine Enterbung der Angehörigen dar (OLG Hamm, Beschluss vom 9.12.2011, Az. I-15 W 701/10).

Wer von der gesetzlichen Erbfolge ausgeschlossen wurde, wird so behandelt, als würde er zur Zeit des Erbfalls nicht mehr leben. Damit treten an die Stelle des Enterbten seine Abkömmlinge. Die Enterbung eines gesetzlichen Erben gilt also grundsätzlich nur für seine Person und betrifft nicht seine Abkömmlinge. Wenn der Erblasser die Enterbung auch auf die Abkömmlinge des Enterbten erstrecken will, muss er dies in seiner Verfügung ausdrücklich erklären.

Die Enterbung des Ehegatten oder der Kinder hat zur Folge, dass diese den Pflichtteil geltend machen können. Die Entziehung des Pflichtteils ist nur unter engen Voraussetzungen möglich (Einzelheiten vgl. Seite 186 f.).

Die Testierfreiheit des Erblassers erlaubt es auch, den Ehegatten zu enterben. Andernfalls würde dem Ehegatten neben Kindern ein Erbteil von einem Viertel des Nachlasses und einem zusätzlichen Viertel als pauschaler Ausgleich des Zugewinns zustehen. Im Fall der Enterbung verbleiben dem Ehegatten der Anspruch auf Ausgleich des Zugewinns und sein Anspruch auf den sogenannten kleinen Pflichtteil (vgl. Seite 177). Diese Ansprüche bestehen weiterhin.

VOR- UND NACHERBFOLGE

Der Erblasser kann einen Erben auch in der Form einsetzen, dass dieser erst Erbe wird, nachdem ein anderer Erbe geworden ist (Nacherbe, § 2100 BGB). Dies eröffnet die Möglichkeit, über einen längeren Zeitraum, also über mehrere Generationen, den Verbleib des Vermögens zu bestimmen. Der zunächst eingesetzte Erbe wird für bestimmte Zeit Vorerbe; dessen Erbrecht endet mit einem vom Erblasser festgelegten Ereignis, dem sogenannten Nacherbfall. Dann geht die Erbschaft auf den Nacherben über, der letztlich Erbe ist.

Tipp

Indem Sie Vor- und Nacherbfolge hintereinander anordnen, bestimmen Sie über mehrere Generationen das Schicksal Ihres Vermögens.

Beispiel: Vor- und Nacherbfolge

Wenn Sie zum Beispiel Ihre Ehefrau als Erbin einsetzen wollen und nach deren Tod Ihr Vermögen an Ihre gemeinsamen Kinder fallen soll, dann können Sie das unter anderem mit der Anordnung der Vor- und Nacherbfolge erreichen. Mit dem Erbfall fällt die Erbschaft zunächst Ihrer Ehefrau als Vorerbin an. Mit deren Tod als dem Nacherbfall erben Ihre Kinder. Ihre Kinder erben zwar das Vermögen aus dem ersten Erbfall und das Vermögen des überlebenden Ehegatten, Gegenstand der Vor- und Nacherbschaft ist aber nur Ihr Vermögen, also das Vermögen aus dem ersten Erbfall.

Vor- und Nacherbfolge kann für den gesamten Nachlass oder nur für einen Bruchteil davon angeordnet, nicht aber auf einzelne Nachlassgegenstände beschränkt werden.

VOR- UND NACHTEILE

Tipp

Bedenken Sie, dass der Vorerbe gesetzlich gewissen Verfügungsbeschränkungen unterworfen ist und der Kontrolle der Nacherben unterliegt. Diese Umstände können zu erheblichen Belastungen zwischen Vor- und Nacherben führen.

Mit der Anordnung der Vor- und Nacherbfolge hat der Erblasser die Möglichkeit, sein Vermögen zunächst dem Vorerben (zum Beispiel dem Ehegatten) zu übertragen und diesen damit wirtschaftlich zu versorgen. Der Vorerbe darf das Vermögen auf Zeit nutzen, ohne die Substanz anzugreifen. Damit wird gewährleistet, dass das Vermögen weitgehend ungeschmälert auf den Nacherben (zum Beispiel die Kinder) übergeht. Auch zum Zeitpunkt des Erbfalls noch nicht gezeugte Personen können als Nacherben eingesetzt werden. Zudem besteht die Möglichkeit, Personen die Erbschaft für eine gewisse Zeit (etwa bis sie ein bestimmtes Alter erreicht haben) oder bis zu einem bestimmten Ereignis (beispielsweise Studienabschluss oder Verheiratung) vorzuenthalten.

Ein gewichtiger Nachteil der Vor- und Nacherbfolge ist, dass der Vorerbe nicht mehr auf Veränderungen nach dem Erbfall reagieren kann. So kann zum Beispiel der als Vorerbe eingesetzte überlebende Ehegatte in wirtschaftliche Schwierigkeiten geraten, den Nachlass aber nicht verwerten. Es kann familiäre Probleme geben (etwa Streit zwischen dem Ehegatten als Vorerben und den Kindern als Nacherben), ohne dass der Ehegatte von der angeordneten Vor- und Nacherbfolge abweichen kann.

Erbschaftsteuerlich nachteilig kann sich auswirken, dass die Nacherben als Erben des Vorerben angesehen werden. Dies hat zur Folge, dass der Nachlass grundsätzlich zweimal zu versteuern ist. Auf Antrag ist der Versteuerung jedoch das Verhältnis des Nach- zum Vorerben zugrunde zu legen.

Das Gestaltungsmittel der Vor- und Nacherbfolge kann für verschiedene persönliche Lebensumstände eingesetzt werden:

Verwaltung des Vermögens

- Zunächst hat der Erblasser die Möglichkeit, die Verwaltung und Nutzung seines Vermögens vorübergehend in andere Hände als die seiner endgültigen Erben zu geben. Das kann zum Beispiel sinnvoll sein, wenn er diese noch nicht für fähig hält, den Nachlass sinnvoll zu verwalten. Mit der Anordnung einer Vor- und Nacherbfolge kann der Erblasser dann vorübergehend eine Person für die Verwaltung einsetzen, die in einem bestimmten Rahmen auch berechtigt ist, den Nachlass zu nutzen. Mit der Festlegung des Nacherbfalls (zum Beispiel Erreichen eines bestimmten Alters, Schulabschluss, Verheiratung, Tod des Vorerben) kann er festlegen, wann die Erbschaft auf die endgültigen Erben weitergegeben wird. Damit kann der Erblasser die eingesetzten Nacherben unter Umständen auch zu einem bestimmten Verhalten veranlassen.

Pflichtteilsansprüche

- Mit der Anordnung einer Vor- und Nacherbfolge können Pflichtteilsansprüche verkürzt werden. Während durch das Berliner Testament (vgl. Seite 106 f.) die Pflichtteilsberechtigten sowohl am Vermögen des erstverstorbenen als auch an dem des letztversterbenden Ehegatten partizipieren, beschränkt sich das Pflichtteilsrecht bei der Vor- und Nacherbfolge auf das der Nacherbschaft unterliegende Vermögen. Damit kann zwar nicht die Quote, wohl aber der Wert des Pflichtteils beeinflusst werden. Der Erblasser kann also durch Vor- und Nacherbfolge verhindern, dass die Pflichtteilsberechtigten des Längerlebenden indirekt am Nachlass des Erstverstorbenen teilhaben.

Beispiel: Verkürzung von Pflichtteilsansprüchen

Sie sind verheiratet, haben mit Ihrem Ehegatten zwei gemeinsame Kinder und ein Kind aus erster Ehe, das bei Ihrer geschiedenen Frau aufgewachsen ist und mit dem Sie in der Vergangenheit kaum Kontakt hatten. In diesem Fall können Sie Ihre Ehefrau als Vorerbin einsetzen und Ihre gemeinsamen Kinder als Nacherben. Bei Ihrem Tod bleibt dann der Nachlass Ihrer Ehefrau bei der Berechnung des Pflichtteils Ihres Kindes aus erster Ehe unberücksichtigt.

Überschuldung

- Ist der Vorerbe überschuldet, wird durch Vor- und Nacherbfolge verhindert, dass Gläubiger des Vorerben in den Nachlass vollstrecken können, soweit dies das Recht des Nacherben vereiteln oder beeinträchtigen würde. In diesem Zusammenhang kann zum Beispiel durch die Einsetzung eines behinderten Kindes als Vorerbe der Nachlass dem Zugriff des Sozialhilfeträgers entzogen werden.
- Der Erblasser kann durch Vor- und Nacherbfolge eine Person als Nacherben einzusetzen, die noch nicht gezeugt ist. Überhaupt kann damit eine Generation übersprungen und der Nachlass den Enkeln als Nacherben überlassen werden, indem Kinder als Vorerben für eine bestimmte Zeit auf die Verwaltung und Nutzung des Vermögens beschränkt werden.
- Mit der Anordnung der Vor- und Nacherbfolge können Kinder zu Erben eingesetzt und gleichzeitig verhindert werden, dass bei deren Tod ohne Abkömmlinge der geschiedene Ehegatte oder dessen Verwandte Erben werden oder Pflichtteilsansprüche erwerben (Einzelheiten vgl. Seite 225 f.).

Tipp

Wenn Sie in Ihrem Testament eine Vor- und Nacherbfolge anordnen wollen, sollten Sie sich von einem erbrechtlich versierten Anwalt beraten lassen.

Die Vor- und Nacherbfolge ist ein recht kompliziertes Rechtsgebilde. Häufig führt dieses erbrechtliche Gestaltungsmittel zu Problemen und zu Belastungen des Verhältnisses zwischen Vor- und Nacherben. Diese verfolgen in der Regel unterschiedliche Interessen; die Folgen sind Konflikte und Streitigkeiten, die Erblasser auch bei noch so sorgfältigen Anordnungen in der Verfügung von Todes wegen kaum vermeiden können. Insbesondere die Einsetzung des überlebenden Ehegatten als Vorerben und der Kinder als Nacherben hat häufig Konsequenzen, die vom Erblasser nicht gewollt sind.

ANORDNUNG DER VOR- UND NACHERBFOLGE

Für die Anordnung der Vor- und Nacherbfolge bedarf es einer Verfügung von Todes wegen, also eines Testaments oder eines Erbvertrags. Eine entsprechende Anordnung kann auch in einem gemeinschaftlichen Testament (vgl. Seite 97 f.) getroffen werden.

Vorsicht

Ob überhaupt eine Vor- und Nacherbfolge gewollt ist, sollten Erblasser klar und eindeutig regeln. Häufig ist es nämlich schwierig, dessen Willen zu ermitteln und getroffene Anordnungen vom Berliner Testament (vgl. Seite 106 f.) abzugrenzen.

Der Erblasser muss folgende Regelungen für eine wirksame Anordnung der Vor- und Nacherbfolge treffen: Er muss

- die Person des Vorerben bestimmen. Der Vorerbe ist Inhaber der Erbschaft zwischen dem Erbfall und dem Eintritt des Nacherbfalls. Diese Festlegung kann keinem Dritten (zum Beispiel einem Testamentsvollstrecker) überlassen werden. Wurde keine Bestimmung getroffen, geht das Gesetz davon aus, dass die gesetzlichen Erben Vorerben sein sollen.
- die Person des Nacherben festlegen. Der Nacherbe ist mit dem Nacherbfall endgültiger Inhaber der Erbschaft. Nacherbe kann auch sein, wer zum Zeitpunkt des Erbfalls noch nicht gezeugt war. Wurde keine Bestimmung in der Verfügung von Todes wegen getroffen, so sind im Zweifel die gesetzlichen Erben zum Zeitpunkt des Erbfalls Nacherben (§ 2014 BGB). Wurde weder ein Vorerbe noch ein Nacherbe ernannt, so ist die Verfügung unwirksam.
- den Zeitpunkt des Eintritts des Nacherbfalls bestimmen. Diese Festlegung kann keinem Dritten überlassen werden.

Eintritt des Nacherbfalls

Als Nacherbfall kann ein bestimmtes Datum oder der Eintritt eines bestimmten Ereignisses (zum Beispiel Volljährigkeit des Nacherben, Eheschließung des Vorerben) festgelegt werden. Wurde keine Anordnung getroffen, so tritt der Nacherbfall mit dem Tod des Vorerben ein. Grundsätzlich ist die Anordnung der Nacherbfolge unwirksam, wenn der Nacherbfall nicht innerhalb von 30 Jahren eingetreten ist. Tritt der Nacherbfall nicht ein, fällt die Nacherbfolge aus.

Beispiel: Zeitpunkt des Nacherbfalls

Als Nacherbfall haben Sie die Heirat des Vorerben festgelegt. Heiratet dieser nicht, fällt die Nacherbfolge aus.

- festlegen, auf welchen Teil des Nachlasses sich die angeordnete Vor- und Nacherbfolge beziehen soll. Die Anordnung kann sich auf den gesamten Nachlass oder auf einen Teil des Nachlasses, das heißt auf einen Bruchteil, nicht aber auf einzelne Nachlassgegenstände erstrecken. Wurde keine Verfügung getroffen, so umfasst die Nacherbfolge im Zweifel den gesamten Erbteil des Vorerben.

Befugnisse des Vorerben

- festlegen, welche Befugnisse den Vorerben in Bezug auf den Nachlass zustehen sollen. Gesetzlich unterliegt der Vorerbe bestimmten Verfügungsbeschränkungen, von denen er allerdings in einem gesetzlich bestimmten Rahmen vom Erblasser befreit werden kann (sogenannter befreiter Vorerbe, Einzelheiten vgl. unten).

Musterformulierung: Nacherbfall

Meine Schwester .... soll mein gesamtes Vermögen erben. Sie ist jedoch nur Vorerbin.

Zum Nacherben bestimme ich meinen Bruder .... und meinen Neffen .... zu jeweils gleichen Teilen. Der Nacherbfall tritt mit dem Tod der Vorerbin ein.

Uneindeutige Formulierungen

Wegen nicht eindeutiger Formulierungen bereitet insbesondere die Abgrenzung der Vor- und Nacherbfolge zum Berliner Testament Schwierigkeiten. Die rechtlichen Konsequenzen sind jedoch gravierend:

- Beim Berliner Testament, in dem sich die Eheleute durch gemeinschaftliches Testament gegenseitig zu Erben und einen Dritten zum Erben des Längstlebenden einsetzen, wird der überlebende Ehegatte Vollerbe. Die beiden Vermögen der Ehegatten fallen durch den ersten Erbfall zusammen und werden dann als Ganzes an den Dritten weitervererbt.
- Bei der Anordnung einer Vor- und Nacherbfolge setzen sich die Eheleute in einem gemeinschaftlichen Testament gegenseitig als Vorerben und den Dritten zum Nacherben ein. Mit dem Tod des ersten Ehegatten wird der überlebende Ehegatte allerdings nicht Vollerbe, sondern nur Vorerbe. Der Nachlass des erstverstorbenen Ehegatten fällt nicht mit dem Vermögen des Längerlebenden zusammen. Beim Nacherbfall erhält also der Dritte zwei verschiedene Vermögensmassen: das Vermögen des erstverstorbenen Ehegatten als Nacherbe und das des zuletzt Verstorbenen als Vollerbe.

Vor- und Nacherbfolge eindeutig formulieren

Das Gesetz geht im Zweifel bei einem gemeinschaftlichen Testament davon aus, dass keine Vor- und Nacherbfolge gelten soll. Deshalb muss der Erblasser – falls diese gewollt ist – in seiner Verfügung von Todes wegen exakt und eindeutig die Vor- und Nacherbfolge formulieren.

Musterformulierung: Vor- und Nacherbfolge

Wir, ... und ...., setzen uns gegenseitig zu alleinigen Vorerben ein. Nacherben des erstversterbenden Ehegatten und zugleich Erben des Längerlebenden sind unsere drei Kinder ...., ... und .... zu gleichen Teilen.

Der Nacherbfall tritt mit dem Tod des Letztversterbenden ein.

Wenn eines unserer Kinder nach dem Tod des Erstversterbenden, aber vor dem Tod des Längerlebenden stirbt, treten seine Abkömmlinge an seine Stelle.

RECHTLICHE STELLUNG DES VORERBEN

Soll in einem Testament Vor- und Nacherbfolge angeordnet werden, muss unbedingt die rechtliche Stellung des eingesetzten Vor- und Nacherben beachtet werden.

Besitz und Verbindlichkeiten

Der Vorerbe ist Erbe des Erblassers und damit Inhaber der zum Nachlass gehörenden Gegenstände. Auf ihn gehen das Eigentum und der Besitz des Erblassers über, daneben aber auch dessen Verbindlichkeiten.

§

Der Vorerbe ist berechtigt, für die Zeit der Vorerbschaft das Erbe zu nutzen und darüber zu verfügen (§ 2112 BGB).

In seiner Verfügungsbefugnis wird der Vorerbe allerdings in mehrfacher Hinsicht beschränkt:

Einschränkungen

- Verfügungen über Grundstücke und Rechte an Grundstücken sind im Falle des Eintritts des Nacherbfalls insoweit unwirksam, als sie das Recht des Nacherben vereiteln oder beeinträchtigen würden (§ 2113 Abs. 1 BGB).
- Der Vorerbe darf keine Schenkungen aus dem Nachlass vornehmen. Betroffen sind nicht nur Grundstücke, sondern Nachlassgegenstände jeglicher Art (zum Beispiel auch bewegliche Sachen). Unentgeltliche Verfügungen sind insoweit unwirksam, als sie das Recht des Nacherben vereiteln oder beeinträchtigen würden (§ 2113 Abs. 2 BGB).
- Der Vorerbe hat auf Verlangen des Nacherben bestimmte, zur Erbschaft gehörende Wertpapiere zu hinterlegen (§ 2116 BGB).
- Er hat Geld mündelsicher anzulegen (§ 2119 BGB).

Der Vorerbe ist verpflichtet, ein Verzeichnis über die Nachlassgegenstände aufzustellen, wenn die Nacherben dies verlangen (§ 2121 Abs. 1 BGB). Er hat den Nachlass ordnungsgemäß zu verwalten und die Nachlassverbindlichkeiten zu erfüllen.

Die Nutzungen der Erbschaft (zum Beispiel Mieteinnahmen, Zinserträge) stehen dem Vorerben bis zum Eintritt des Nacherbfalls zu. Er darf die Nachlassgegenstände aber nicht für eigene Zwecke verbrauchen; andernfalls ist er beim Nacherbfall verpflichtet, dem Nacherben Wertersatz zu leisten und bei Verschulden Schadenersatz zu zahlen.

Vorsicht

Der Vorerbe ist gesetzlich in seinen Verwaltungs- und Verfügungsbefugnissen erheblichen Beschränkungen unterworfen. Deshalb ist die wirtschaftliche Versorgung des überlebenden Ehegatten durch ein Berliner Testament in der Regel besser gewährleistet.

Durch entsprechende Anordnung in einer Verfügung von Todes wegen kann der Erblasser den Vorerben jedoch von bestimmten Beschränkungen und Verpflichtungen befreien und insoweit die Vor- und Nacherbfolge flexibler gestalten. Damit kann er dem Vorerben eine unabhängigere Stellung gegenüber dem Nacherben verschaffen und ihn von dessen Kontroll- und Zustimmungsrechten weitgehend entbinden.

Von den gesetzlichen Beschränkungen und Verpflichtungen kann der Erblasser den Vorerben ganz oder teilweise befreien. Die Befreiungsmöglichkeiten unterliegen aber den gesetzlichen Grenzen (§ 2136 BGB).

Die Befreiung des Vorerben von den gesetzlichen Verfügungsbeschränkungen ist in vielen Fällen sinnvoll. Insbesondere wenn die Versorgung des Ehegatten gesichert, in jedem Fall aber wenn eine Vor- und Nacherbfolge angeordnet werden soll, sollte er als befreiter Vorerbe eingesetzt werden. Die Befreiung kann gegebenenfalls auch unter einer Bedingung erklärt werden, etwa für den Not- oder Pflegefall.

Befreit werden kann der Vorerbe unter anderem von

- der Verfügungsbeschränkung über Grundstücke und Rechte an solchen;
- der Hinterlegung von Wertpapieren und der Anlage von Geld;

- dem Gebot der ordnungsgemäßen Verwaltung mit der Folge, dass der Vorerbe nur die noch vorhandenen Erbschaftsgegenstände an den Nacherben herauszugeben hat.

Nicht befreien kann der Erblasser den Vorerben unter anderem von

- der Unwirksamkeit unentgeltlicher Verfügungen;
- der Unwirksamkeit von Zwangsvollstreckungsverfügungen gegen den Vorerben in den Nachlass;
- der Verpflichtung, die gewöhnlichen Erhaltungskosten der Nachlassgegenstände zu tragen.

Befreiung von Verpflichtungen

Die Befreiung von allen gesetzlich möglichen Beschränkungen und Verpflichtungen gilt als angeordnet, wenn der Erblasser den Nacherben auf dasjenige angesetzt hat, was von der Erbschaft bei Eintritt des Nacherbfalls übrig sein wird. Das Gleiche ist im Zweifel anzunehmen, wenn der Vorerbe berechtigt sein soll, über die Erbschaft frei zu verfügen (§ 2137 BGB).

Musterformulierung: Befreiung

Der Vorerbe ist von allen gesetzlichen Beschränkungen und Verpflichtungen, soweit nach § 2136 BGB zulässig, befreit.

RECHTLICHE STELLUNG DES NACHERBEN

Vor Eintritt des Erbfalls ist der Nacherbe noch nicht Erbe. Ihm steht lediglich mit dem Eintritt des Erbfalls eine Anwartschaft auf die Erbschaft beziehungsweise auf seinen Erbteil zu. Geschützt wird der Nacherbe in diesem Zusammenhang durch die dem Vorerben auferlegten gesetzlichen Verfügungsbeschränkungen (vgl. oben) und dessen Pflicht, den Nachlass ordnungsgemäß zu verwalten. Ferner stehen dem Nacherben folgende Rechte zu: Er kann

- vom Vorerben Auskunft über den Bestand der Erbschaft verlangen, wenn anzunehmen ist, dass dieser durch seine Verwaltung die Rechte des Nacherben erheblich verletzt (§ 2127 BGB).
- Sicherheitsleistung verlangen, wenn durch das Verhalten des Vorerben oder seine ungünstige Vermögenslage begründete Sorge besteht, dass die Rechte der Nacherben erheblich verletzt werden (§ 2128 BGB).
- vom Vorerben ein Verzeichnis der zur Erbschaft gehörenden Gegenstände verlangen (§ 2121 BGB).

Tipp

Weil der Nacherbe vor Eintritt des Nacherbfalls nicht Erbe ist, haftet er auch noch nicht für Nachlassschulden.

Tritt der Nacherbfall ein, zum Beispiel mit dem Tod des Vorerben, wird der Nacherbe gesetzlicher Erbe des Erblassers (also nicht Erbe des Vorerben, § 2139 BGB). Er kann vom Vorerben die Herausgabe der Erbschaft in dem Zustand verlangen, der sich bei einer ordnungsgemäßen Verwaltung ergibt (§ 2130 BGB). Der Vorerbe hat dem Nacherben nur für die Sorgfalt einzustehen, die er in eigenen Angelegenheiten anzuwenden pflegt. Er hat auf Verlangen dem Nacherben Rechenschaft abzulegen. Soweit der Vorerbe diese Verpflichtung schuldhaft verletzt hat, ist er dem Nacherben zum Schadenersatz verpflichtet. Mit Eintreten des Nacherbfalls haftet der Nacherbe als Vollerbe für alle ungetilgten Nachlassverbindlichkeiten; er kann allerdings seine Haftung auf den noch vorhandenen Nachlass beschränken.

Tipp

Die Einsetzung als Nacherbe enthält im Zweifel auch die Einsetzung als Ersatzerbe (§ 2101 Abs. 1 BGB). Der Nacherbe tritt an die Stelle des Vorerben, wenn dieser vor oder nach Eintritt des Erbfalls durch Tod oder Ausschlagung der Erbschaft wegfällt. Als Erblasser können Sie aber abweichende Bestimmungen treffen.

§

Stirbt der eingesetzte Nacherbe nach dem Tod des Erblassers, aber vor dem Eintritt des Nacherbfalls, so ist sein Nacherbrecht vererblich; das Nacherbrecht geht dann auf seine Erben über (§ 2108 Abs. 2 BGB). Will der Erblasser diese Vererblichkeit vermeiden, so kann er sie durch Verfügung von Todes wegen ausschließen.

Stirbt der Nacherbe vor dem Erblasser, so wird der Vorerbe endgültiger Erbe, es sei denn, der Erblasser hat für diesen Fall einen Ersatzerben berufen oder der vorher verstorbene Nacherbe ist ein Abkömmling des Erblassers. In diesem Fall gelten dann die Abkömmlinge des Nacherben als Ersatznacherben.

VERMÄCHTNIS

Inhalt

Unter einem Vermächtnis versteht man die Zuwendung eines Vermögensvorteils durch Testament oder Erbvertrag, ohne den Begünstigten als Erben einzusetzen (§ 1339 BGB). Gegenstand eines Vermächtnisses kann alles sein, was auch Inhalt einer Leistung sein kann.

Beispiel: Zuwendung von Vermögensvorteilen

Dem Begünstigten können einzelne Vermögenswerte aus dem Nachlass zugewendet werden (zum Beispiel eine bestimmte Geldsumme, die Briefmarkensammlung oder ein Grundstück). Die Zuwendung kann auch darin bestehen, dass dem Begünstigten bestehende Schulden erlassen werden oder ihm ein Nutzungsrecht etwa an einem Hausgrundstück eingeräumt wird (sogenanntes Nießbrauchsvermächtnis, vgl. unten).

Von der Erbeinsetzung unterscheidet sich das Vermächtnis dadurch, dass dem Begünstigten (Vermächtnisnehmer) nicht die Stellung eines Erben eingeräumt ist. Er ist nicht unmittelbar am Nachlass beteiligt, sondern erwirbt lediglich einen Anspruch gegen den Beschwerten (im Regelfall die Erben). Manchmal kann die Abgrenzung zwischen Erbeinsetzung und Vermächtnis zu Schwierigkeiten führen. Deshalb enthält das Gesetz zwei wichtige Auslegungsregeln:

Einzelne Gegenstände

- Sind dem Begünstigten nur einzelne Gegenstände am Nachlass zugewendet, so ist im Zweifel nicht anzunehmen, dass er Erbe sein soll, selbst wenn er als Erbe bezeichnet ist (§ 2087 Abs. 2 BGB).

Vermögen

- Hat der Erblasser dagegen sein Vermögen oder einen Bruchteil seines Vermögens dem Begünstigten zugewendet, so ist die Verfügung als Erbeinsetzung anzusehen, selbst wenn der Begünstigte nicht als Erbe bezeichnet ist (§ 2087 Abs. 1 BGB).

Von der Auflage (vgl. Seite 159 f.) unterscheidet sich das Vermächtnis dadurch, dass dem Begünstigten hiermit ein Vermögensvorteil zugewendet wird, den dieser auch gegen den Beschwerten rechtlich durchsetzen kann. Dagegen gewährt die Auflage dem Begünstigten keinen Anspruch, den er auch einklagen kann.

ERBRECHTLICHE GESTALTUNGSMÖGLICHKEITEN

Die Anordnung eines Vermächtnisses als begleitende Möglichkeit der Erbeinsetzung eröffnet viele Varianten, um eigene Vorstellungen und Wünsche bei der Vermögensübertragung von Todes wegen zu realisieren.

Varianten

- Es können einzelne Vermögensgegenstände Personen zugewendet werden, die nicht Erbe sein sollen, gleichwohl aber entsprechend den eigenen Wünschen des Erblassers am Nachlass beteiligt werden sollen.
- Mit einem Vermächtnis kann einer Person etwas zugewendet werden, ohne diese zum Erben einsetzen zu müssen. Es kann also ein Anspruch auf Übertragung einzelner Vermögenswerte eingeräumt werden, ohne dass diese Person wie die Erben im Wege der Gesamtrechtsnachfolge (vgl. Seite 129) in die Rechte und Pflichten des Erblassers eintritt.
- Es besteht die Möglichkeit, durch die Anordnung von Vermächtnissen das Vermögen auf mehrere Köpfe zu verteilen, was unter erbschaftsteuerlichen Gesichtspunkten von Vorteil ist (vgl. Seite 213).

- Eine Person, die gesetzlicher Erbe ist, kann enterbt, aber gleichzeitig durch ein ausgesetztes Vermächtnis entschädigt werden. Das kann zum Beispiel sinnvoll sein, wenn Streit unter den Miterben einer Erbengemeinschaft befürchtet wird und deshalb eine bestimmte Person (zum Beispiel ein nichteheliches Kind) nicht Mitglied einer Erbengemeinschaft werden soll.
- Es kann eine nahe stehende Person (zum Beispiel der Ehegatte) begünstigt werden, ohne ihn zum Erben einsetzen zu müssen. Durch die Anordnung eines Vermächtnisses kann die betreffende Person wirtschaftlich versorgt und unmittelbar können Kinder oder Enkel als Erben eingesetzt werden. Das verhindert, dass Vermögen zweimal besteuert wird.
- Mit der Anordnung eines Vermächtnisses können Personen von einem bestimmten Verhalten abgehalten werden. So kann durch Vermächtnisse im Berliner Testament verhindert werden, dass die zunächst enterbten Kinder beim Tod des Erstversterbenden ihren Pflichtteil gegenüber dem überlebenden Ehegatten geltend machen und diesen unter Umständen damit in finanzielle Schwierigkeiten bringen (vgl. Seite 108 f.).

Tipp

Das Vermächtnis ist ein flexibles und gutes Instrument, um Ihre Wünsche und Vorstellungen bei der Vermögensübertragung von Todes wegen zu realisieren. Sie können Vermächtnisse in Ihrem Einzeltestament frei widerruflich oder in einem Erbvertrag bindend anordnen. In Ihrem gemeinschaftlichen Testament mit Ihrem Ehegatten kann die Anordnung auch wechselbezüglich erfolgen.

INHALT

Der Erblasser kann Vermächtnisse inhaltlich in verschiedenen Formen anordnen.

Stückvermächtnis

Gegenstand

Mit einem Stückvermächtnis kann einem Begünstigten ein bestimmter Gegenstand zugewendet werden. Das Stückvermächtnis ist der Regelfall eines Vermächtnisses. Gegenstand

06

des Vermächtnisses ist meist eine Sache, in Betracht kommen aber auch eine Forderung oder ein Recht. So kann der Erblasser seinem Freund seine Briefmarkensammlung oder der Haushälterin sein Auto vermachen.

Musterformulierung: Stückvermächtnis

Meinem Freund .... vermache ich meine Briefmarkensammlung.

Voraussetzung für die Wirksamkeit des Stückvermächtnisses ist, dass der Gegenstand zum Zeitpunkt des Erbfalls zum Nachlass gehört. Gehört der Gegenstand selbst nicht zum Nachlass, stand dem Erblasser aber beim Erbfall ein Anspruch auf Leistung des vermachten Gegenstands zu, so gilt der Leistungsanspruch als vermacht. Gehört der vermachte Gegenstand beim Erbfall nicht mehr zum Nachlass, weil er nach der Anordnung des Vermächtnisses untergegangen oder dem Erblasser entzogen worden ist, so gilt der Wertersatz als vermacht (§ 2169 BGB).

Gattungsvermächtnis

Merkmale beschreiben

Bei einem Gattungsvermächtnis beschränkt sich der Erblasser darauf, den vermachten Gegenstand nur der Gattung nach zu bestimmen und die Gattungsmerkmale zu beschreiben.

Beispiel: Beschreibung von Gattungsmerkmalen

Der Erblasser vermacht seinem Bruder ein Bild des Malers XY.

Beim Gattungsvermächtnis hat der Beschwerte eine den Verhältnissen des Bedachten entsprechende Sache zu leisten (§ 2155 Abs. 1 BGB). Die konkrete Bestimmung des Gegenstands kann dem Beschwerten, dem Bedachten oder einem

Dritten obliegen. Wenn keine Anordnung getroffen wurde, bestimmt der Beschwerte den vermachten Gegenstand.

Vorausvermächtnis

Zuwendung an Erben

Von einem Vorausvermächtnis spricht man, wenn das Vermächtnis dem Erben selbst zugewandt wird (§ 2150 BGB). Damit wendet der Erblasser dem Erben einen bestimmten Gegenstand zu, ohne dass damit eine Anrechnung auf dessen Erbteil verbunden ist. Mit einem Vorausvermächtnis wird die Möglichkeit genutzt, einen einzelnen Miterben gegenüber den anderen Miterben wertmäßig zu begünstigen. Der Vermächtnisnehmer hat bereits vor der Teilung des Nachlasses einen Anspruch gegenüber den übrigen Erben auf Übertragung des vermachten Gegenstands.

Beispiel: Vorausvermächtnis

Der Erblasser setzt seine beiden Kinder A und B jeweils zur Hälfte zu seinen Erben ein. A erhält darüber hinaus ohne Anrechnung auf seinen Erbteil das Wertpapierdepot des Erblassers.

Wahlvermächtnis

Mit einem Wahlvermächtnis begünstigt der Erblasser den Vermächtnisnehmer in der Form, dass der Bedachte von mehreren Gegenständen nur den einen oder den anderen erhalten soll (§ 2154 BGB). Wahlberechtigt ist in erster Linie der mit dem Vermächtnis Beschwerte, also in der Regel der Erbe. Die Wahl kann aber auch einem Dritten übertragen werden. Im Zweifel steht das Wahlrecht dem Beschwerten zu.

Beispiel: Wahlvermächtnis

Der Erblasser vermacht seinem Neffen A eine seiner drei Eigentumswohnungen. A kann zwischen den Wohnungen in der ...straße, der ...straße und der ...straße wählen.

Gemeinschaftliches Vermächtnis

Mehrere Begünstigte

Ein gemeinschaftliches Vermächtnis liegt vor, wenn derselbe Gegenstand mehreren Begünstigten vermacht wurde (§ 2157 BGB), also zum Beispiel die Briefmarkensammlung dem Bruder des Erblassers und dessen Ehefrau vermacht wurde.

06

Musterformulierung: Gemeinschaftliches Vermächtnis

Ich vermache meine Briefmarkensammlung meinen Brüdern .... und ....

Verschaffungsvermächtnis

Verschaffung des Gegenstandes

Es kann einer Person auch ein Gegenstand vermacht werden, der zur Zeit des Erbfalls nicht zur Erbschaft gehört. In diesem Fall spricht man von einem Verschaffungsvermächtnis. Der Beschwerte hat dem Bedachten den Gegenstand zu verschaffen. Ist er zur Beschaffung nicht imstande oder ist die Verschaffung nur mit unverhältnismäßigen Aufwendungen möglich, hat er dem Bedachten Wertersatz zu leisten (§ 2170 BGB).

Beispiel: Verschaffungsvermächtnis

A vermacht seinem Enkel ein im Nachlass nicht vorhandenes Klavier und um dessen musikalischen Leistungen zu fördern.

Zweckvermächtnis

Bestimmung offen

Mit einem Zweckvermächtnis kann der Zweck des Vermächtnisses bestimmt und es im Übrigen dem Beschwerten oder Dritten überlassen werden, den konkreten Vermächtnisgegenstand festzulegen (§ 2156 BGB). Für die Wirksamkeit der Anordnung ist erforderlich, dass der Zweck so genau bezeichnet ist, dass der Bestimmungsberechtigte genügend Anhaltspunkte für die Ausübung seines billigen Ermessens hat

Beispiel: Zweckvermächtnis

Der Erblasser vermacht seinem Enkel einen nicht näher bezifferten Geldbetrag für das Studium. Die Höhe des Geldbetrags soll seine Tochter als Alleinerbin festlegen.

Bestimmungsvermächtnis

Begünstigter aus Personenkreis

Mit einem Bestimmungsvermächtnis können mehrere Personen in der Weise begünstigt werden, dass der Beschwerte (in der Regel der Erbe) oder ein Dritter zu bestimmen hat, wer aus dem bestimmten Personenkreis begünstigt werden soll (§ 2151 BGB). Das ist zum Beispiel der Fall, wenn der Erblasser verfügt, dass seine Brüder A, B oder C die Eigentumswohnung in der ... straße erhalten sollen. Welcher Bruder letztlich die Wohnung erhält, soll der Alleinerbe A bestimmen.

Forderungsvermächtnis

Mit dem Forderungsvermächtnis wird dem Begünstigten der Anspruch auf Übertragung der vermachten Forderung nebst Zinsen seit dem Anfall übertragen (§ 2173 BGB).

Musterformulierung: Forderungsvermächtnis

Herrn .... vermache ich das zum Zeitpunkt meines Todes bestehende Guthaben auf meinem Sparbuch Nr. .... bei der ....bank.

Nachvermächtnis

Zeitliche Abfolge

Es können auch mehrere Personen zeitlich hintereinander als Vermächtnisnehmer eingesetzt werden (§ 2191 BGB). Man spricht dann von einem Nachvermächtnis. In diesem Fall sind die gesetzlichen Vorschriften über die Vor- und Nacherbfolge zu beachten (vgl. dazu Seite 136 f.).

Musterformulierung: Nachvermächtnis

Mein Sohn .... erhält als Vorvermächtnis mein Haus in der ....straße in .... Nachvermächtnisnehmer sind die Abkömmlinge des Vorvermächtnisnehmers. Der Nachvermächtnisfall tritt mit dem Ableben des Vorvermächtnisnehmers ein.

Ersatzvermächtnis

Eintreten anstelle des Vermächtnisnehmers

Beim Ersatzvermächtnis wird angeordnet, dass für den Fall, dass der Vermächtnisnehmer das Vermächtnis ausschlagen oder sonst wegfallen sollte, der Ersatzvermächtnisnehmer den zugewendeten Gegenstand anstelle des Vermächtnisnehmers erhalten soll (§ 2190 BGB). Der Erblasser kann also seinem Freund die Briefmarkensammlung vermachen und ersatzweise dessen Erben als Vermächtnisnehmer einsetzen.

Nießbrauchsvermächtnis

Wirtschaftliche Versorgung

Die wirtschaftliche Versorgung des überlebenden Ehegatten oder eines nahen Verwandten kann der Erblasser durch ein Nießbrauchsvermächtnis sicherstellen. Der Nießbrauch ist das unvererbliche und unübertragbare dingliche Recht, einen Gegenstand in Besitz zu nehmen, zu verwalten und zu bewirtschaften und die Nutzungen daraus zu ziehen. Gegenstand des Nießbrauchs kann der gesamte Nachlass oder ein Teil des Nachlasses sein (vgl. auch Seite 37 f.). Unter erbschaftsteuerlichen Gesichtspunkten ist das Nießbrauchsvermächtnis eine interessante Gestaltungsvariante (vgl. Seite 213 u. 223).

So kann der Erblasser zum Beispiel seine Kinder A und B als Alleinerben einsetzen, während seiner Frau bis zu deren Lebensende die Nutzungen aus den Immobilien zustehen sollen.

Rentenvermächtnis

Leibrente oder dauernde Last

Die Gewährung einer lebenslangen oder zeitlich befristeten Rente dient dazu, den Ehegatten, einen nichtehelichen Partner, einen Verwandten oder eine sonstige Person zu versorgen. Mit einem Rentenvermächtnis können einem Begünstigten periodisch wiederkehrende Leistungen in Geld auf Lebenszeit oder während eines genau festgelegten Zeitraums vermacht werden. Die Geldleistung kann als Leibrente oder als dauernde Last gewährt werden (vgl. Seite 39 f.).

Musterformulierung: Rentenvermächtnis

Meinem Sohn .... setze ich bis zur Vollendung seines 18. Lebensjahres ein Geldvermächtnis in Höhe von .... Euro aus, zahlbar in monatlichen Raten von jeweils .... Euro, beginnend am ....

Wohnungsrechtsvermächtnis

Dingliches Wohnrecht

Mit einem Wohnungsrechtsvermächtnis kann einer Person (zum Beispiel dem Ehegatten oder dem nichtehelichen Lebenspartner) ein dingliches Wohnungsrecht eingeräumt werden.

Beispiel: Wohnungsrecht

Die Ehefrau des Erblassers erhält im Wege des Vermächtnisses ein lebenslanges und unentgeltliches dingliches Wohnungsrecht an der Dachgeschosswohnung des Zweifamilienhauses in .... Sie ist berechtigt, die zum gemeinschaftlichen Gebrauch der Hausbewohner bestimmten Anlagen und Einrichtungen, insbesondere den Keller, den Speicher und den Garten, mitzubenutzen. Die Ausübung des Wohnungsrechts kann sie Dritten überlassen.

UNWIRKSAMES VERMÄCHTNIS

Ein Vermächtnis ist unwirksam, wenn dessen Leistung zur Zeit des Erbfalls unmöglich ist oder wenn diese gegen ein bestehendes gesetzliches Verbot verstößt (§ 2171 BGB).

Rechtliche Unmöglichkeit

Ein Vermächtnis kann aus rechtlichen oder tatsächlichen Gründen unwirksam sein. Rechtlich unmöglich ist es, wenn lediglich der Beschwerte die Leistung nicht erbringen kann, wohl aber irgendein Dritter (zum Beispiel gehört die geschuldete Sache einem Dritten, der nicht bereit ist, diese zu veräußern). Tatsächlich unmöglich ist ein Vermächtnis zum Beispiel, wenn der vermachte Gegenstand oder das zu übertragende Recht nicht existiert. Entscheidend für die Unwirksamkeit eines Vermächtnisses ist, ob dessen Erfüllung zum Zeitpunkt des Erbfalls tatsächlich oder rechtlich möglich ist.

VERMÄCHTNISNEHMER

Anspruch auf Vermögensvorteil

Vermächtnisnehmer ist die Person, die Anspruch auf den Vermögensvorteil gegen den Beschwerten hat. Begünstigt werden können alle natürlichen und juristischen Personen (zum Beispiel ein eingetragener Verein), auch der Erbe selbst. Ebenso kann ein noch nicht gezeugter Mensch Vermächtnisnehmer sein.

§

Lebt der durch ein Vermächtnis Begünstigte zur Zeit des Erbfalls nicht mehr, so ist das Vermächtnis unwirksam (§ 2160 BGB). Dann geht der Anspruch aus dem Vermächtnis nicht auf die Erben des Vermächtnisnehmers über.

Begünstigt werden also die durch das Vermächtnis Beschwerten. Für den Fall, dass der durch das angeordnete Vermächtnis Bedachte vor dem Erbfall verstirbt, kann der Erblasser allerdings ein Ersatzvermächtnis anordnen (vgl. Seite 153). Anstelle des Vermächtnisnehmers erhält dann der Ersatzvermächtnisnehmer den zugewendeten Gegenstand.

Die Bestimmung des Vermächtnisnehmers kann der Erblasser dem mit dem Vermächtnis Beschwerten, also insbesondere den Erben, oder auch einem Dritten (zum Beispiel dem Tes-

Tipp

Wenn Sie im Rahmen eines Vermächtnisses eine Zuwendung an eine andere Person machen wollen, den bedachten Personenkreis aber nicht festlegen können oder wollen (zum Beispiel bei einer Spende an einen „wohltätigen Zweck"), so können Sie Ihren Erben eine Auflage (vgl. Seite 159 f.) machen. In diesem Fall muss der begünstigte Personenkreis nicht weiter angegeben werden.

tamentsvollstrecker) überlassen (§ 2151 BGB). Allerdings darf die Personenauswahl nicht völlig in das Belieben eines Dritten gestellt sein.

Vielmehr muss der Personenkreis, aus dem der Vermächtnisnehmer zu bestimmen ist, hinreichend genau umschrieben sein.

BESCHWERTER

Der Erblasser kann seine Erben oder einen Vermächtnisnehmer mit einem Vermächtnis beschweren.

§

Soweit nichts anderes bestimmt ist, sind die Erben beschwert (§ 2147 Satz 2 BGB).

Ob gesetzliche Erbfolge besteht oder Erben durch Testament oder einen Erbvertrag erben, hat keine Bedeutung. Mit einem Vermächtnis können sowohl der Allein- als auch alle oder einzelne Miterben beschwert werden. Bei einer Vor- und Nacherbschaft (vgl. Seite 135 f.) muss der Erblasser bestimmen, ob der Vor- oder der Nacherbe das Vermächtnis zu erfüllen hat. Ist nichts bestimmt, ist die Erbschaft als solche beschwert. Tritt der Nacherbfall ein, geht die Pflicht zur Erfüllung des Vermächtnisses also gegebenenfalls auf den Nacherben über.

§

Der Erblasser kann auch mehrere Personen mit einem Vermächtnis beschweren. Soweit er in diesem Fall nichts anderes bestimmt hat, sind diese dann im Verhältnis ihrer Erb- beziehungsweise Vermächtnisanteile beschwert (§ 2148 BGB).

Wirksamkeit

Wenn jemand mit einem Vermächtnis beschwert, aber nicht Erbe wird (zum Beispiel weil er die Erbschaft ausgeschlagen hat), bleibt das Vermächtnis grundsätzlich wirksam. Beschwert ist dann derjenige, der unmittelbar davon profitiert, wenn der zunächst Beschwerte wegfällt (§ 2161 BGB). In Betracht kommen beispielsweise die gesetzlichen Erben, wenn der durch Verfügung von Todes wegen eingesetzte Erbe ausscheidet. Der Erblasser kann aber auch einen anderen Beschwerten bestimmen oder verfügen, dass das Vermächtnis unwirksam wird, wenn der Beschwerte wegfällt.

ANFALL UND FÄLLIGKEIT

Bedingung oder Befristung

In der Regel fällt das Vermächtnis mit dem Erbfall an (§ 2176 BGB); zu diesem Zeitpunkt entsteht die Forderung des Vermächtnisnehmers. Der Erblasser hat allerdings die Möglichkeit, den Anfall durch eine Bedingung oder Befristung zu verschieben. Dann fällt das Vermächtnis erst an, wenn diese Bedingung oder der Termin eintritt.

Beispiel: Bedingung für Vermächtnisanfall

Der Erblasser ordnet für seine Kinder ein Geldvermächtnis für den Fall an, dass der überlebende Ehegatte wieder heiratet. Bei dieser Regelung fällt das Vermächtnis mit der Wiederverheiratung des überlebenden Ehegatten an.

Grundsätzlich wird das Vermächtnis sofort fällig. Der Erblasser kann aber auch eine Fälligkeit festlegen. Hat er den Zeitpunkt der Erfüllung des Vermächtnisses in das Belieben des Erben gestellt, so wird die Leistung im Zweifel mit dessen Tod fällig (§ 2181 BGB).

Klage

Der Vermächtnisnehmer kann den Beschwerten verklagen, um seinen Vermächtnisanspruch durchzusetzen. Die Klage kann aber erst erhoben werden, wenn die Ausschlagungsfrist abgelaufen beziehungsweise die Annahme der Erbschaft erklärt worden ist. Richtet sich der Vermächtnisanspruch gegen eine Erbengemeinschaft (vgl. Seite 63 f.), kann der Vermächtnisnehmer diesen bereits vor der Teilung des Nachlasses durch eine Klage gegen die Erbengemeinschaft als solche geltend machen (§ 2059 Abs. 2 BGB).

SICHERUNG DES VERMÄCHTNISANSPRUCHS

Vorkehrungen

Zwar erwirbt der Vermächtnisnehmer mit dem Erbfall einen Anspruch gegen den Beschwerten, den vermachten Gegenstand zu fordern, er ist aber darauf angewiesen, dass der Beschwerte den Anspruch auch erfüllt. Deshalb kann es unter Umständen sinnvoll sein, Vorkehrungen zu treffen, damit die angeordneten Vermächtnisse erfüllt werden. So kann der Erblasser insbesondere

- den Vermächtnisnehmer bevollmächtigen, sich nach dem Anfall des Vermächtnisses die Zuwendung (zum Beispiel das Geld) selbst zu übertragen, indem ihm eine Vollmacht erteilt und er vom gesetzlichen Verbot befreit wird, mit sich selbst Geschäfte abzuschließen,
- einen Testamentsvollstrecker (vgl. Seite 163 f.) bestellen und diesen beauftragen, das Vermächtnis zu erfüllen oder
- den Vermächtnisanspruch auf Grundstücksübertragung ab dem Erbfall durch Eintragung einer Grundbuchvormerkung sichern.

Musterformulierung: Anordnung der Testamentsvollstreckung

Ich ordne Testamentsvollstreckung an. Zum Testamentsvollstrecker ernenne ich den vorbezeichneten Vermächtnisnehmer. Der Testamentsvollstrecker hat die Aufgabe, das vorstehend zu seinen Gunsten angeordnete Vermächtnis zu erfüllen. Weitere Aufgaben hat der Testamentsvollstrecker nicht.

Der Testamentsvollstrecker ist von den Beschränkungen des § 181 BGB, soweit erforderlich, befreit.

Für seine Tätigkeit erhält der Testamentsvollstrecker keine Vergütung. Er erhält auch keinen Ersatz für seine Auslagen.

06

ERBSCHAFTSTEUERLICHE BEHANDLUNG

Der Erwerb durch ein Vermächtnis unterliegt der Erbschaftsteuer. Steuerschuldner ist der Vermächtnisnehmer. Die Steuerschuld entsteht mit dem Tod des Erblassers. Zuwendungen, die kirchlichen, gemeinnützigen oder mildtätigen Zwecken dienen, sind erbschaftsteuerfrei.

§

Als Nachlassverbindlichkeit mindert das Vermächtnis die Steuerschuld des Erben (§ 10 Abs. 5 Nr. 2 ErbStG, vgl. auch Seite 200 f.).

AUFLAGE

Keine Begünstigung

Mit einer Auflage kann der Erblasser seine Erben oder einen Vermächtnisnehmer zu einer Leistung verpflichten, ohne einem anderen das Recht auf die Leistung zuzuwenden (§ 1939 BGB). Im Unterschied zum Vermächtnis (vgl. Seite 146 f.) muss bei der Auflage niemand begünstigt werden.

INHALT

Einfluss

Mit einer Auflage kann der Beschwerte zu einem bestimmten Verhalten (Handeln oder Unterlassen) veranlasst werden. Es kann natürlich auch eine Person begünstigt werden, im Gegensatz zum Vermächtnisnehmer erlangt der Begünstigte aber grundsätzlich keinen Anspruch auf die Leistung. Bei der Auflage braucht es sich nicht um eine vermögenswirksame Leistung zu handeln. Es ist auch nicht erforderlich, dass das Verhalten einer anderen Person zugute kommt. Das Verhalten kann vielmehr auch für den Beschwerten selbst vorteilhaft sein.

Beispiel: Auflage

Mit einer Auflage können Sie dem Beschwerten aufgeben, die Beerdigung, die Grabpflege oder die Pflege von Tieren zu übernehmen. Sie können auch Geld- oder Sachleistungen für kulturelle oder karitative Zwecke anordnen. Ferner können Sie verfügen, dass ein Grundstück nicht verkauft wird, der Beschwerte seinen Wohnsitz nicht wechselt oder dass dieser einen bestimmten Beruf ergreift.

Beweggründe

Für die Anordnung einer Auflage in der Verfügung von Todes wegen sprechen mehrere Gründe. So kann der Erblasser über den Tod hinaus auf das Verhalten der bedachten Personen Einfluss nehmen. Es können Personen begünstigt werden, die nicht rechtsfähig sind (zum Beispiel auch der Stammtisch) oder ein rechtsunfähiges Tier. Die Auswahl eines Begünstigten kann auch den Erben oder einem Dritten (zum Beispiel dem Testamentsvollstrecker) überlassen bleiben. Der Erblasser kann auch verfügen, dass gegenüber einem Begünstigten Zuwendungen zu machen sind. Weil dieser aber keinen Anspruch auf Vollziehung hat, stehen die mit der Auflage Beschwerten (in der Regel die Erben) nicht unter dem Druck des Begünstigten.

Musterformulierung: Auflage

Dem Tierschutzverein .... vermache ich einen Geldbetrag in Höhe von .... Euro verbunden mit der Auflage, meinen Hund .... nach meinem Tod zu pflegen und bis zu seinem Tod zu versorgen. Andernfalls entfällt die Zuwendung.

Erblasser können auch eine sogenannte Zweckauflage verfügen. Darin kann bestimmt werden, welchem Zweck die Auflage dienen soll, es wird aber dem Beschwerten oder einem Dritten (zum Beispiel dem Testamentsvollstrecker) überlassen zu bestimmen, an welche Person die Leistung erfolgen soll. So können die Erben zum Beispiel verpflichtet werden, an einen gemeinnützigen Verein einen bestimmten Geldbetrag für den Umweltschutz zu zahlen.

Nicht zulässig sind sittenwidrige Auflagen, so zum Beispiel eine Anordnung, gesetzwidrig zu handeln oder eine Straftat zu begehen. Unwirksam ist auch eine Auflage, deren Realisierung unmöglich ist.

Tipp

Achten Sie bei der Gestaltung einer Auflage in Ihrem Testament oder im Erbvertrag darauf, dass diese klar und eindeutig formuliert wird. Verwenden Sie am besten ausdrücklich für Ihre Verfügung den Begriff „Auflage". Eindeutig sollte auch sein, wer mit der Auflage beschwert wird.

BESCHWERTER

Erben

Nur Erben oder Vermächtnisnehmer können mit einer Auflage beschwert werden. Wurde im Testament oder im Erbvertrag nichts anderes verfügt, sind die Erben beschwert. Mehrere Erben gelten im Zweifel im Verhältnis ihrer Erbteile als beschwert, wenn der Erblasser nichts anderes verfügt hat.

§

Wird der Beschwerte nicht Erbe oder Vermächtnisnehmer (zum Beispiel, weil er die Erbschaft oder das Vermächtnis ausgeschlagen hat), bleibt die angeordnete Auflage wirksam, soweit nicht ein anderer Wille des Erblassers anzunehmen ist. Beschwert ist dann derjenige, der unmittelbar davon profitiert, wenn der Beschwerte wegfällt (§§ 2192, 2161 BGB).

VOLLZIEHUNGSBERECHTIGTER

Kein Erfüllungsanspruch

Der Begünstigte selbst hat keinen Anspruch darauf, dass die Auflage erfüllt wird – und er selbst kann nicht verlangen, dass die genannten Bedingungen vollzogen werden. Nach dem Gesetz (§ 2194 Satz 1 BGB) können dies aber wohl bestimmte Personen.

Die Vollziehung einer Auflage verlangen können nur

- der Erbe gegenüber dem beschwerten Vermächtnisnehmer,
- jeder Miterbe gegenüber dem beschwerten Miterben oder dem Vermächtnisnehmer oder
- derjenige, welchem der Wegfall des mit der Auflage zunächst Beschwerten zustattenkommen würde.

Tipp

Wenn Sie sicherstellen wollen, dass die von Ihnen angeordnete Auflage erfüllt wird, sollten Sie einen Testamentsvollstrecker als Vollzugsberechtigten einsetzen, der den Vollzug der Auflage überwacht oder gegebenenfalls die Auflage durchführt.

Liegt die Vollziehung im öffentlichen Interesse (zum Beispiel die Auflage, eine Münzsammlung einem staatlichen Museum zu überlassen), so kann auch die zuständige Behörde die Vollziehung verlangen (§ 2194 Satz 2 BGB).

UNWIRKSAME AUFLAGE

Sittenwidrigkeit

Nicht zulässig sind sittenwidrige Auflagen, so beispielsweise eine Anordnung, gesetzwidrig zu handeln oder eine Straftat zu begehen. Unwirksam ist auch eine Auflage, deren Realisierung unmöglich ist. Ist eine Auflage unwirksam (zum Beispiel wegen Sittenwidrigkeit), so wird dadurch nicht zwangsläufig die unter der Auflage gemachte Zuwendung unwirksam. Gegebenenfalls muss die Verfügung von Todes wegen ausgelegt werden, wobei dabei zu prüfen ist, ob der Erblasser die Zuwendung ohne die Auflage nicht gemacht hätte (§ 2195 BGB).

Beispiel: Unwirksame Auflage

Der Erblasser hat seinem Neffen ein Vermächtnis nur deshalb zugewandt, damit dieser dann entsprechend der gemachten Auflage sein Grab pflegt. Dieser Zusammenhang wurde auch im Testament zum Ausdruck gebracht. Würde diese Auflage wegen Unwirksamkeit wegfallen, hätte sich der Erblasser nicht verpflichtet gesehen, den Neffen die Zuwendung zu machen.

UNMÖGLICHE VOLLZIEHUNG DER AUFLAGE

Wertersatz

Ist es unmöglich, eine Auflage zu erfüllen, so entfällt diese. Hat der Beschwerte es allerdings selbst verschuldet, dass es unmöglich ist, die Auflage zu vollziehen, kann der Begünstigte von diesem Wertersatz verlangen (§ 2196 BGB). Er kann den Geldwert fordern, den dieser hätte ausgeben müssen, um die Auflage zu erfüllen.

ERBSCHAFTSTEUERLICHE BEHANDLUNG

Der Erwerb einer Auflage (zum Beispiel eine Geldzuwendung) ist erbschaftsteuerpflichtig. Die Steuer wird erst fällig, wenn die Auflage vollzogen ist. Zuwendungen, die kirchlichen, gemeinnützigen oder mildtätigen Zwecken dienen, sind steuerfrei. Der Erwerber kann die Auflage als Nachlassverbindlichkeit vom Nachlasswert abziehen.

TESTAMENTSVOLLSTRECKUNG

Einsetzung

Der Erblasser kann durch Testament oder durch eine einseitige Verfügung im Erbvertrag einen oder mehrere Testamentsvollstrecker ernennen (§ 2197 Abs. 1 BGB). Er kann auch für den Fall, dass der ernannte Testamentsvollstrecker vor oder nach der Annahme des Amtes wegfällt, einen anderen Testamentsvollstrecker einsetzen.

Motive

Mit der Anordnung einer Testamentsvollstreckung wird in die sonst unbeschränkten Rechte des Erben über den Nachlass eingegriffen. Die Testamentsvollstreckung kann für den gesamten Nachlass, für einzelne Nachlassgegenstände oder für einen oder mehrere Erben angeordnet werden. Motive, um eine Testamentsvollstreckung anzuordnen, gibt es mehrere:

Vorsicht

Wichtig ist, dass der Erblasser eine Person zum Testamentsvollstrecker bestimmt, der er absolut vertraut. Bei einem größeren Vermögen kann es sinnvoll sein, mehrere Personen als Testamentsvollstrecker einzusetzen. Auch ein Miterbe kann Testamentsvollstrecker sein; in diesem Fall sollte allerdings die Gefahr bedacht werden, dass dieser seine eigenen Interessen stärker verfolgt als die der anderen Miterben.

Der Erblasser will

- sicherstellen, dass seine Vorstellungen auch tatsächlich verwirklicht werden,
- der Zerschlagung wirtschaftlicher Werte in einer Erbengemeinschaft vorbeugen,
- einfach gewährleistet wissen, dass der Nachlass von einem Fachmann verwaltet wird oder Auflagen oder Vermächtnisse auch vollzogen werden,
- angesichts der Vielzahl von Erben und Vermächtnisnehmern die ordnungsgemäße Abwicklung des Nachlasses sicherstellen.

Als Gestaltungsmittel kann die Testamentsvollstreckung auch dann sinnvoll sein, wenn für die Verwaltung eines größeren oder speziellen Nachlasses (zum Beispiel ein Unternehmen) besondere Sachkunde erforderlich ist.

Die Anordnung der Testamentsvollstreckung hat für die Erben zur Folge, dass ihnen Verwaltungs- und Verfügungsbefugnisse über den Nachlass entzogen werden. Gleichwohl haften sie für Nachlassverbindlichkeiten sowohl mit dem Nachlass als auch mit ihrem Privatvermögen.

ANORDNUNG

Die Anordnung der Testamentsvollstreckung erfolgt im Testament. In einem Erbvertrag kann die entsprechende Verfügung nur einseitig, nicht vertragsmäßig gestaltet werden. Unwirksam wäre eine Verfügung, nach der es einem Dritten überlassen bleibt, ob Testamentsvollstreckung angeordnet wird.

Musterformulierung: Anordnung

Ich ordne Testamentsvollstreckung an. Zum Testamentsvollstrecker bestimme ich Herrn .... Er soll die Auseinandersetzung unter den Miterben bewirken und für die Erfüllung der Vermächtnisse und Auflagen sorgen. Sollte Herr .... aus irgendeinem Grund nicht infrage kommen oder wieder wegfallen, so hat das zuständige Nachlassgericht einen geeigneten Testamentsvollstrecker mit gleichen Befugnissen zu benennen.

Personenkreis

Zum Testamentsvollstrecker kann jede natürliche oder juristische Person (zum Beispiel eine Bank) eingesetzt werden, die in vollem Umfang geschäftsfähig ist und zur Besorgung ihrer Vermögensangelegenheiten nicht unter Betreuung steht. Testamentsvollstrecker können Rechtsanwälte, Notare, Steuerberater, der Ehegatte des Erblassers, ein Miterbe, ein Vermächtnisnehmer, ein durch eine Auflage Begünstigter oder eine pflichtteilsberechtigte Person sein. Eine Behörde kann dagegen nicht als Testamentsvollstrecker eingesetzt werden, wohl aber einzelne Behördenmitarbeiter. Der Erblasser kann die Auswahl der Person auch einem Dritten überlassen oder das Nachlassgericht ersuchen, einen Testamentsvollstrecker zu ernennen.

UMFANG

Über den Umfang der Testamentsvollstreckung entscheidet der Erblasser in seinem Testament oder im Erbvertrag. Die Testamentsvollstreckung ist zeitlich befristet oder auf einzelne Nachlassgegenstände oder einzelne Erben beschränkt. Wurde keine Anordnung getroffen, erfasst die Testamentsvollstreckung den gesamten Nachlass, wenn sie für den oder alle Erben angeordnet ist. Höchstpersönliche Rechte des Erben, wie zum Beispiel die Annahme und Ausschlagung der Erbschaft, die Anfechtung des Testaments oder der Widerruf einer Schenkung, unterliegen nicht der Verwaltung des Testamentsvollstreckers.

Höchstpersönliche Rechte ausgenommen

Abwicklungsvollstreckung

Wurde nur eine „Testamentsvollstreckung" verfügt, handelt es sich in der Regel um eine sogenannte Abwicklungsvollstreckung. Der Testamentsvollstrecker soll dafür Sorge tragen, dass das Vermögen in geordneter Weise auf den oder die Erben übergeht. In diesem Fall verwaltet allein der Testamentsvollstrecker den Nachlass und nur er allein kann über die Nachlassgegenstände verfügen. Zu den Hauptpflichten des Testamentsvollstreckers gehören bei der Abwicklungsvollstreckung die Verwaltung des Nachlasses, die Erstellung eines Nachlassverzeichnisses, die Zahlung der Schulden, die Erfüllung von Vermächtnissen, Auflagen und Pflichtteilsansprüchen und die Verteilung des Nachlasses unter den Erben.

§

Es kann auch angeordnet werden, dass der Nachlass nach dem Tod noch längere Zeit von einem Testamentsvollstrecker verwaltet wird (§ 2209 BGB).

Dauervollstreckung

Eine solche Dauervollstreckung kommt unter anderem zur Anwendung, wenn der Erbe minderjährig und damit nicht imstande ist, das Vermögen zu verwalten. Aber auch, wenn der Erbe behindert oder noch nicht ausreichend qualifiziert ist, um das Vermögen zu verwalten, oder wenn die Erben untereinander zerstritten sind, kann es zur Dauervollstreckung kommen.

Die Dauervollstreckung kann zeitlich befristet oder an ein bestimmtes Ereignis (zum Beispiel Volljährigkeit des Erben) gebunden werden. Sie endet normalerweise 30 Jahre nach dem Tod des Erblassers. Dieser kann jedoch auch anordnen, dass die Verwaltung bis zum Tod des Erben oder des Testamentsvollstreckers oder bis zum Eintritt eines anderen Ereignisses in der Person des einen oder des anderen fortdauern soll.

AUFGABEN

Der Testamentsvollstrecker hat die Verfügungen von Todes wegen des Erblassers auszuführen (§ 2203 BGB). Bei mehreren Erben hat er den Nachlass gemäß dessen Verfügungen zu verteilen, Vermächtnisse zu erfüllen und Auflagen zu vollziehen.

Tipp

Als Erblasser können Sie den Umfang der Testamentsvollstreckung frei bestimmen. Sie können sie zeitlich befristen oder auf einzelne Nachlassgegenstände oder einzelne Erben beschränken.

Verwaltung

Der Testamentsvollstrecker hat den Nachlass ordnungsgemäß zu verwalten (§ 2216 Abs. 1 BGB). Anordnungen, die der Erblasser in seiner Verfügung von Todes wegen getroffen hat, können auf Antrag des Testamentsvollstreckers oder eines anderen Beteiligten vom Nachlassgericht außer Kraft gesetzt werden, wenn ihre Befolgung den Nachlass erheblich gefährden würde (§ 2216 Abs. 2 BGB). Insbesondere ist der Testamentsvollstrecker berechtigt, den Nachlass in Besitz zu nehmen und über die Nachlassgegenstände zu verfügen (§ 2205 Satz 1 BGB). Er darf Verbindlichkeiten für den Nachlass eingehen, soweit dies zur ordnungsmäßigen Verwaltung erforderlich ist (§ 2206 Abs. 1 BGB). Zu Schenkungen ist der Testamentsvollstrecker nicht berechtigt, soweit es nicht um die Erfüllung „einer sittlichen Pflicht" (zum Beispiel Unterhalt an einen vermögenslosen Verwandten) oder um eine „auf den Anstand zu nehmende Rücksicht" (zum Beispiel Weihnachts- oder Geburtstagsgeschenke) geht (§ 2205 Satz 2 BGB).

§

Sind mehrere Erben vorhanden, hat der Testamentsvollstrecker den Nachlass unter ihnen zu verteilen (§ 2204 BGB).

Zur Verteilung des Nachlasses hat der Testamentsvollstrecker einen sogenannten Auseinandersetzungsplan aufzustellen, zu dem die Erben vorab zu hören sind. Der Testamentsvollstrecker als Verwalter des Nachlasses darf keine Geschäfte mit sich selbst als Privatperson machen, sofern ihm der Erblasser das nicht ausdrücklich gestattet hat.

Zu den Aufgaben des Testamentsvollstreckers gehört auch die Abgabe der Erbschaftsteuererklärung. Die Kosten der Testamentsvollstreckung können vom Nachlasswert nur insoweit abgezogen werden, als sie die Abwicklung betreffen.

VERGÜTUNG DES TESTAMENTSVOLLSTRECKERS

Tipp

Sie sollten in Ihrem Testament oder im Erbvertrag unbedingt die Vergütung des Testamentsvollstreckers regeln und diese am besten vorher mit der Person abstimmen, die Sie für das Amt vorgesehen haben. Die von Ihnen festgesetzte Vergütung ist dann verbindlich.

Für seine Tätigkeit kann der Testamentsvollstrecker eine angemessene Vergütung verlangen, soweit der Erblasser nichts anderes bestimmt hat (§ 2222 BGB). Im Fall der Abwicklung des Nachlasses dürfte bei niedrigen Nachlässen ein Satz von 7,5 Prozent, bei hohen Nachlässen ein Satz von 1 Prozent angemessen sein. Bei der Dauervollstreckung hängt die Vergütung von den gesamten Umständen des Erbfalls ab. In der Regel wird in solchen Fällen eine laufende, nach dem Jahresbetrag der Einkünfte zu zahlende Vergütung angemessen sein.

Der Deutsche Notarverein hat die sogenannte „Neue Rheinische Tabelle" entwickelt. Diese bestimmt den Vergütungsgrundbetrag. Die Höhe dieses Grundbetrags ist – grundsätzlich auf der Basis des Verkehrswertes des Aktivnachlasses – wie folgt zu ermitteln:

Nachlasswert	Vergütung
bis 250.000 Euro	4 Prozent
bis 500.000 Euro	3 Prozent
bis 2.500.000 Euro	2,5 Prozent
bis 5.000.000 Euro	2 Prozent
ab 5.000.000 Euro	1,5 Prozent, mindestens aber der höchste Betrag der Vorstufe

Die Vergütung ist am Ende der Testamentsvollstreckung fällig. Bei einer Dauervollstreckung kann der Testamentsvollstrecker eine Vergütung nach Zeitabschnitten verlangen. Schuldner der Vergütung ist immer der Nachlass. Mehrere Erben haften gesamtschuldnerisch.

ANORDNUNGEN FÜR DIE AUSEINANDERSETZUNG DER ERBENGEMEINSCHAFT

Nachlassaufteilung

Wenn sich die Bildung einer Erbengemeinschaft nicht verhindern lässt, sollten in der Verfügung von Todes wegen Anordnungen getroffen werden, die eine spätere Aufteilung des Nachlasses, die sogenannte Auseinandersetzung, erleichtern (§ 2048 BGB). Als Gestaltungsmittel stehen dafür insbesondere die Teilungsanordnung beziehungsweise das Vorausvermächtnis und das Teilungsverbot zur Verfügung.

TEILUNGSANORDNUNG UND VORAUSVERMÄCHTNIS

Auseinandersetzung

Mit dem Tod des Erblassers geht die Erbschaft in der Regel auf mehrere Personen über. Der Nachlass wird dann gemeinschaftliches Vermögen der Erben. Diesen steht ein bestimmter Bruchteil am Vermögen zu; ein Miterbe kann aber nicht allein über einzelne Nachlassgegenstände verfügen. Erst nach der Verteilung des Nachlasses unter den Erben, der sogenannten Auseinandersetzung, kann der Miterbe über die ihm zugewendeten Nachlasswerte verfügen.

Mit einer Teilungsanordnung kann der Erblasser nicht nur bestimmen, wer sein Vermögen erhält, sondern auch festlegen, wie die Erben dieses Vermögen untereinander aufzuteilen haben.

Musterformulierung: Teilungsanordnung

Für die Auseinandersetzung treffe ich folgende Teilungsanordnung:
Meine Tochter...... erhält, in Anrechnung auf ihren Erbteil, das Anwesen ....
Mein Sohn .... erhält, in Anrechnung auf seinen Erbteil, das Bürogebäude ....
Meine Tochter .... erhält, in Anrechnung auf ihren Erbteil, das Wertpapierdepot Nr. .... bei der ....bank.

Die Teilungsanordnung ändert nichts an den Bruchteilen, zu denen ein Miterbe am Nachlass beteiligt ist. Erhält der einzelne Erbe durch die Zuweisung eines bestimmten Nachlassgegenstands wertmäßig mehr als seiner Erbquote entspricht, so hat er den Mehrwert gegenüber den Miterben auszugleichen.

Will der Erblasser Ausgleichungsansprüche vermeiden, so muss er dies ausdrücklich bestimmen. In diesem Fall ist ein sogenanntes Vorausvermächtnis anzuordnen (§ 2150 BGB).

Tipp

Mit einem Vorausvermächtnis wird einem Miterben ein Vermögensvorteil über seinen Erbteil hinaus zugewendet. Während der dem Erben zustehende Erbteil mit einer Teilungsanordnung nur konkretisiert wird, erwirbt der Erbe das Vorausvermächtnis zusätzlich zu seinem Erbteil.

Sind die eingesetzten Erben pflichtteilsberechtigt, müssen deren Pflichtteilsansprüche berücksichtigt werden, wenn die Ausgleichungspflicht ausgeschlossen werden soll. Deshalb muss der Erblasser darauf achten, dass der jeweilige Erbteil nicht geringer ist als die Hälfte des dem pflichtteilsberechtigten Erben zustehenden Erbteils. Andernfalls kann der durch den Ausschluss der Ausgleichungspflicht benachteiligte Erbe von den anderen Miterben einen Pflichtteilsrestanspruch in Höhe der wertmäßigen Differenz zu seinem Pflichtteil verlangen.

Mit einer Teilungsanordnung kann der Erblasser zwar verfügen, dass der Nachlass entsprechend seinen Anordnungen unter den Erben aufgeteilt wird, doch führen die Verfügungen nicht von selbst zur Aufteilung. Die Erben sind also, wenn sie sich untereinander einig sind, nicht gehindert, eine andere Verteilung vorzunehmen. Will der Erblasser dies verhindern, muss er eine Testamentsvollstreckung anordnen. Ist ihm die Aufteilung entsprechend seiner Anordnung besonders wichtig, kann er die Erbeinsetzung an die Bedingung knüpfen, dass der Nachlass entsprechend seiner Anordnung unter den Erben aufgeteilt wird.

TEILUNGSVERBOT

Jeder Miterbe kann nach Eintritt des Erbfalls eine Auseinandersetzung, also die Aufteilung des Nachlasses verlangen. Will der Erblasser die Auseinandersetzung des Nachlasses oder einzelner Nachlassgegenstände verhindern, kann er diese ausschließen oder von der Einhaltung einer Kündigungsfrist abhängig machen. Die Auseinandersetzung kann auf bestimmte Zeit oder auf Dauer, im Regelfall aber für höchstens 30 Jahre nach Eintritt des Erbfalls verboten werden (§ 2044 BGB).

Motiv für ein Teilungsverbot kann sein, dass das Vermögen oder Teile davon als Einheit erhalten oder eine vorschnelle Verschleuderung des Nachlasses verhindert werden soll. Es kann durch ein Teilungsverbot aber auch gewährleistet werden, dass Erben den Nachlass erst dann unter sich aufteilen, wenn sie ein bestimmtes Alter erreicht haben.

Tipp

Wenn Sie vermeiden wollen, dass Ihre Erben den Nachlass trotz Teilungsverbots unter sich aufteilen, sollten Sie eine Testamentsvollstreckung anordnen.

Musterformulierung: Teilungsverbot

Ich schließe die Auseinandersetzung unter meinen Erben solange aus, bis meine Tochter .... das 21. Lebensjahr vollendet hat.
Die Auseinandersetzung soll auch nicht einvernehmlich unter den Erben möglich sein. Ich ordne deshalb Testamentsvollstreckung an. Zum Testamentsvollstrecker ernenne ich ....

---

07 WARUM BEI DER NACHLASS-PLANUNG PFLICHTTEILS-ANSPRÜCHE ZU BERÜCKSICHTIGEN SIND

Gesetzlich ist das Recht festgeschrieben, nach Belieben Verfügungen über das eigene Vermögen nach dem Tod treffen zu können. Durch Testament oder Erbvertrag können Erblasser den oder die Erben bestimmen, aber auch den eigenen Ehegatten oder Verwandte von der Erbfolge ausschließen. Diese Testierfreiheit wird allerdings beschränkt durch den sogenannten Pflichtteil, mit dem das Gesetz den nächsten Familienangehörigen einen Mindestanteil am hinterlassenen Vermögen garantieren will.

GRUNDSÄTZLICHES ZUM PFLICHTTEILSRECHT

Wenn Erblasser von der gesetzlichen Erbfolge durch ein Testament oder einen Erbvertrag abweichen wollen, sind immer etwaige Pflichtteilsansprüche, also die gesetzlich garantierte Mindestbeteiligung des Ehegatten und der nächsten Verwandten, zu berücksichtigen. Der Pflichtteilsanspruch kann den Pflichtteilsberechtigten nur in wenigen Ausnahmefällen entzogen werden. Und damit das Pflichtteilsrecht zu Lebzeiten nicht umgangen wird, räumt das Gesetz den Pflichtteilsberechtigten den sogenannten Pflichtteilsergänzungsanspruch (vgl. Seite 50 f.) ein, wenn der Erblasser zu Lebzeiten (innerhalb von zehn Jahren vor seinem Tod) Schenkungen gemacht hat.

Kaum Entziehungsmöglichkeiten

Das Pflichtteilsrecht ist nicht identisch mit dem Erbrecht. Der Pflichtteilsberechtigte ist nicht wie der Erbe am Nachlass beteiligt; ihm steht nur ein Geldanspruch in Höhe seines Pflichtteilsanspruchs gegen die Erben zu.

PFLICHTTEILSBERECHTIGTE PERSONEN

Der Kreis der pflichtteilsberechtigten Personen ist gesetzlich festgelegt. Dazu zählen nur die nächsten Familienangehörigen des Erblassers, das sind seine Abkömmlinge (Kinder, Enkel, Urenkel), auch nichteheliche und adoptierte Kinder, soweit sie erbberechtigt sind, seine Eltern und sein Ehegatte.

Abkömmlinge

Pflichtteilsberechtigt sind zunächst die Abkömmlinge des Erblassers (§ 2303 Abs. 1 BGB). Entferntere Abkömmlinge (zum Beispiel Enkel) kommen allerdings nur dann zum Zuge, wenn der nähere Abkömmling (zum Beispiel der Sohn) keinen Pflichtteil verlangen kann oder das ihm Hinterlassene nicht annimmt (§ 2309 BGB).

Auch den Eltern steht ein Pflichtteilsrecht zu. Sie werden aber nur berücksichtigt, wenn kein nach der gesetzlichen Erbfolge vorgehender Abkömmling vorhanden ist, der den Pflichtteil verlangen kann oder das ihm Hinterlassene annimmt (§ 2309 BGB).

Beispiel: Ausschluss Pflichtteilsrecht

Die pflichtteilsberechtigten Kinder des Erblassers schließen dessen Enkel und seine Eltern vom Pflichtteilsrecht aus.

Ehegatten

Das Pflichtteilsrecht des Ehegatten setzt voraus, dass eine rechtsgültige Ehe besteht. Kein Pflichtteilsrecht hat der Partner einer geschiedenen Ehe. Und das Pflichtteilsrecht des überlebenden Ehegatten ist auch dann ausgeschlossen, wenn zur Zeit des Todes des Erblassers die Voraussetzungen für die Scheidung der Ehe gegeben waren und der Erblasser die Scheidung beantragt oder ihr zugestimmt hatte (§ 1933 BGB).

Entferntere Verwandte

Nicht pflichtteilsberechtigt sind die entfernteren Verwandten des Erblassers, insbesondere seine Geschwister, Onkel, Tanten, Neffen und Nichten. Auch dem nichtehelichen Lebenspartner steht kein Pflichtteil zu.

ANSPRUCH AUF DEN PFLICHTTEIL

Ausschluss vom Erbrecht

Voraussetzung für den Pflichtteilsanspruch ist immer, dass der Pflichtteilsberechtigte von der gesetzlichen Erbfolge (vgl. Seite 59 f.) ausgeschlossen ist (§ 2303 Abs. 1 BGB). Der Ausschluss vom Erbrecht kann ausdrücklich durch ein Testament oder einen Erbvertrag (Beispiel: „Meine Tochter .... enterbe ich.") oder stillschweigend erfolgen, wenn der Nachlass erschöpfend anderen Personen zugewendet wird.

Verzicht

Nicht enterbt und damit nicht pflichtteilsberechtigt sind Personen, die auf ihr Erb- und Pflichtteilsrecht verzichtet haben (vgl. Seite 44 f.). Entsprechendes gilt grundsätzlich für Personen, die die Erbschaft ausgeschlagen haben; von diesem Grundsatz bestehen allerdings Ausnahmen:

Ausnahmen

- So kann der überlebende Ehegatte die Erbschaft ausschlagen und neben dem realen Ausgleich des Zugewinns den Pflichtteil verlangen (§ 2371 Abs. 2 BGB).
- Wird ein durch Testament oder Erbvertrag zugewendeter Erbteil mit der Vor- oder Nacherbfolge (vgl. Seite 135 f.), einer Testamentsvollstreckung (vgl. Seite 163 f.), einer Teilungsanordnung (vgl. S. 169 f.), einem Vermächtnis (vgl. Seite 146 f.) oder einer Auflage (vgl. Seite 159 f.) belastet und ist das hinterlassene Vermögen höher als der Pflichtteil, so kann der Pflichtteilsberechtigte die Erbschaft ausschlagen und seinen Pflichtteil verlangen (§ 2306 Abs. 1 BGB). Damit erhält der Pflichtteilsberechtigte allerdings wertmäßig weniger, als ihm nach dem Testament oder dem Erbvertrag zustehen würde.
- Gesetzlich verhindert wird auch der Fall, dass der Erblasser dem Pflichtteilsberechtigten ein Vermächtnis anstelle seines Pflichtteils aufdrängt. Ist ein Pflichtteilsberechtigter mit einem Vermächtnis bedacht, so kann er dieses ausschlagen und den Pflichtteil verlangen (§ 2307 BGB).

Ausschlagung

Unter Umständen kann es sinnvoll sein, die Erbschaft auszuschlagen und den Pflichtteil geltend zu machen. So muss der eingesetzte Erbe vom Erblasser verfügte Einschränkungen (zum Beispiel Anordnung einer Testamentsvollstreckung) in einem solchen Fall dann nicht gegen sich gelten lassen. Bei Ausschlagung der Anordnung der Vor- und Nacherbfolge erlangt der Pflichtteilsberechtigte sofort einen Geldanspruch und muss nicht den Nacherbfall abwarten. Der überlebende Ehegatte kann beim Güterstand der Zugewinngemeinschaft die Erbschaft ausschlagen, den realen Ausgleich des Zugewinns und daneben seinen Pflichtteil verlangen und sich damit finanziell besser stellen (wegen der taktischen Ausschlagung des Ehegatten vgl. Seite 177).

§

Der Pflichtteilsanspruch entsteht mit dem Erbfall. Der Anspruch ist vererblich und übertragbar (§ 2317 BGB).

HÖHE DES PFLICHTTEILS

Der Pflichtteil beträgt die Hälfte des gesetzlichen Erbteils (§ 2303 Abs. 1 Satz 2 BGB). Er folgt aus der Pflichtteilsquote und dem Wert des Nachlasses zum Zeitpunkt des Erbfalls.

ERMITTLUNG DER PFLICHTTEILSQUOTE

Zahl der Erben

Für die Pflichtteilsquote ist maßgebend, wie hoch der gesetzliche Erbteil desjenigen wäre, der seinen Pflichtteil verlangt. Die Höhe des Erbteils wiederum hängt von der Zahl der gesetzlichen Erben und der Zusammensetzung ab (Einzelheiten der gesetzlichen Erbfolge vgl. Seite 59 f.).

Pflichtteilsverzicht

Zur Feststellung der Pflichtteilsquote werden nicht nur die tatsächlichen Erben berücksichtigt. Mitgezählt wird auch, wer wegen Enterbung, Ausschlagung der Erbschaft oder Erbunwürdigkeit nicht Erbe geworden ist. Auch wer auf seinen Pflichtteil verzichtet hat, wird mitgezählt, nicht aber, wer auf seinen Erbteil verzichtet hat.

Die Pflichtteilsquote wird also geringer, je mehr Erben es gibt. Schließlich hängt die Höhe des Erbteils von der Anzahl der Erben ab, was sich mittelbar dann natürlich auf die Höhe des Pflichtteils auswirkt.

Beispiel: Pflichtteilsquote

A hinterlässt seine vier Kinder B, C, D und E. B hat im Wege der vorweggenommenen Erbfolge bereits ein Baugrundstück erhalten und im Gegenzug auf seinen Erbteil verzichtet. Zu Alleinerben zu jeweils gleichen Teilen sind C und D eingesetzt. C hat allerdings die Erbschaft ausgeschlagen. E wurde im Testament enterbt.
Bei der Berechnung des Pflichtteils wird trotz Erbausschlagung C mitgezählt, nicht aber B, der auf seinen Erbteil verzichtet hat. Es bleiben also fiktiv drei Erben, C, D und E, deren Erbteil jeweils ein Drittel des Nachlasses betragen würde. Der Pflichtteil des enterbten E beträgt also ein Sechstel, die Hälfte seines gesetzlichen Erbteils von einem Drittel.

Güterstand

Für Erb- und Pflichtteilsansprüche des überlebenden Ehegatten sind der eheliche Güterstand und die Anzahl der Miterben maßgebend (vgl. Seite 69 f.).

Zugewinngemeinschaft

- Haben die Eheleute im Güterstand der Zugewinngemeinschaft gelebt, so gibt es einen „kleinen" und einen „großen" Pflichtteil. Der große Pflichtteil wird unter Einbeziehung des zusätzlichen pauschalen Viertels aus dem Zugewinnausgleich berechnet (vgl. Seite 72). Der kleine Pflichtteil beträgt die Hälfte des gesetzlichen Erbteils des Ehegatten ohne das zusätzliche Viertel. Diesen kleinen Pflichtteil erhält der Ehegatte, wenn er die Erbschaft ausschlägt und den realen Ausgleich des Zugewinns verlangt.

Gütertrennung

- Beim Güterstand der Gütertrennung (vgl. Seite 73 f.) erbt der überlebende Ehegatte neben einem Kind die Hälfte, neben zwei Kindern ein Drittel und neben mehr als zwei Kindern ein Viertel des Nachlasses. Sein Pflichtteil beträgt also bei einem Kind ein Viertel, bei zwei Kindern ein Sechstel und bei mehr als zwei Kindern ein Achtel des Nachlasses. Erben nur Erben der zweiten Ordnung (zum Beispiel die Eltern des Erblassers) beträgt der Erbteil des überlebenden Ehegatten die Hälfte des Nachlasses, sein Pflichtteil also ein Viertel.

ERMITTLUNG DES NACHLASSWERTS

Die Höhe des Pflichtteils hängt zum einen davon ab, wie viele Personen neben dem Pflichtteilsberechtigten erbberechtigt sind (vgl. oben), zum anderen ist der Wert des Nachlasses maßgebend. Außerdem ist zwischen Aktiv- und Passivnachlass zu unterscheiden.

Tipp

Beachten Sie, dass sich der Nachlass zum Zeitpunkt des Erbfalls noch dadurch erhöht, dass von Ihnen vorgenommene Schenkungen in den letzten zehn Jahren vor Ihrem Tod dem Nachlass hinzugerechnet werden. In diesem Fall entsteht der sogenannte Pflichtteilsergänzungsanspruch (vgl. Seite 181 f.).

Zum Aktivnachlass gehören alle vermögensrechtlichen Positionen des Erblassers. In Betracht kommen insbesondere Bargeld, Guthaben auf Girokonten, Sparkonten und Sparverträgen, Wertpapiere, Darlehensforderungen, Beteiligungen an Personen- und Kapitalgesellschaften, Grundstücke, Eigentumswohnungen, Erbbaurechte, Kraftfahrzeuge, Hausratsgegenstände, Urheber- und Patentrechte.

Laufende Forderungen

Nicht zum Aktivnachlass gehören insbesondere laufende Forderungen auf Gehalt oder Rente, Gegenstände, die zum Voraus des Ehegatten zählen (vgl. Seite 75 f.), gemietete und geleaste Gegenstände, Lebensversicherungen, die über eine Bezugsberechtigung außerhalb des Nachlasses an eine Person übergehen, Vermögensrechte, die mit dem Tod des Erblassers enden (zum Beispiel Nießbrauch, Wohnrecht).

Vom Aktivnachlass sind Schulden des Erblassers abzuziehen, die dieser zum Zeitpunkt des Erbfalls hinterlässt. Nach dem Erbfall entstehende Schulden sind abzugsfähig, wenn sie rechtlich auf den Erbfall zurückzuführen sind.

Passivnachlass

Zum Passivnachlass gehören unter anderem Darlehensschulden. Darüber hinaus zählen hierzu Unterhaltsansprüche, die mit dem Tod des Erblassers erlöschen, die Zugewinnausgleichsforderung des überlebenden Ehegatten, Beerdigungskosten, Anwalts- und Gerichtskosten, soweit sie mit dem Erbfall zusammenhängen, Kosten der Nachlassverwaltung und -sicherung, Steuerschulden des Erblassers, der Kapitalwert eines Nießbrauchs oder Wohnrechts sowie Rückforderungsansprüche des Sozialhilfeträgers.

Nicht abzugsfähig sind unter anderem Pflichtteils- und Pflichtteilsergänzungsansprüche, Kosten der Erbschaftsteuererklärung, Erbschaftsteuer, Vermächtnisse, Auflagen, Kosten der laufenden Grabpflege sowie Kosten der Testamentsvollstreckung, wenn diese dem Pflichtteilsberechtigten keinen Vorteil bringen.

Der Pflichtteil richtet sich nach dem Wert des Nachlasses. Der Pflichtteilsberechtigte ist wirtschaftlich so zu stellen, als sei der Nachlass beim Tod des Erblassers in Geld umgesetzt worden.

Tipp

Maßgebend bei der Bewertung ist also grundsätzlich der Verkaufswert (Verkehrswert) des jeweiligen Nachlassgegenstands. Eine vom Erblasser getroffene Wertbestimmung ist nicht maßgebend.

Der Zeitpunkt des Erbfalls ist entscheidend für die Wertermittlung. Nachträgliche Wertsteigerungen oder -minderungen müssen außer Betracht bleiben. Für Bankguthaben ist der Wert zum Zeitpunkt des Erbfalls einschließlich Zinsen maßgebend. Für Wertpapiere ist der mittlere Tageskurs anzusetzen. Der Wert von Kraftfahrzeugen ist durch ein Sachverständigengutachten oder über die Schwacke-Liste zu ermitteln.

Schwierigkeiten bereitet häufig die Bewertung von Haushaltsgegenständen, Möbeln, technischen Geräten und Kleidungsstücken. Sie sind meist nur schwer verkäuflich. Ihr Wert ist durch Schätzung zu ermitteln, wenn die Sachverständigenkosten in einem angemessenen Verhältnis zum Wert der Nachlassgegenstände stehen.

Für die Bewertung von Immobilien gelten folgende Grundsätze:

- Unbebaute Grundstücke sind nach dem Wert gleichwertiger Grundstücke zu bewerten. Maßgebend sind insbesondere die von den Städten und Gemeinden geführten

Kaufpreissammlungen und die darauf abgestellten Bodenrichtwerte.

- Für das selbst genutzte Ein- oder Zweifamilienhaus und die selbst genutzte Eigentumswohnung ist das Sachwertverfahren maßgebend. Der Sachwert richtet sich nach dem Bodenwert und den Herstellungskosten. Wertmindernde Umstände wie Reparaturstau, das Alter oder Bauschäden sind zu berücksichtigen.
- Fremdgenutzte Immobilien werden nach dem Ertragswertverfahren bewertet, das auf den jährlichen Reinertrag der Immobilie abstellt.

RESTPFLICHTTEIL

Keine Schlechterstellung

Dem Pflichtteilsberechtigten steht der sogenannte Restpflichtteil zu, wenn ihm ein Erbteil hinterlassen ist, der unter seinem Pflichtteil liegt. Der Erblasser darf also seinen pflichtteilsberechtigten Erben nicht schlechterstellen als einen pflichtteilsberechtigten Enterbten. In diesem Fall hat der Pflichtteilsberechtigte einen Anspruch darauf, dass ihm der Restpflichtteil in Höhe der Differenz zwischen dem Erbe und dem ordentlichen Pflichtteil ausgezahlt wird.

PFLICHTTEIL BEI ANRECHNUNG VON ZUWENDUNGEN ZU LEBZEITEN

Schenkungen

Der Pflichtteilsberechtigte muss sich auf den Pflichtteil anrechnen lassen, was ihm vom Erblasser durch Rechtsgeschäft unter Lebenden mit der Bestimmung zugewendet worden ist, dass es auf den Pflichtteil angerechnet werden soll (§ 2315 Abs. 1 BGB; vgl. auch Seite 50). In Betracht kommen nur freiwillige lebzeitige Zuwendungen, insbesondere Schenkungen. Maßgeblich für die Berechnung des sogenannten Anrechnungspflichtteils ist, was die Schenkung zur Zeit ihrer Zuwendung wert war. Spätere Werterhöhungen oder -minderungen sind unerheblich. Der Wert der Zuwendung wird dem Nachlass zugerechnet (§ 2315 Abs. 2 BGB).

Beispiel: Anrechnung von Zuwendungen

Der verwitwete A hat seinem Sohn B einen Bauplatz mit der Bestimmung geschenkt, dass er sich den Wert der Zuwendung von 100.000 Euro auf seinen Pflichtteil anrechnen lassen muss. A hat seinen Sohn C als Alleinerben eingesetzt und 300.000 Euro hinterlassen.
Der Pflichtteil des B berechnet sich wie folgt:

Nachlass	300.000 Euro
+ Anrechnung	100.000 Euro
= Anrechnungsnachlass	400.000 Euro
Pflichtteilsquote ¼ =	100.000 Euro
Pflichtteilsanspruch	0 Euro

PFLICHTTEILSERGÄNZUNG BEI SCHENKUNGEN DES ERBLASSERS

Erblasser dürfen den Pflichtteilsanspruch ihrer nächsten Familienangehörigen nicht dadurch mindern, dass sie Teile ihres Vermögens durch Schenkungen zu Lebzeiten an andere Personen übertragen. Ob mit der Schenkung beabsichtigt wird, Pflichtteilsansprüche zu mindern, ist dabei ohne Bedeutung.

Macht der Erblasser vor seinem Tod anderen Personen Geschenke, kann dies zu Ansprüchen auf Ergänzung des Pflichtteils gegen den Erben oder den Beschenkten führen. Durch diesen Anspruch wird der Pflichtteilsberechtigte so gestellt, als ob die Schenkung nicht erfolgt und damit das Vermögen des Erblassers durch die Schenkung nicht verringert worden wäre.

Vorsicht

Wurde einem Dritten eine Schenkung gemacht, so kann der Pflichtteilsberechtigte den sogenannten Ergänzungspflichtteil verlangen. Das ist der Betrag, um den sich der Pflichtteil erhöht, wenn der Wert des Geschenks dem tatsächlichen Nachlass fiktiv zugerechnet wird (§ 2325 BGB).

Nach § 2325 Abs. 3 BGB findet eine Schenkung für die Berechnung des Ergänzungsanspruchs graduell immer weniger Berücksichtigung, je länger sie zurückliegt: Eine Schenkung im ersten Jahr vor dem Erbfall wird demnach voll in die Berechnung einbezogen, im zweiten Jahr wird sie jedoch nur noch zu 9/10, im dritten Jahr zu 8/10 und dann weiter absteigend berücksichtigt. Sind zehn Jahre seit der Leistung des verschenkten Gegenstands verstrichen, bleibt die Schenkung unberücksichtigt.

Beispiel: Schenkung

A hat sechs Jahre vor seinem Tod seiner Freundin B 50.000 Euro geschenkt. Dieser Betrag wird nicht in voller Höhe für die Berechnung des Ergänzungspflichtteils herangezogen, sondern nur zu 40 Prozent (10 Prozent Abzug für jedes Jahr), also 15.000 Euro. Dieser Betrag ist dem Nachlass von A hinzuzufügen.

SCHENKUNG

Unentgeltliche Zuwendung

Gesetzlich geschützt werden Pflichtteilsberechtigte nur gegen lebzeitige Schenkungen des Erblassers. Eine Zuwendung, durch die jemand aus seinem Vermögen einen anderen bereichert, ist Schenkung, wenn beide Teile darüber einig sind, dass die Zuwendung unentgeltlich ist.

Der Pflichtteilsergänzungsanspruch von Abkömmlingen setzt nicht voraus, dass diese auch schon zum Zeitpunkt der Schenkung pflichtteilsberechtigt waren. Im Gegensatz zu seiner früheren Rechtsprechung entschied der Bundesgerichtshof (Urteil vom 23.5.2012, Az. IV ZR 250/11), dass ein Anspruch auch dann besteht, wenn die Schenkung bereits vor der Geburt der Abkömmlinge beschlossen wurde.

Problematisch ist die Einordnung von Zuwendungen unter Eheleuten, wenn diese, was im Allgemeinen der Fall ist, keine vertraglichen Festlegungen getroffen haben. So zum Beispiel, wenn jemand aus seinem Vermögen eine Eigentumswohnung kauft und seinen Ehegatten als Miteigentümer ins Grundbuch eintragen lässt. Solche ehebedingten Zuwendungen sind zwar unter den Eheleuten nicht als Schenkung anzusehen, werden aber erbrechtlich wie Schenkungen behandelt, wenn sie nicht der Unterhalts- oder Alterssicherung dienen.

Ehebedingte Zuwendungen

Eine Schenkung liegt nach einem Urteil des Oberlandesgerichts Stuttgart nicht vor, wenn ein Ehegatte kurz vor Erreichen des Rentenalters des anderen Ehegatten einen erheblichen Geldbetrag in dessen private Rentenversicherung eingezahlt hat. Bei einer derartigen Zahlung ist grundsätzlich von einer Zuwendung für eine angemessene Altersversorgung auszugehen, die in rechtlicher Hinsicht eine entgeltliche Leistung darstellt. Sie bleibt daher bei der Bemessung des Anspruchs eines Pflichtteilsberechtigten unberücksichtigt (OLG Stuttgart, Beschluss vom 26.1.2011, Az. 19 W 52/10).

Keine Pflichtteilsergänzungsansprüche begründen unter anderem Unterhaltsleistungen, die Gewährung eines zinslosen Darlehens, die unentgeltliche Überlassung einer Wohnung und Schenkungen, „durch die einer sittlichen Pflicht oder auf den Anstand zu nehmenden Rücksicht entsprochen wird", wie zum Beispiel Weihnachts- und Geburtstagsgeschenke (§ 2330 BGB). Ergänzungspflicht besteht allerdings bei übermäßig hohen Schenkungen, die nicht den Einkommens- und Vermögensverhältnissen der Beteiligten entsprechen.

BERECHNUNG

Bei der Berechnung des Ergänzungspflichtteils wird der Wert des Geschenks dem realen Nachlass hinzugerechnet.

- Verbrauchbare Sachen (zum Beispiel Geld, Wertpapiere) werden mit dem Betrag angesetzt, den sie zur Zeit der Schenkung hatten.
- Nicht verbrauchbare Sachen (zum Beispiel Grundstücke, Kraftfahrzeuge, Kunstgegenstände, Möbel, Schmuck) werden mit dem Wert angesetzt, den sie zum Zeitpunkt des Erbfalls haben. Hat der geschenkte Gegenstand nach der Schenkung beachtlich an Wert gewonnen, so wird der niedrigere Wert angesetzt.

Tipp

Im Einzelfall kann die Bewertung des Geschenks recht schwierig sein. Wenn sich die Beteiligten nicht einvernehmlich auf einen Wert einigen können, muss fachlicher Rat eingeholt werden.

Von dem rechnerisch erhöhten Nachlass wird der Gesamtnachlass entsprechend der Pflichtteilsquote errechnet. Von diesem ist der ordentliche Pflichtteil abzuziehen, der ohne den Wert des Geschenks berechnet wird. Daraus ergibt sich der Ergänzungspflichtteil.

Beispiel: Berechnung Ergänzungspflichtteil

A hinterlässt seine Kinder F und D. Im Testament ist F als Alleinerbe eingesetzt und D damit enterbt. Das hinterlassene Vermögen beträgt 200.000 Euro. D hätte als gesetzlicher Erbe die Hälfte des Nachlasses, also 100.000 Euro zugestanden; sein Pflichtteil beträgt die Hälfte des gesetzlichen Erbteils, also ein Viertel des Nachlasses (= 50.000 Euro). Sieben Jahre vor seinem Tod hat A seiner Freundin B 50.000 Euro geschenkt. Dieser Betrag wird aber nicht in voller Höhe für die Berechnung des Ergänzungspflichtteils herangezogen, sondern nur zu 30 Prozent (10 Prozent Abzug für jedes Jahr), also 15.000 Euro. Dieser Betrag ist dem Nachlass von 200.000 Euro hinzuzufügen. Der Berechnungsnachlass beträgt dann 215.000 Euro, der gesetzliche Erbteil beträgt 107.500 Euro, der Gesamtpflichtteil 53.750 Euro (50.000 Euro ordentlicher Pflichtteil + 3.750 Euro Ergänzungspflichtteil).

BERECHTIGTER UND VERPFLICHTETER

Voraussetzungen

Die Ergänzung des Pflichtteils kann nur verlangen, wer pflichtteilsberechtigt ist. Und als weitere Voraussetzung gilt, dass der Erblasser dem Berechtigten weniger hinterlassen hat, als dessen Pflichtteil ausmachen würde, wenn man den Nachlass rechnerisch um den Wert des verschenkten Gegenstands vermehren würde.

- Der Pflichtteilsberechtigte kann die Ergänzung des Pflichtteils auch dann verlangen, wenn ihm die Hälfte des gesetzlichen Erbteils hinterlassen ist. Wurde dem Pflichtteilsberechtigten mehr als die Hälfte des gesetzlichen Erbteils hinterlassen, so ist der Pflichtteilsergänzungsanspruch ausgeschlossen, soweit der Wert des mehr hinterlassenen Vermögens dem Pflichtteil entspricht (§ 2326 BGB).
- Hat der Erblasser dem Pflichtteilsberechtigten weniger als die Hälfte des Erbteils hinterlassen, so kann er den Pflichtteilsrestanspruch (vgl. Seite 180) und bei pflichtteilserhöhenden Schenkungen den Pflichtteilsergänzungsanspruch (vgl. oben) geltend machen.

07

Schuldner

Schuldner des Ergänzungsanspruchs sind grundsätzlich der oder die Erben. Die vom Erblasser vorgenommene Schenkung bleibt wirksam.

Herausgabe

Ist der beschenkte Erbe selbst pflichtteilsberechtigt, kann er die Ergänzung des Pflichtteils verweigern, wenn dadurch sein eigener Pflichtteils- oder Pflichtteilsergänzungsanspruch vermindert würde. In diesem Fall kann der Schenker vom Beschenkten die Herausgabe des Geschenks verlangen. Allerdings kann der Beschenkte die Herausgabe des Geschenks abwenden, indem er dem Berechtigten den zum vollen Pflichtteil fehlenden Betrag zahlt (§§ 2328, 2329 BGB).

VERMEIDUNG UND BESCHRÄNKUNG VON PFLICHTTEILSANSPRÜCHEN

Gefährdung der Erbschaft

Pflichtteilsansprüche entstehen nicht, wenn Erblasser dem Pflichtteilsberechtigten den Pflichtteil durch Testament oder Erbvertrag entzogen haben oder wenn der Pflichtteilsberechtigte auf seinen Pflichtteil verzichtet hat. Die Beschränkung des Pflichtteils ist möglich, wenn der spätere Erwerb der Erbschaft durch Verschwendungssucht oder durch erhebliche Verschuldung des erbenden Abkömmlings gefährdet ist. Aber auch durch besondere Gestaltungen können Pflichtteilsansprüche vermindert werden.

ENTZIEHUNG DES PFLICHTTEILS

Den nächsten Familienangehörigen, das heißt dem überlebenden Ehegatten, den Abkömmlingen (Kinder, Enkel, Urenkel) und den Eltern des Erblassers steht in Form des Pflichtteils eine grundsätzlich unentziehbare und bedarfsunabhängige Mindestbeteiligung am Nachlass zu. Die Enterbung eines Pflichtteilsberechtigten hat also zwangsläufig zur Folge, dass diese ihren Pflichtteil von den Erben verlangen können. Von diesem Grundsatz bestehen allerdings Ausnahmen. Gesetzlich ist im Einzelnen festgelegt, unter welchen Voraussetzungen Erblasser einem Berechtigten den Pflichtteil entziehen können. Dabei handelt es sich um eine Aufzählung von Sachverhalten, die ein außergewöhnlich schwerwiegendes Fehlverhalten gegenüber dem Erblasser darstellen, sodass es für ihn unzumutbar wird, diese Person gegen seinen Willen über den Pflichtteil an seinem Nachlass teilhaben zu lassen.

Vorsicht
Umstände und Details des Fehlverhaltens müssen zwar nicht zwingend beschrieben werden, aber es muss hinreichend erkennbar gemacht sein, auf welche Verfehlungen sich die Entziehung des Pflichtteils stützt. Die bloße Wiederholung des Gesetzeswortlauts reicht nicht.

Die Entziehung des Pflichtteils kann nur durch ein Testament oder einen Erbvertrag erfolgen. Der Grund der Entziehung muss zur Zeit der Errichtung der Verfügung von Todes wegen bestehen und in der Verfügung angegeben werden.

Soll einem Pflichtteilsberechtigten der Pflichtteil entzogen werden, so muss der Grund dafür im Testament oder im Erbvertrag konkret dargelegt werden. Eine allgemeine Feststellung, dass der Pflichtteil zum Beispiel wegen des „Lebenswandels" des Sohnes oder wegen durch ihn zugefügter „psychischer Qualen" entzogen wird, reicht nicht aus.

Voraussetzungen

Der Erblasser kann einem Abkömmling nach § 2333 Abs. 1 BGB den Pflichtteil entziehen, wenn dieser

1. dem Erblasser, dem Ehegatten des Erblassers, einem anderen Abkömmling oder einer dem Erblasser nahestehenden Person nach dem Leben trachtet,
2. sich eines Verbrechens oder eines schweren vorsätzlichen Vergehens gegen eine der oben genannten Personen schuldig macht,
3. die ihm dem Erblasser gegenüber obliegende gesetzliche Unterhaltspflicht böswillig verletzt oder
4. wegen einer vorsätzlichen Straftat zu einer Freiheitsstrafe von mindestens einem Jahr ohne Bewährung rechtskräftig verurteilt wird und die Teilhabe des Abkömmlings am Nachlass deshalb für den Erblasser unzumutbar ist. Gleiches gilt, wenn die Unterbringung des Abkömmlings in einem psychiatrischen Krankenhaus oder in einer Entziehungsanstalt wegen einer ähnlich schwerwiegenden vorsätzlichen Tat rechtskräftig angeordnet wird.

Um den Pflichtteil aus unter Punkt 4 genannten Gründen entziehen zu können, muss die Tat begangen sein und der Grund für die Unzumutbarkeit vorliegen, bevor das Testament errichtet wird. Beides muss in der Verfügung angegeben werden (§ 2336 BGB).

Die oben genannten Gründe gelten entsprechend, wenn der Pflichtteil Eltern und dem Ehegatten entzogen werden soll (§ 2323 Abs. 2 BGB).

Musterformulierung: Entziehung des Pflichtteils

Ich entziehe hiermit meinem Sohn .... den Pflichtteil aus folgendem Grund: .... Beweis ....

PFLICHTTEILSVERZICHT

Pflichtteilsberechtigte Personen können, ebenso wie die gesetzlichen Erben auf ihr Erbrecht, durch Vertrag mit dem Erblasser auf ihren Pflichtteil verzichten. Es gelten im Wesentlichen die Ausführungen zum Erbverzicht (vgl. Seite 44 f.).

Der Pflichtteilsverzichtsvertrag kann nur mit Einverständnis des Pflichtteilsberechtigten geschlossen werden. Er muss notariell beurkundet werden (§ 2348 BGB). Die notarielle Beurkundung kann auch mit anderen Verträgen (zum Beispiel Erbvertrag) verbunden werden.

Pflichtteilsverzichtsvertrag

Der Verzicht auf das gesetzliche Erbrecht umfasst automatisch auch das Pflichtteilsrecht (§ 2346 Abs. 1 BGB). Allerdings kann der Verzichtsvertrag allein auf das Pflichtteilsrecht beschränkt werden. Der Pflichtteilsverzichtsvertrag umfasst automatisch auch den Verzicht auf den Pflichtteilsrestanspruch und den Pflichtteilsergänzungsanspruch. Der Pflichtteilsverzicht erstreckt sich im Zweifel automatisch auf die Abkömmlinge des Verzichtenden, soweit ein Abkömmling oder ein Seitenverwandter des Erblassers verzichtet.

Gegenleistung

Häufig erfolgt ein Erb- und Pflichtteilsverzicht als Gegenleistung für Zuwendungen im Wege der vorweggenommenen Erbfolge. In diesem Fall ist eine vertragliche Festlegung sinnvoll, dass der Verzicht unwirksam ist, wenn die Gegenleistung nicht voll erbracht wird.

Musterformulierung: Pflichtteilsverzicht

A (Verzichtender) verzichtet hiermit für sich und seine Abkömmlinge gegen B (Erblasser) auf sein gesetzliches Pflichtteilsrecht.
B verpflichtet sich, an den Verzichtenden eine Abfindung in Höhe von .... Euro zu zahlen.
Der Verzicht erfolgt unter der aufschiebenden Bedingung, dass der Erblasser dem Verzichtenden die Abfindung zahlt.
B nimmt den Verzicht an.

BESCHRÄNKUNG DES PFLICHTTEILS IN GUTER ABSICHT

Durch die Pflichtteilsbeschränkung in guter Absicht ermöglicht es der Gesetzgeber, das Familienvermögen für die Nachkommen auch dann zu erhalten, wenn Kinder zur Verschwendung neigen oder verschuldet sind.

§

Erblasser können einem Abkömmling (Kinder, Enkel, Urenkel) den Pflichtteil beschränken, wenn er sich in einem solchen Maß der Verschwendung ergeben hat oder in einem solchen Maß überschuldet hat, dass sein späterer Erwerb gefährdet wird (§ 2338 Abs. 1 BGB).

Wenn also zu erwarten ist, dass der Erwerb durch Gläubiger des Abkömmlings gepfändet oder durch den Abkömmling selbst vergeudet wird und auf diese Weise verloren geht, können Erblasser die „gut gemeinte" Pflichtteilsbeschränkung vornehmen.

- Von Verschwendungssucht ist auszugehen, wenn der Betroffene durch seine Lebensweise sein Vermögen zweck- und nutzlos vergeudet.
- Überschuldung liegt vor, wenn die Verbindlichkeiten das Aktivvermögen übersteigen.

Die Pflichtteilsbeschränkung in guter Absicht kann nur durch ein Testament oder einen Erbvertrag angeordnet werden. In der Verfügung muss der Grund der Beschränkung ausdrücklich angegeben sein.

Die genannten Gründe berechtigen Erblasser nicht zur Kürzung des Pflichtteils, sondern nur zu bestimmten Beschränkungen, nämlich der Anordnung der Vor- und Nacherbfolge oder der Dauertestamentsvollstreckung, die auch nebeneinander angewendet werden können.

Tipp

Als Erblasser sollten Sie alle Informationen, die eine Überschuldung oder die Verschwendungssucht belegen, dokumentieren. Der Grund der Beschränkung muss bei Errichtung der Verfügung von Todes wegen bestehen und beim Erbfall vorliegen.

- Der Erblasser kann seinen pflichtteilsberechtigten Abkömmling nur zum Vorerben einsetzen und bestimmen, dass nach dessen Tod dessen gesetzliche Erben das ihm Hinterlassene oder den ihm gebührenden Pflichtteil als Nacherben oder als Vermächtnisnehmer nach dem Verhältnis ihrer gesetzlichen Erbteile erhalten sollen. Damit wird die Vorerbschaft vor dem Zugriff der Gläubiger des Abkömmlings geschützt. Erträge der Erbschaft (zum Beispiel Mieteinnahmen, Zinserträge) können nur gepfändet werden, soweit sie pfändbar sind (vgl. Seite. 241).
- Der Erblasser kann die Verwaltung des Pflichtteils für die Lebenszeit des Abkömmlings einem Testamentsvollstrecker übertragen. In diesem Fall hat der Abkömmling Anspruch auf den Reinertrag. Damit wird dem Abkömmling das Verfügungsrecht unter Lebenden und dessen Gläubigern der Zugriff auf den Nachlass entzogen.

Tipp

Durch Kombination der Nacherbschaft mit der Verwaltungstestamentsvollstreckung erreichen Sie maximalen Schutz Ihres Familienvermögens.

Die im Testament oder im Erbvertrag verfügte Beschränkung ist unwirksam, wenn sich der Abkömmling zur Zeit des Erbfalls dauernd vom verschwenderischen Leben abgewendet hat oder die Überschuldung, die für die Anordnung der Beschränkung ausschlaggebend war, nicht mehr besteht (§ 2338 Abs. 2 Satz 1 BGB).

Musterformulierung: Pflichtteilsbeschränkung in guter Absicht

Zu meinen Erben bestimme ich meine Kinder .... und .... jeweils zu gleichen Teilen. Mein Sohn .... erhält seinen Erbteil jedoch nur als Vorerbe. Nacherbe sind seine gesetzlichen Erben. Der Nacherbfall tritt mit dem Tod des Vorerben ein.

Sollte mein Sohn .... die Erbschaft ausschlagen und seinen Pflichtteil verlangen, so soll dieser ebenfalls den gleichen Beschränkungen unterliegen. Diese Beschränkungen habe ich angeordnet, weil der spätere Erwerb durch eine erhebliche Überschuldung meines Sohnes gefährdet ist. Mein Sohn hat Verbindlichkeiten von mindestens .... Euro. Er ist spielsüchtig und deshalb überschuldet.

Für die Zeit der Vorerbschaft ordne ich Testamentsvollstreckung an. Der Testamentsvollstrecker hat die Aufgabe, den Erbteil zu verwalten und den jährlichen Reinertrag des Erbteils an meinen Sohn auszuzahlen. Zum Testamentsvollstrecker bestimme ich ...., ersatzweise für den Fall, dass der Testamentsvollstrecker vor oder nach dem Amtsantritt wegfällt, ...

BESONDERE GESTALTUNGEN

Neben der Pflichtteilsbeschränkung in guter Absicht können Pflichtteilsansprüche auch durch besondere Gestaltungen vermindert werden.

Güterstand

Zunächst können sowohl die Höhe des Erbteils als auch der Pflichtteilsanspruch auch durch die Wahl des ehelichen Güterstands beeinflusst werden. So kann ab zwei Kindern durch die Gütertrennung der gesetzliche Erbteil und der Pflichtteil des überlebenden Ehegatten reduziert werden. Und auch wenn keine Kinder vorhanden sind, ist der Pflichtteil des Ehegatten beim Güterstand der Gütertrennung geringer als bei der Zugewinngemeinschaft.

Pflichtteilsmindernd wirkt sich auch aus, wenn der Erblasser zwar eine Schenkung vornimmt, sich aber aufgrund einer besonderen Vereinbarung mit dem Beschenkten das Recht vorbehält, den Schenkungsgegenstand weiterhin zu nutzen (zum Beispiel Nießbrauch oder Wohnungsrecht). In diesem Fall kann dann der Wert des vorbehaltenen Nutzungsrechts vom Wert der Schenkung abgezogen werden, was zwangsläufig eine Kürzung des Pflichtteils zur Folge hat.

Tipp

Weil Ausstattungen keine Schenkungen sind und deshalb auch keine Pflichtteilsergänzungsansprüche zur Folge haben, können Sie Ihre Zuwendungen an Ihre Kinder als solche deklarieren, wenn sie nicht das Ihren Vermögensverhältnissen entsprechende Maß übersteigen (Einzelheiten vgl. Seite 49).

08 WELCHE ERBSCHAFT- UND SCHENKUNGSTEUERLICHEN GESICHTSPUNKTE ZU BEACHTEN SIND

Steuerliche Erwägungen sollten bei der Vermögensübertragung zwar eine Rolle spielen, aber nicht zentraler Beweggrund sein. Denn in den meisten Fällen dürfte die Erbschaft- und Schenkungsteuer ohnehin keine nennenswerte Bedeutung haben. Wegen der hohen Freibeträge für den überlebenden Ehegatten und für die Kinder werden steuerliche Gesichtspunkte im Regelfall deshalb nur bei wohlhabenderen Erblassern und Schenkern eine Rolle spielen.

Gleichwohl dürfen erbschaft- und schenkungsteuerliche Fragen bei der Vermögensübertragung nicht völlig außer Acht gelassen werden. Schließlich geht es um eine etwaige steuerliche Belastung der Erben beziehungsweise der Beschenkten. Deshalb ist es wichtig, die Grundsätze der Besteuerung von Zuwendungen von Todes wegen oder unter Lebenden zu kennen.

STEUERPFLICHTIGE ZUWENDUNGEN

Der **Erbschaft- und Schenkungsteuer** unterliegen insbesondere der Erwerb von Todes wegen und die Schenkungen unter Lebenden (§ 1 ErbStG).

§

Grundlage der Besteuerung ist das Erbschaftsteuer- und Schenkungsteuergesetz (ErbStG).

ZUWENDUNGEN VON TODES WEGEN

Als Erwerb von Todes wegen gelten nach § 3 Abs. 1 ErbStG

- der Erwerb durch Anfall der Erbschaft,
- der Erwerb durch Schenkung auf den Todesfall,
- der Erwerb durch Vermächtnis (vgl. Seite 146 f.),
- der Erwerb durch geltend gemachte Pflichtteils- und Pflichtteilsergänzungsansprüche (vgl. Seite 173 f.),
- jeder Vermögensvorteil, der aufgrund eines vom Erblasser geschlossenen Vertrags bei dessen Tod von einem Dritten unmittelbar erworben wird (zum Beispiel Renten aus einer privaten Rentenversicherung).

Als vom Erblasser zugewendet gelten nach § 3 Abs. 2 ErbStG unter anderem auch

- der Vermögensübergang auf eine vom Erblasser angeordnete Stiftung,
- der Erwerb aus der Vollziehung einer vom Erblasser angeordneten Auflage (vgl. Seite 159 f.),
- eine Abfindung für den Verzicht auf den entstandenen Pflichtteilsanspruch,
- eine Abfindung für die Ausschlagung einer Erbschaft, eines Erbersatzanspruchs oder eines Vermächtnisses,

Tipp

Nicht als Erwerb von Todes wegen gilt der güterrechtliche Zugewinnausgleichsanspruch. Die Zugewinnausgleichsforderung des überlebenden Ehegatten ist in diesem Fall in voller Höhe steuerfrei.

- was ein Vertragserbe aufgrund beeinträchtigender Schenkungen des Erblassers vom Beschenkten erhält (vgl. Seite 118 f.).

Endet eine Zugewinngemeinschaft durch den Tod eines Ehegatten, kann der Zugewinn entweder nach der erbrechtlichen oder nach der güterrechtlichen Lösung ausgeglichen werden. Bei der erbrechtlichen Lösung erhält der überlebende Ehegatte neben seinem gesetzlichen Erbteil einen pauschalen Ausgleich des Zugewinns in Höhe eines Viertels seines Erbteils (vgl. Seite 72 f.). Bei der güterrechtlichen Lösung erfolgt die konkrete Berechnung des Zugewinns, der sich aus der Differenz des Anfangsvermögens bei Beginn der Ehe und des Endvermögens zum Todeszeitpunkt des Ehegatten ergibt.

Vorsicht

Vorsicht ist geboten, weil es bei der erbrechtlichen Lösung unter Umständen erbschaftsteuerlich kritisch werden kann, wenn der verstorbene Ehegatte während der Ehe nahezu den gesamten Zugewinn erzielt hat. Wegen der recht komplizierten Berechnung wird empfohlen, einen Steuerberater einzuschalten.

Bei der erbrechtlichen Lösung mit der pauschalen Erhöhung des Erbteils um ein Viertel bleibt nur der Betrag steuerfrei, den der überlebende Ehegatte bei der güterrechtlichen Abwicklung der Zugewinngemeinschaft tatsächlich als Ausgleich hätte verlangen können (§ 5 ErbStG). Deshalb muss zunächst fiktiv die Zugewinnausgleichsforderung, das heißt die Differenz zwischen Anfangs- und Endvermögen, ermittelt werden. Anfangs- und Endvermögen sind nach Verkehrswerten zu berechnen. Die so ermittelte Ausgleichsforderung ist in dem Umfang steuerrechtlich unberücksichtigt, in dem der Verkehrswert des Nachlasses zu seinem Steuerwert steht.

ZUWENDUNGEN UNTER LEBENDEN

Als Schenkungen unter Lebenden gelten nach § 7 ErbStG unter anderem

- jede freigiebige Zuwendung unter Lebenden, soweit der Begünstigte durch sie auf Kosten des Zuwendenden bereichert wird,
- Schenkungen durch Vollziehung einer Auflage oder Erfüllung einer Bedingung,

- die Bereicherung, die ein Ehegatte bei Vereinbarung einer Gütergemeinschaft erfährt,
- eine Abfindung für einen Erb- und/oder Pflichtteilsverzicht,
- eine Abfindung für den vorzeitigen Erbausgleich.

STEUERFREIE ZUWENDUNGEN

Bestimmte Vermögenswerte können steuerfrei auf eine andere Person übertragen werden. Bei der Vermögensübertragung fällt dann keine Erbschaft- und Schenkungsteuer an. In Betracht kommen Zuwendungen sowohl durch Verfügungen von Todes wegen als auch unter Lebenden.

Freibeträge

Ein Freibetrag von 41.000 Euro steht Personen der Steuerklasse I (vgl. Seite 202) für Hausratgegenstände (zum Beispiel Wohnungseinrichtung, Geschirr, Fernseher, Videorekorder), Wäsche und Kleidungsstücke zu. 12.000 Euro beträgt der Freibetrag für diese Personen für andere körperliche Gegenstände (zum Beispiel für das privat genutzte Kraftfahrzeug, Schmuck). Für Personen der Steuerklassen II und III (vgl. Seite 202) beträgt der Steuerfreibetrag für Hausrat und andere körperliche Gegenstände einheitlich 12.000 Euro. Die Befreiung gilt unter anderem nicht für Zahlungsmittel, Wertpapiere, Münzen und Edelsteine (§ 13 Abs. 1 Nr. 1 ErbStG).

§

Steuerfrei sind Zuwendungen unter Lebenden, mit denen ein Ehegatte dem anderen Eigentum oder Miteigentum an einem im Inland gelegenen, zu eigenen Wohnzwecken genutzten Haus oder einer im Inland gelegenen, zu eigenen Wohnzwecken genutzten Eigentumswohnung (Familienwohnheim) verschafft oder den anderen Ehegatten von eingegangenen Verpflichtungen im Zusammenhang mit der Anschaffung oder Herstellung des Familienheims freistellt (§ 13 Abs. 1 Nr. 4a ErbStG).

Miteigentümer

In Betracht kommen nur Zuwendungen unter Lebenden (zum Beispiel als Schenkung), nicht Erwerbe von Todes wegen (vgl. dazu unten). Steuerfrei ist die Übertragung des Allein- oder Miteigentums oder der Kauf oder die Herstellung des Familienwohnheims aus Mitteln eines Ehegatten, wenn dem anderen Ehegatten die Stellung eines Miteigentümers eingeräumt wird. Entsprechendes gilt, wenn ein Ehegatte ein Finanzierungsdarlehen aus Mitteln des anderen Ehegatten tilgt und das Darlehen von einem oder beiden Ehegatten aufgenommen worden ist.

Wohneigentum

Ebenfalls steuerfrei ist die Übertragung selbst genutzten Wohneigentums an den Ehepartner im Wege der Erbfolge. Das Gleiche gilt für eingetragene Lebenspartner. Wenn der überlebende Ehepartner beziehungsweise der eingetragene Lebenspartner die Immobilie komplett steuerfrei erben will, muss er sie aber zehn Jahre lang selbst bewohnen (er darf sie also nicht vermieten). Wenn er früher auszieht, muss er die Steuer nachzahlen, es sei denn, es wird ein Umzug in ein Pflegeheim erforderlich. Ist ein Kind des Erblassers Erbe des Wohneigentums, so ist die Übertragung nur dann erbschaftsteuerfrei, wenn die Immobilie maximal 200 qm groß ist (§ 13 Abs. 1 Nr. 4c ErbStG). Darüber hinaus muss Erbschaftsteuer gezahlt werden, abzüglich des persönlichen Freibetrags von 400.000 Euro. Die für den überlebenden Ehegatten geltende Zehnjahresfrist gilt auch für Kinder.

Pflegeleistungen

Steuerfrei sind Zuwendungen bis zu 20.000 Euro an Personen, die dem Erblasser ohne zureichendes Entgelt Pflege oder Unterhalt gewährt haben (§ 13 Abs. 1 Nr. 9 ErbStG), ferner Geldzuwendungen unter Lebenden, die eine Pflegeperson für Leistungen zur Grundpflege oder hauswirtschaftlichen Versorgung von Pflegebedürftigen erhält, und zwar bis zur Höhe des nach dem Sozialgesetzbuch XI gewährten Pflegegeldes (§ 13 Abs. 1 Nr. 10 ErbStG).

Beispiel: Schenkung

A schenkt zu Lebzeiten seinem Sohn ein Grundstück. Nach dem Tod des Sohnes erbt A das Grundstück. Der Rückfall des Vermögens an A ist steuerfrei.

Steuerfrei sind auch

- der Dreißigste (§ 13 Abs. 1 Nr. 4 ErbStG),
- die Befreiung von einer Schuld gegenüber dem Erblasser, die ihren Grund in Unterhaltsgewährung oder einer Notlage hat (§ 13 Abs. 1 Nr. 5 ErbStG),
- der Verzicht auf die Geltendmachung des Pflichtteilsanspruchs oder des Erbersatzanspruchs (§ 13 Abs. 1 Nr. 11 ErbStG),
- Zuwendungen unter Lebenden zum Zwecke des angemessenen Unterhalts (§ 13 Abs. 1 Nr. 12 ErbStG) und
- die üblichen Gelegenheitsgeschenke für Geburtstage, Hochzeiten oder Festtage (§ 13 Abs. 1 Nr. 14 ErbStG),

Tipp

Familienangehörige des Erblassers haben für die Zeit von 30 Tagen nach dem Erbfall einen Anspruch gegen die Erben auf Unterhalt sowie auf die Benutzung der Wohnung und der Haushaltsgegenstände (§ 1969 BGB).

BEWERTUNG DES VERMÖGENS

Nachlassverbindlichkeiten

Maßgebend für die Erbschaft- und Schenkungsteuer ist die Bereicherung des Begünstigten, also der Wert des Vermögens, das dieser erworben hat, soweit es nicht steuerfrei ist. Von diesem Wert sind dann die Nachlassverbindlichkeiten abzuziehen.

Die Bewertung des Vermögens richtet sich in erster Linie nach dem Bewertungsgesetz (§ 13 ErbStG). Für die Wertermittlung ist der Zeitpunkt der Entstehung der Steuer (vgl. Seite 207 f.) maßgebend.

In der Regel ist das Vermögen nach dem gemeinen Wert (Verkehrswert) zu bewerten, das ist der Preis, der im gewöhnlichen Geschäftsverkehr nach der Beschaffenheit des Gegenstands bei einer Veräußerung zu erzielen wäre.

- Wertpapiere, die von einer deutschen Börse zum amtlichen Handel zugelassen sind, werden mit dem niedrigsten am Stichtag notierten Kurs angesetzt.
- Fällige Lebens-, Kapital- und Rentenversicherungen werden mit der Auszahlungssumme beziehungsweise dem Kapitalwert der Rente erfasst. Noch nicht fällige Ansprüche werden mit dem nachgewiesenen Rückkaufswert angesetzt.
- Für Kapitalforderungen und -schulden ist der Nennwert maßgebend, wenn nicht besondere Umstände vorliegen.
- Nach dem Verkehrswert werden insbesondere Edelmetalle und Edelsteine, Kunstgegenstände und Münzen bewertet.

Kapitalwert

Wiederkehrende Leistungen und Nutzungen (zum Beispiel Nießbrauch oder Wohnrecht vgl. Seite 37 f.) und Renten werden nach dem Kapitalwert bewertet. Dessen Höhe wiederum hängt vom Jahreswert und von der Höhe des Vervielfältigers ab.

Grundsätze

Für den maßgebenden Jahreswert gelten folgende Grundsätze:

- Jahreswert einer Rente ist der in einem Kalenderjahr bezogene Geldbetrag.
- Bei Nutzungen oder Leistungen, die einen Ertrag abwerfen (zum Beispiel Nießbrauchsrecht), ist auf den Jahresnettowert abzustellen. Bei ungewissen oder schwankenden Erträgen ist der Betrag zugrunde zu legen, der in Zukunft im Durchschnitt der Jahre erzielt werden kann.
- Bei der Festlegung des Jahreswerts gibt es für Nutzungen (nicht für Leistungen) eine Obergrenze. Der Jahreswert darf höchstens mit dem Satz angesetzt werden, der sich ergibt, wenn der Steuerwert des Wirtschaftsguts durch 18,6 geteilt wird.

Steht der Jahreswert fest, wird er mit einem Vervielfältiger multipliziert, der von der Laufzeit abhängig ist.

Erfolgt die Zuwendung bis zum Tod des Begünstigten, so ist der Vervielfältiger abhängig von dessen Lebensalter und Geschlecht.

Beispiel: Kapitalwertberechnung

A hat seiner Frau B den Nießbrauch an seinem vermieteten Bürohaus vermacht. Die Nettojahresmiete beträgt 50.000 Euro. Ist B beim Tod des A 60 Jahre alt, so ergibt sich der Vervielfältiger 12,034. Der Kapitalwert beträgt also 50.000 Euro x 12,034 = 601.700 Euro. Dieser Betrag ist der maßgebende Steuerwert.

Ist die Zuwendung auf eine bestimmte Zeit begrenzt, so gilt ein von der Laufzeit abhängiger Vervielfältiger.

Beispiel: Steuerwertberechnung

A hat seiner Frau B für 20 Jahre eine Jahresrente von 18.000 Euro vermacht. Der Vervielfältiger beträgt 12,279. Der zu versteuernde Kapitalwert beträgt 18.000 Euro x 12,279 = 221.022 Euro. Dieser Betrag ist der maßgebende Steuerwert.

Auch Grundstücke werden mit ihrem wirklichen Wert, das heißt mit ihrem Verkehrswert, bewertet. Hierbei sind drei verschiedene Verfahren vorgesehen:

- Bei Ein- und Zweifamilienhäusern sowie Eigentumswohnungen wird der Preis vorrangig **aus Verkäufen vergleichbarer Immobilien** herangezogen, sofern diese in genügender Anzahl vorliegen. Das wird vorrangig beim Wohneigentum möglich sein. Anstelle von Verkaufspreisen können auch von den Gutachterausschüssen ermittelte Vergleichsfaktoren für geeignete Bezugseinheiten herangezogen werden. Besonderheiten, insbesondere Wert beeinflussende Belastungen werden nicht berücksichtigt.

- Ansonsten kommen **Ertragswerte** zum Ansatz, die wie bisher die erzielbaren Mieten berücksichtigen. Dabei kommt es durch Vervielfältiger über den derzeitigen Faktor 12,5 und durch die Hinzurechnung für den Grund und Boden zu einer höheren Bemessungsgrundlage.
- Sofern auch diese Methode nicht anwendbar ist, greift ein **Sachwertverfahren** mit der Summe aus den Herstellungskosten aller auf dem Grundstück vorhandenen Anlagen sowie dem Bodenwert.
- Bei **Mietobjekten** kommt das Ertragswertverfahren zum Tragen, wonach der Wert auf Grundlage des nachhaltig erzielbaren Ertrags ermittelt wird. Davon gibt es einen pauschalen Abschlag von zehn Prozent für zu Wohnzwecken vermietete Gebäude, selbst wenn diese Nutzung unmittelbar nach dem Übergang aufgegeben wird.

ABZUG VON NACHLASSVERBINDLICHKEITEN

Das Nachlassvermögen ist um die Nachlassverbindlichkeiten zu kürzen. Zu unterscheiden sind Erblasserschulden, Erbfallschulden und sonstige Nachlassverbindlichkeiten.

Schulden des Erblassers

Vom Nachlassvermögen abzuziehen sind zunächst die Schulden des Erblassers (§ 10 Abs. 5 Nr. 1 ErbStG). Dazu gehören beispielsweise Darlehensverbindlichkeiten oder Steuerschulden des Erblassers oder Unterhaltsansprüche des geschiedenen Ehegatten. Zu den abzugsfähigen Schulden gehört auch der Zugewinnausgleich des überlebenden Ehegatten, wenn dieser nicht Erbe oder Vermächtnisnehmer ist.

Abzugsfähig sind ferner die Erbfallschulden, das sind die Schulden, die durch den Erbfall selbst verursacht wurden. In Betracht kommen insbesondere Verbindlichkeiten aus Vermächtnissen, Auflagen, geltend gemachten Pflichtteilen und Erbersatzansprüchen (§ 10 Abs. 5 Nr. 2 ErbStG).

Schließlich sind als sonstige Nachlassverbindlichkeiten die Bestattungskosten, die Kosten für ein angemessenes Grabdenkmal, die Kosten für die übliche Grabpflege und die unmittelbar durch die Abwicklung, Regelung oder Verteilung des Nachlasses entstehenden Kosten (zum Beispiel Kosten der Eröffnung des Testaments, Gerichts- und Notarkosten) abzugsfähig. Für diese Kosten ist ein pauschaler Abzug von 10.300 Euro möglich (§ 10 Abs. 5 Nr. 3 ErbStG).

Nicht abzugsfähig sind die Kosten für die Verwaltung des Nachlasses. In Betracht kommen etwa die Kosten einer Dauertestamentsvollstreckung oder die Kosten für die Instandhaltung einer ererbten Immobilie. Nicht abzugsfähig sind ferner die vom Erwerber selbst zu entrichtende Erbschaftsteuer und Aufwendungen, die dem Beschwerten selbst zugutekommen.

Tipp

Die einvernehmliche Geltendmachung von Pflichtteilsansprüchen durch die Kinder kann beim Berliner Testament (vgl. Seite 106 f.) dazu führen, Erbschaftsteuer zu sparen. Die Kinder können dann ihren Pflichtteil in Höhe der Freibeträge steuerfrei erwerben, der überlebende Ehegatte kann die Pflichtteile steuermindernd abziehen.

08

BERECHNUNG DER STEUER

Bemessungsgrundlage

Grundlage für die Berechnung der Erbschaft- und Schenkungsteuer sind zunächst die Steuerklassen und innerhalb dieser die Höhe des steuerlichen Erwerbs. Der steuerpflichtige Erwerb (Bemessungsgrundlage) wird ermittelt, indem Freibeträge von der steuerpflichtigen Bereicherung abgezogen werden. Schließlich ist die Steuerschuld durch Anwendung des Steuersatzes auf die Bemessungsgrundlage zu berechnen.

Die zu zahlende Erbschaft- und Schenkungsteuer orientiert sich an folgenden Grundsätzen:

- Größere Vermögen werden prozentual höher besteuert als kleinere.

- Der überlebende Ehegatte und die nächsten Verwandten zahlen weniger Erbschaftsteuer als entferntere Verwandte und beliebige Dritte.
- Freibeträge sind von der Besteuerung ausgenommen.

STEUERKLASSEN

Drei Steuerklassen

Das Erbschaft- und Schenkungsteuerrecht unterscheidet drei Steuerklassen, in denen die persönlichen Verhältnisse des Begünstigten zum Erblasser beziehungsweise zum Schenker zum Ausdruck kommen. Je enger das Verhältnis der Beteiligten zueinander ist, umso niedriger ist die Steuer (§ 15 ErbStG). Die Steuerklassen haben Bedeutung für die Freibeträge und den individuellen Steuersatz.

Zur Steuerklasse I gehören

- der Ehegatte und der eingetragene Lebenspartner,
- eheliche und nichteheliche Kinder, Adoptivkinder und Stiefkinder (nicht Pflegekinder),
- Abkömmlinge der Kinder und Stiefkinder (Enkelkinder),
- Eltern und Großeltern bei Erwerben von Todes wegen (nicht bei einer Schenkung).

Zur Steuerklasse II zählen

- Eltern und Großeltern, wenn sie Empfänger einer Schenkung sind,
- Geschwister,
- Nichten und Neffen,
- die Stiefeltern,
- die Schwiegerkinder und die Schwiegereltern,
- der geschiedene Ehegatte und der Lebenspartner einer aufgehobenen Lebenspartnerschaft.

Zur Steuerklasse III gehören alle entfernteren Verwandten (Cousins, Cousinen, Großnichten, Großneffen) und beliebige Dritte (zum Beispiel Freunde und Bekannte).

ALLGEMEINE FREIBETRÄGE

Für Erwerbe von Todes wegen und für Schenkungen unter Lebenden bestehen persönliche Freibeträge, die den steuerlichen Erwerb reduzieren. Vom Erwerber ist nur der Betrag zu versteuern, der nach Abzug des Freibetrags verbleibt.

§

Die gesetzlich festgelegten Freibeträge richten sich nach der Nähe des Erben beziehungsweise des Beschenkten zum Erblasser beziehungsweise Schenker (§ 16 ErbStG).

Personen und Steuerklasse	Freibetrag
Ehegatte und eingetragener Lebenspartner	500.000 Euro
eheliche und nichteheliche Kinder, Adoptivkinder und Stiefkinder sowie Kinder von bereits verstorbenen Kindern	400.000 Euro
Enkelkinder	200.000 Euro
weitere Abkömmlinge	100.000 Euro
Personen der Steuerklasse II	20.000 Euro
übrige Personen der Steuerklasse III	20.000 Euro

Beispiel: Erbschaftsteuerberechnung

Erben Sie als Ehegatte ein Vermögen von 400.000 Euro, können Sie am Fiskus vorbeikommen, ohne einen Euro zu bezahlen. Ihr persönlicher Freibetrag beläuft sich auf 500.000 Euro. Als langjähriger Lebensgefährte steht Ihnen dagegen nur ein Freibetrag von 20.000 Euro zu. Sie müssen für den überschießenden Betrag Erbschaftsteuer zahlen.

Mehrere Erwerbe von derselben Person innerhalb der letzten zehn Jahre werden zusammengerechnet (§ 14 ErbStG). Folglich können die persönlichen Freibeträge alle zehn Jahre bei Zuwendungen von derselben Person erneut in Anspruch genommen werden.

Die persönlichen Steuerfreibeträge gelten für den einzelnen steuerpflichtigen Erwerb.

Beispiel: Steuerpflichtiger Erwerb

Verunglücken beide Elternteile tödlich und erben drei Kinder, dann liegen sechs Erwerbe vor. Jedes Kind hat einen persönlichen Freibetrag von 800.000 Euro.

BESONDERE VERSORGUNGSFREIBETRÄGE

Ehegatte und Kinder

Neben den allgemeinen Freibeträgen sieht das Erbschaft- und Schenkungsteuerrecht für den überlebenden Ehegatten und für die Kinder des Erblassers einen besonderen Versorgungsfreibetrag vor.

Für den Ehegatten beträgt der Versorgungsfreibetrag 256.000 Euro (§ 17 Abs. 1 ErbStG). Dieser Betrag ist zu kürzen, wenn der Ehegatte durch nicht der Erbschaftsteuer unterliegende Versorgungsbezüge, die zu kapitalisieren sind, bereits abgesichert ist. Die Kürzung erfolgt in Höhe des Kapitalwerts dieser Bezüge, der nach dem Bewertungsgesetz ermittelt wird. Der Kapitalwert wird berechnet, indem der Jahresbetrag der Rente mit einem dem Lebensalter entsprechenden Vervielfältiger multipliziert wird. Die Vervielfältiger werden nach der Sterbetafel des Statistischen Bundesamtes ermittelt. Sie werden vom Bundesministerium der Finanzen bekanntgegeben (vgl. www.bundesfinanzministerium.de)

Beispiel: Versorgungsfreibetrag

Erhält eine 62-jährige Witwe eine Rente von 12.000 Euro jährlich, so entspricht dies einem Kapitalwert von 159.024 Euro. Um diesen Betrag wird der der Witwe zustehende Versorgungsfreibetrag von 256.000 Euro gekürzt.

Auch den Kindern stehen altersabhängige Freibeträge in folgender Höhe zu (§ 17 Abs. 2 ErbStG):

- bei einem Alter bis zu 5 Jahren 52.000 Euro;
- bei einem Alter von mehr als 5 bis 10 Jahren 41.000 Euro;
- bei einem Alter von mehr als 10 bis 15 Jahren 30.700 Euro;
- bei einem Alter von mehr als 15 bis 20 Jahren 20.500 Euro;
- bei einem Alter von mehr als 20 Jahren bis zur Vollendung des 27. Lebensjahrs 10.300 Euro.

Die Freibeträge werden anteilig gekürzt, soweit das Kind Versorgungsbezüge erhält, die nicht steuerpflichtig sind.

STEUERSÄTZE

Wurde der steuerrechtlich anzusetzende Wert des Nachlasses ermittelt und die sogenannten Nachlassverbindlichkeiten (zum Beispiel Erblasserschulden und die Erbfallschulden) abgezogen, kann aus dem sich daraus ergebenden Betrag der Steuersatz angewendet werden.

Die geltenden Steuersätze sind in der folgenden Tabelle aufgelistet (§ 19 ErbStG):

Wert des steuerpflichtigen Erwerbs bis einschließlich ..... Euro	Vom Hundertsatz in der Steuerklasse		
	I	II	III
75.000 Euro	7	15	30
300.000 Euro	11	20	30
600.000 Euro	15	25	30
6.000.000 Euro	19	30	30
13.000.000 Euro	23	35	50
26.000.000 Euro	27	40	50
über 26.000.000 Euro	30	43	50

Wird eine bestimmte Wertgrenze (zum Beispiel 300.000 Euro) überschritten, erfolgt die Besteuerung des gesamten Erwerbs nach dem hierfür maßgebenden Prozentsatz.

Bei einer nur geringfügigen Überschreitung der Wertgrenze kann es unter Umständen auch dazu kommen, dass die Steuer den Mehrbetrag nicht nur aufzehrt, sondern übersteigt. Für diesen Fall sieht das Gesetz einen Härteausgleich vor.

PERSÖNLICHE STEUERPFLICHT

In- oder Ausland

Bei der persönlichen Steuerpflicht ist zwischen der unbeschränkten und der beschränkten Steuerpflicht zu unterscheiden, je nachdem, ob der Erblasser beziehungsweise der Beschenkte seinen Wohnsitz oder Aufenthaltsort im In- oder im Ausland hat.

Bei Erwerben von Todes wegen beziehungsweise Schenkungen unter Lebenden besteht Steuerpflicht, wenn entweder der Erblasser zur Zeit seines Todes oder der Schenker zur Zeit der Ausführung der Schenkung Inländer ist. In diesem Fall besteht unbeschränkte Steuerpflicht. Als Inländer gelten insbesondere natürliche Personen, die im Inland einen Wohnsitz oder ihren gewöhnlichen Aufenthalt haben, oder deutsche Staatsangehörige, die sich nicht länger als fünf Jahre davon im Ausland aufgehalten haben, ohne im Ausland einen Wohnsitz zu haben (§ 2 Abs. 1 Nr. 1 ErbStG).

Ist weder der Erblasser beziehungsweise Schenker noch der Empfänger der Zuwendung Inländer, kann beschränkte Steuerpflicht bestehen. In diesem Fall tritt Steuerpflicht nur bei Weitergabe von sogenanntem Inlandsvermögen ein. Dazu gehören insbesondere das in Deutschland befindliche Grundvermögen und Beteiligungen, Geldvermögen dagegen auch dann nicht, wenn es im Inland aufbewahrt wird (§ 2 Abs. 1 Nr. 3 ErbStG).

Tipp

Sowohl bei der unbeschränkten als auch bei der beschränkten Steuerpflicht gilt es, im Einzelfall viele steuerliche Besonderheiten zu beachten. Bei Problemen sollten Sie deshalb rechtzeitig einen Steuerberater einschalten.

ENTSTEHUNG UND FÄLLIGKEIT

Die Steuer entsteht nach § 9 ErbStG

- bei Erwerben von Todes wegen mit dem Tod des Erblassers,
- bei Schenkungen unter Lebenden mit dem Zeitpunkt der Ausführung der Zuwendung.

Für den Erwerb von Todes wegen unter einer aufschiebenden Bedingung (vgl. Seite 130 f.) oder Befristung entsteht die Steuer erst zu dem Zeitpunkt, wenn diese eintritt.

Fälligkeit

Fällig ist die Erbschaft- und Schenkungsteuer frühestens, wenn der die Steuer festsetzende Steuerbescheid mitgeteilt wird. Das Finanzamt kann auf Antrag die Steuerschuld ganz oder teilweise stunden.

§

Die Erbschaft- und Schenkungsteuer schuldet der Erwerber (zum Beispiel der Erbe, Vermächtnisnehmer, Pflichtteilsberechtigte oder der Beschenkte), bei einer Schenkung auch der Schenker (§ 20 Abs. 1 ErbStG). Bis zur Teilung des Nachlasses haftet der gesamte Nachlass für die Steuerverbindlichkeiten.

Haftung

Hat der Steuerschuldner die Zuwendung oder Teile davon vor Entrichtung der Erbschaft- und Schenkungsteuer einem anderen unentgeltlich übertragen, so haftet der andere in Höhe des Werts der Zuwendung persönlich für die Steuer.

INDIVIDUELLE STEUERLICHE GESTALTUNGSMÖGLICHKEITEN

Im Folgenden werden einige Möglichkeiten aufgezeigt, wie durch entsprechende Gestaltungen Erbschaft- und Schenkungsteuer gespart werden können. Zu unterscheiden ist zwischen Vermögensübertragungen zu Lebzeiten und erbrechtlichen Gestaltungen. Aber auch Änderungen in den persönlichen Lebensumständen haben Auswirkungen auf die steuerliche Belastung.

Persönliche Vorstellungen

Zu beachten ist, dass steuerliche Erwägungen bei der Vermögensübertragung auch, aber nicht ausschließlich eine Rolle spielen sollten. In erster Linie sollten sich Erblasser bei der Vermögensübertragung von den eigenen Interessen und Wünschen leiten lassen. Und erst wenn die entsprechende Gestaltung den persönlichen Vorstellungen entspricht, sollten die steuerlichen Rahmenbedingungen geklärt und nach steueroptimalen Lösungen gesucht werden, um die eigenen Interessen zu realisieren.

PERSÖNLICHER LEBENSBEREICH

Die Steuerbelastung in der Steuerklasse III beträgt je nach dem steuerpflichtigen Betrag mindestens das Zweifache der Steuerklasse I. Neben den niedrigeren Steuersätzen in der Steuerklasse I kommt dies auch in den Freibeträgen zum Ausdruck. So steht einem Ehegatten ein persönlicher Freibetrag von 500.000 Euro zu, einem nichtehelichen Lebenspartner gerade mal 20.000 Euro. Hinzu kommt noch die Möglichkeit des steuerfreien Zugewinnausgleichs. Partner einer nichtehelichen Lebensgemeinschaft hätten also wesentliche Steuervorteile, wenn sie sich zur Heirat entschließen würden.

Tipp
Aus erbschaft- und schenkungsteuerlicher Sicht ist der gesetzliche Güterstand der Zugewinngemeinschaft wegen des steuerfreien Zugewinnausgleichs besser als die Vereinbarung einer Gütertrennung.

08

Haben Ehegatten den erbschaft- und schenkungsteuerlich ungünstigen Güterstand der Gütertrennung vereinbart, können sie auch während der Ehe den Wechsel in die günstigere Zugewinngemeinschaft vereinbaren. Als Anfangsvermögen gilt dann jedoch nicht dasjenige zu Beginn der Ehe, sondern das Vermögen, das zum Zeitpunkt der Zugewinngemeinschafts-Vereinbarung vorhanden war. Steuerlich wird eine rückwirkende Zugewinngemeinschaft nicht anerkannt.

Ehegatten, die im Güterstand der Zugewinngemeinschaft leben, können den Güterstand wechseln und durch Abschluss eines notariell beurkundeten Ehevertrags Gütertrennung vereinbaren. In diesem Fall muss der Zugewinn ausgeglichen werden, der steuerfrei auf den anderen Ehegatten übertragen werden kann. Wurde also ein besonders hoher Zugewinn erzielt, weil nur ein Partner während der Ehe erwerbstätig war, kann dieser den Ausgleichsanspruch schenkungsteuerfrei auf den Ehegatten übertragen.

Tipp
Um Gestaltungsmissbrauch zu vermeiden und die weiteren ehe-, erb- und steuerrechtlichen Konsequenzen bei einem Wechsel von der Zugewinngemeinschaft zur Gütertrennung zu bedenken, sollten Sie unbedingt einen Steuerberater und/oder einen Anwalt einschalten.

Für kinderlose Ehepaare kann die Adoption des eingesetzten Erben sinnvoll sein. Das Adoptivkind ist dem leiblichen Kind erbschaft- und schenkungsteuerlich gleichgestellt. Es gehört der Steuerklasse I an; ihm steht neben einem Versorgungsfreibetrag ein allgemeiner Freibetrag von 400.000 Euro zu.

Einen Wohnsitz im Ausland zu gründen löst in der Regel keine Steuerprobleme, wenn zugleich ein Wohnsitz im Inland aufrechterhalten bleibt.

VERMÖGENSÜBERTRAGUNG ZU LEBZEITEN

Steuervorteile bei der Vermögensübertragung zu Lebzeiten bestehen unter anderem bei

Tipp
Wenn Sie ein großes Vermögen möglichst steuergünstig an Ihre Kinder weitergeben wollen, ist es sinnvoll, sich frühzeitig von Vermögenswerten zu trennen.

- mehrfacher Ausnutzung der allgemeinen Freibeträge,
- steuerfreien Zuwendungen zum Zwecke des angemessenen Unterhalts oder zur Ausbildung des Begünstigten,
- der Einrichtung eines gemeinschaftlichen Bank- oder Wertpapierdepots.

Die folgenden Ausführungen beschränken sich darauf, einen Überblick über mögliche steuergünstige Gestaltungen zu geben. Sie berücksichtigen nicht die jeweiligen besonderen persönlichen Lebensumstände. Bei komplizierten steuerlichen Gestaltungen wird empfohlen, den Rat eines Steuerberaters einzuholen.

Die persönlichen Freibeträge können alle zehn Jahre genutzt werden. So können dem Ehegatten alle zehn Jahre 500.000 Euro steuerfrei zugewendet werden. Jedem Kind steht bei Schenkungen eines Elternteils alle zehn Jahre ein allgemeiner Freibetrag von 400.000 Euro zu.

Tipp
Vermeiden Sie in jedem Fall, dass mit der Schenkung ausdrücklich eine Verpflichtung zur Weitergabe verbunden wird. Ferner sollte die Weitergabe der Schenkung nicht vor Ablauf eines Jahres erfolgen.

Eine steuergünstige Übertragung von Vermögenswerten kann über die Einschaltung eines Zwischenerwerbers erfolgen. Denn auf diese Weise können Freibeträge besser ausgenutzt und die Vermögensübertragung kann über eine günstigere Steuerklasse vorgenommen werden. Die Gefahr bei einer solchen Kettenschenkung (Einzelheiten vgl. Seite 27) besteht darin, dass die Finanzverwaltung von einem Gestaltungsmissbrauch ausgeht und die Schenkung steuerlich als Direktschenkung behandelt.

Zuwendungen unter Lebenden, um dem Bedachten einen angemessenen Unterhalt zu zahlen oder eine Ausbildung zu ermöglichen, sind steuerfrei. Der Grad der Verwandtschaft mit dem Begünstigten ist dabei ohne Bedeutung.

08

Beispiel: Unterhaltszuwendungen

A zahlt an seinen Bruder B monatlich 500 Euro, weil dieser wegen einer körperlichen Behinderung nicht arbeiten kann und nur eine geringe Rente bezieht.

Eine beliebte Form der Versorgung des Ehegatten oder des Partners einer nichtehelichen Lebensgemeinschaft ist die Lebensversicherung. Zu beachten ist allerdings, dass die fällige Lebensversicherung, die an den Bezugsberechtigten ausgezahlt wird, der Erbschaft- und Schenkungsteuer unterliegt.

Beispiel: Lebensversicherung

A will seine nichteheliche Lebenspartnerin B versorgen. Er schließt eine Lebensversicherung auf sein Leben ab und benennt seine Lebenspartnerin B als Bezugsberechtigte. Wenn A stirbt, wird die Lebensversicherung an B ausgezahlt. B ist allerdings erbschaftsteuerpflichtig; sie hat nur einen allgemeinen Freibetrag von 20.000 Euro und zählt zur schlechtesten Steuerklasse III.

Keine Erbschaftsteuer fällt an, wenn der Versicherungsnehmer gleichzeitig die bezugsberechtigte Person und der Prämienzahler ist, ein Dritter aber die versicherte Person. Diese Variante bietet sich insbesondere an, um den Ehegatten oder den nichtehelichen Lebenspartner abzusichern.

Beispiel: Bezugsberechtigte dritte Person

A will seine nichteheliche Lebenspartnerin B versorgen. B schließt eine Lebensversicherung auf das Leben ihres Partners A ab und wird als Bezugsberechtigte benannt. B ist also Versicherungsnehmerin und Bezugsberechtigte, A ist Risikoperson. Wenn A stirbt, erhält B die Versicherungssumme, ohne dass dafür Erbschaftsteuer anfällt.

Gemeinschaftliches Bankdepot

Steuerlich vorteilhaft kann auch die Einrichtung eines gemeinschaftlichen Bank- oder Wertpapierdepots von Ehegatten, Partnern einer eingetragenen Lebenspartnerschaft oder Partnern einer nichtehelichen Lebensgemeinschaft sein. Dabei wird nämlich grundsätzlich davon ausgegangen, dass den jeweiligen Partnern die Einlagen zu gleichen Teilen zustehen. Nicht von Bedeutung ist, ob ein Konto-/Depotinhaber nur gemeinschaftlich oder einzeln verfügungsberechtigt ist. Bei der Einrichtung eines gemeinschaftlichen Bank- oder Wertpapierdepots ist deshalb grundsätzlich nicht von einer schenkweisen Übertragung eines Teils oder des gesamten auf dem Konto beziehungsweise Depot befindlichen Guthabens auf den jeweils anderen Konto-/Depotinhaber auszugehen.

ERBRECHTLICHE GESTALTUNGEN

Als steuergünstige erbrechtliche Gestaltungen kommen unter anderem in Betracht,

- den Nachlass auf möglichst viele Erwerber zu verteilen oder
- bei der Vererbung Generationen zu überspringen.

Tipp

Unter erbschaftsteuerlichen Aspekten ist es sinnvoll, den Nachlass auf möglichst viele Erwerber zu verteilen. Damit können Sie die persönlichen Freibeträge steueroptimal ausschöpfen und der progressiven Staffelung der Steuersätze entgegenwirken.

Die folgenden Ausführungen beschränken sich darauf, einen Überblick über mögliche erbrechtliche Gestaltungen zu geben. Besondere persönliche Lebensumstände werden hierbei nicht berücksichtigt. Bei komplizierten steuerlichen Gestaltungen wird empfohlen, den Rat eines Steuerberaters einzuholen.

Bei Ehegatten mit Kindern ist das Berliner Testament (vgl. Seite 106 f.) unter erbschaftsteuerlichen Gesichtspunkten insbesondere dann eine ungünstige Gestaltungsform, wenn beim zweiten Erbfall die persönlichen Freibeträge überschritten werden. Häufig führt ein solches Testament zu einer Überversorgung des überlebenden Ehegatten; schließlich wird dieser Alleinerbe bei gleichzeitiger Enterbung der Kinder. In diesem Fall ist es sinnvoll, die steuerlichen Nachteile zu korrigieren, gleichwohl aber die wirtschaftliche Versorgung des überlebenden Ehegatten zu gewährleisten.

Vorsicht

Beim Berliner Testament wird das Vermögen des Erstversterbenden zweimal der Erbschaftsteuer unterworfen. Und die persönlichen Freibeträge der Kinder gehen beim ersten Erbfall verloren.

Dies kann in der Weise erfolgen, dass den Kindern Geldvermächtnisse (zum Beispiel in Höhe ihres persönlichen Freibetrags) ausgesetzt werden, die zwar beim Tod des Erstversterbenden anfallen, aber erst später fällig werden. Alternativ kann die Versorgung des überlebenden Ehegatten auch dadurch gewährleistet werden, dass Kinder als Erben eingesetzt und dem überlebenden Ehegatten die Erträge und Nutzungen aus dem Nachlass oder an einzelnen Nachlasswerten eingeräumt werden. Insgesamt ist darauf zu achten, das Vermögen auf mehrere Köpfe zu verteilen. Je mehr Personen bei einem größeren Vermögen bedacht werden, desto geringer ist im Regelfall die Erbschaftsteuer.

Erbschaftsteuerlich ebenso ungünstig wie das Berliner Testament kann auch die Versorgung des überlebenden Ehegatten durch die Vor- und Nacherbfolge (vgl. Seite 135 f.) sein. Unter erbschaftsteuerlichen Gesichtspunkten bestehen ähnliche Probleme wie beim Berliner Testa-

Tipp

Anstelle der Vor- und Nacherbfolge kann es erbschaftsteuerlich günstiger sein, wenn Sie den vorgesehenen Nacherben gleich als Vollerben einsetzen und den überlebenden Ehegatten aus den Erträgen aus dem Nachlass durch ein Nießbrauchsvermächtnis versorgen.

ment: Dasselbe Vermögen wird zweimal besteuert. Persönliche Freibeträge gehen verloren.

Unter erbschaftsteuerlichen Gesichtspunkten kann es auch sinnvoll sein, bei der Einsetzung von Erben eine Generation zu überspringen.

Beispiel: Generationensprung

Die Großeltern setzen als Erben nicht ihren Sohn, sondern dessen Abkömmling, also ihr Enkelkind ein.

Generationensprung

Der Generationensprung hat erbschaftsteuerlich den Vorteil, dass nicht das gleiche Vermögen sowohl beim Tod der Großeltern als auch beim Tod des Vaters besteuert wird. Und in Bezug auf den Steuersatz wird das Enkelkind nicht schlechter behandelt als der Vater: Beide gehören der Steuerklasse I an. Wenn nötig, kann der Vater über ein Nießbrauchsvermächtnis (vgl. Seite 153) wirtschaftlich abgesichert werden.

09

WIE ÜBER VERMÖGEN IN INDIVIDUELLEN LEBENSSITUATIONEN VERFÜGT WERDEN KANN

Für die richtige Nachlassplanung gibt es kein Patentrezept. Jeder Fall liegt anders. Praktisch gibt es mehrere Möglichkeiten, Vermögen beziehungsweise einzelne Vermögensteile zu übertragen. Grundlage für die richtige Entscheidung sind immer die jeweiligen individuellen Lebensumstände und persönlichen Wünsche. Gleichwohl können für typische Vermögens- und Familienverhältnisse gängige Lösungen aufgezeigt, bewertet und Gestaltungsmodelle vorgestellt werden.

VERMÖGENSÜBERTRAGUNG AUF DEN EHEGATTEN

Die Versorgung des überlebenden Ehegatten dürfte in den meisten Fällen von vorrangigem Interesse sein. Sie kann erfolgen durch die Vermögensübertragung

- zu Lebzeiten,
- unter Lebenden auf den Todesfall oder
- im Wege des Erbrechts.

Verfügt ein Ehegatte über ein großes Vermögen, kann es unter erbschaftsteuerlichen Gesichtspunkten sinnvoll sein, bereits zu Lebzeiten Vermögenswerte auf den anderen Ehegatten zu übertragen, um so die erbschaftsteuerlichen Freibeträge optimal auszunutzen (Vor- und Nachteile der lebzeitigen Vermögensübertragung vgl. Seite 22 f.).

Tipp

Unter steuerlichen Gesichtspunkten kann es sinnvoll sein, wenn Sie mit Ihrem Ehegatten ein gemeinschaftliches Bank- oder Wertpapierdepot unterhalten. Dann ist grundsätzlich davon auszugehen, dass beiden Ehepartnern die Einlagen zu gleichen Teilen zustehen (vgl. Seite 212).

Neben Schenkungen kommen auch ehebedingte Zuwendungen in Betracht, die allerdings auch der Schenkungsteuer unterliegen. Schenkungsteuerfrei ist die lebzeitige Zuwendung des zu eigenen Wohnzwecken genutzten Hauses oder der zu eigenen Wohnzwecken genutzten Eigentumswohnung (vgl. Seite 196).

Ob lebzeitige Verfügungen zur Versorgung des Ehegatten bei normalen Einkommens- und Vermögensverhältnissen sinnvoll sind, hängt von den persönlichen Umständen ab. Aus erbschaftsteuerlicher Sicht dürften sie angesichts der dem Ehegatten zustehenden hohen persönlichen Freibeträge (Seite 203 f.) nicht geboten sein. Zu beachten ist auch, dass Schenkungen an den Ehegatten Pflichtteilsergänzungsansprüche zur Folge haben.

Die wirtschaftliche Versorgung des Ehegatten kann insbesondere auch durch eine Lebensversicherung gewährleistet werden. Dabei handelt es sich um eine Vermögensübertragung unter Lebenden auf den Todesfall, die zur Folge hat, dass der Vermögenswert (in diesem Fall die Versicherungssumme) zum Zeitpunkt des Erbfalls nicht in den Nachlass fällt. Damit können auch Pflichtteilsansprüche der Kinder gemindert werden (Einzelheiten vgl. Seite 174 f.).

Vorsicht

Zu beachten ist, dass die fällige Lebensversicherung, die an den Bezugsberechtigten ausgezahlt wird, der Erbschaftsteuer unterliegt. Keine Erbschaftsteuer fällt an, wenn der Versicherungsnehmer gleichzeitig die bezugsberechtigte Person und der Beitragszahler ist, ein Dritter aber die versicherte Person (vgl. Seite 211 f.).

Der Ehegatte gehört zu den gesetzlichen Erben (Einzelheiten des gesetzlichen Ehegattenerbrechts vgl. Seite 69 f.). Er erbt bei der Zugewinngemeinschaft, den pauschalierten Zugewinnausgleich eingeschlossen,

- neben Erben der ersten Ordnung die Hälfte des Nachlasses,
- neben Erben der zweiten Ordnung drei Viertel des Nachlasses.
- Konkurriert der überlebende Ehegatte ausschließlich mit Erben der dritten Ordnung (also Großeltern und deren Abkömmlinge), so erhält er den ganzen Nachlass, es sei denn, einzelne Großelternteile würden noch leben.

Soll ein Ehegatte abweichend von der gesetzlichen Erbfolge versorgt werden, muss ein Testament errichtet (oder ein Erbvertrag abgeschlossen) werden. Als Gestaltungsmodelle kommen insbesondere in Betracht:

- das gemeinschaftliche Testament ohne Einsetzung von Schlusserben,
- das Berliner Testament,
- die Vor- und Nacherbfolge,
- die Zuwendung eines Vermächtnisses.

Tipp

Junge, noch kinderlose Eheleute, bei denen sich das Vermögen auf den Hausrat beschränkt, werden zu Beginn der Ehe mit der gesetzlichen Erbfolge zufrieden sein. Neben dem gesetzlichen Erbteil und dem pauschalierten Zugewinnausgleich stehen dem überlebenden Ehegatten die zum ehelichen Haushalt gehörenden Gegenstände als Voraus zu (vgl. Seite 75 f.).

GEMEINSCHAFTLICHES TESTAMENT OHNE EINSETZUNG VON SCHLUSSERBEN

In einem gemeinschaftlichen Testament können sich Eheleute wechselseitig zu Alleinerben einsetzen, ohne Schlusserben zu bestimmen.

Musterformulierung: Unbeschränkte Alleinerben

Wir, ... und ...., setzen uns wechselseitig, das heißt nach dem Erstversterbenden den Längerlebenden von uns, zu unbeschränkten Alleinerben ein.

Stirbt ein Ehegatte, so erbt der Längerlebende allein; er kann ohne Beschränkungen über den Nachlass verfügen.

Kinderlose Ehepaare

Ein gemeinschaftliches Testament ohne Einsetzung von Schlusserben kann bei kinderlosen Eheleuten in Betracht kommen. Durch die gegenseitige Einsetzung als Alleinerben wird eine Erbengemeinschaft mit den Verwandten des Verstorbenen verhindert.

Auch bei Eheleuten mit Kindern ist ein entsprechendes gemeinschaftliches Testament denkbar, wenn man dem überlebenden Ehegatten freie Hand nach dem Erbfall lassen will. Gegenüber dem Berliner Testament hat dieses Testament den Vorteil, dass der Längerlebende auf Pflichtteilsansprüche der Kinder dadurch reagieren könnte, dass er sie bei seinem Tod nicht mehr berücksichtigt.

BERLINER TESTAMENT

Mit dem Berliner Testament setzen sich die Ehegatten wechselseitig zu Alleinerben ein und verfügen, dass nach dem Tod des zuletzt versterbenden Ehegatten der beiderseitige Nachlass an einen Dritten, in der Regel an die gemeinsamen Kinder, fallen soll.

Musterformulierung: Kinder als Schlusserben

Wir, ... und ...., setzen uns gegenseitig zu alleinigen und unbeschränkten Erben ein. Nach dem Tod des Längerlebenden sollen unsere gemeinsamen Kinder .... und .... je zur Hälfte Schlusserben werden.

Mit dem Tod des erstversterbenden Ehegatten geht dessen Vermögen in das des überlebenden Ehegatten über. Dieser ist Vollerbe und nicht nur Vorerbe des Verstorbenen. Die Schlusserben (in der Regel die Kinder) erben beim ersten Erbfall nichts; sie erlangen lediglich eine rechtlich begründete Aussicht, künftig Erbe zu werden. Sie können aber nur Erbe werden, wenn sie den letztlebenden Ehegatten überleben.

Versorgung durch beiderseitiges Vermögen

Das Berliner Testament kommt insbesondere für Eheleute in jungen und mittleren Jahren mit Kindern in Betracht, wenn der überlebende Ehegatte durch das beiderseitige Vermögen versorgt werden soll. Empfohlen wird die Aufnahme einer Pflichtteils- (vgl. Seite 108 f.) und einer Wiederverheiratungsklausel (vgl. Seite 110 f.). Von den persönlichen Umständen beziehungsweise vom gegenseitigen Vertrauen hängt es ab, ob und inwieweit der überlebende Ehegatte in Bezug auf die von ihm für seinen Tod getroffenen Verfügungen gebunden sein soll. Eine zu enge Bindung ist im Regelfall zu vermeiden, weil er andernfalls nicht mehr auf bestimmte Ereignisse (zum Beispiel Streit mit den Kindern) reagieren kann.

- Beim Berliner Testament wird das Vermögen des Erstverstorbenen zweimal der Erbschaftsteuer unterworfen. Bei Eheleuten mit größerem Vermögen ist das Berliner Testament unter erbschaftsteuerlichen Gesichtspunkten dann nicht sinnvoll, wenn der überlebende Ehegatte das Vermögen des Erstversterbenden nicht für seinen eigenen Unterhalt benötigt. Deshalb sollte das Vermögen (oder wesentliche Teile davon) bereits beim ersten Erbfall an die Schlusserben fallen.

- Erbschaftsteuerlich kann das Berliner Testament auch deshalb nachteilig sein, weil die steuerlichen Freibeträge der Kinder nach dem Tod des ersten Elternteils nicht ausgenutzt werden. Bei größerem Vermögen sollte deshalb daran gedacht werden, das Vermögen bereits beim ersten Erbfall auf mehrere Generationen zu verteilen und die Kinder schon beim Tod des erstversterbenden Elternteils in irgendeiner Form am Nachlass zu beteiligen. Und auch bei geringerem Vermögen sollte in Betracht gezogen werden, Vermögensteile, deren der überlebende Ehegatte nicht bedarf, durch die Zuwendung von Vermächtnissen den Kindern zu übertragen.
- Für ältere Eheleute mit Kindern kann das Berliner Testament insoweit sinnvoll sein, als der überlebende Ehegatte wegen der Bindung vor unvernünftigen Verfügungen geschützt wird. Gleichzeitig kann es geboten sein, die Bindung insoweit zu beschränken, als Kinder, die sich um den überlebenden Ehegatten besonders kümmern, von diesem bevorzugt werden können.

VOR- UND NACHERBFOLGE

Ehegatten können ihre Versorgung auch dadurch gewährleisten, dass einer den anderen als seinen Vorerben und einen Dritten (im Regelfall die gemeinsamen Kinder) als Nacherben einsetzt.

Musterformulierung: Vor- und Nacherbfolge

Wir, ... und ...., setzen uns gegenseitig zu alleinigen Vorerben ein. Nacherben des erstversterbenden Ehegatten und zugleich Erben des Längerlebenden sind unsere drei Kinder ...., ... und .... zu gleichen Teilen.
Der Nacherbfall tritt mit dem Tod des Letztversterbenden ein.
Wenn eines unserer Kinder nach dem Tod des Erstversterbenden, aber vor dem Tod des Längerlebenden stirbt, treten seine Abkömmlinge an seine Stelle.

Mit dem Tod des ersten Ehegatten wird der überlebende Ehegatte nicht Vollerbe, sondern nur Vorerbe. Der Nachlass des erstverstorbenen Ehegatten fällt nicht mit dem Vermögen des Längerlebenden zusammen. Beim Nacherbfall erhält also der Dritte (zum Beispiel die Kinder) zwei verschiedene Vermögensmassen: das Vermögen des erstverstorbenen Ehegatten als Nacherbe und das des zuletzt verstorbenen Ehegatten als Vollerbe (Einzelheiten vgl. Seite 140 f.).

- Die Anordnung der Vor- und Nacherbfolge führt häufig zu Problemen und Belastungen zwischen Vor- und Nacherben. Diese verfolgen meist ganz unterschiedliche Interessen. Insbesondere die Einsetzung des überlebenden Ehegatten als Vorerben und der Kinder als Nacherben hat häufig Konsequenzen, die vom Erblasser nicht gewollt sind. Im Regelfall dürfte deshalb die Vor- und Nacherbfolge nicht das richtige Gestaltungsmittel sein, wenn der Erblasser den überlebenden Ehegatten versorgt wissen will.
- Die Anordnung der Vor- und Nacherbfolge kommt in Betracht, wenn der überlebende Ehegatte von den Erträgen des Nachlasses (Zinserträge, Mieteinnahmen) leben kann. Ist zu erwarten, dass der überlebende Ehegatte den Nachlass in seiner Substanz angreifen muss, muss der Erblasser ihn als befreiten Vorerben einsetzen (vgl. Seite 225 f.).
- Verfügen beide Ehegatten über ein großes Vermögen und ist der überlebende Ehegatte imstande, seinen angemessenen Unterhalt aus eigenem Vermögen zu bestreiten, so ist die Vor- und Nacherbfolge aus erbschaftsteuerlichen Gesichtspunkten nicht sinnvoll (die steuerlichen Nachteile entsprechen denen beim Berliner Testament, vgl. Seite 106 f.). In diesem Fall sollte das Vermögen schon beim ersten Erbfall an den Endbedachten übertragen werden.
- Zweckmäßig kann die Vor- und Nacherbfolge sein, wenn der überlebende Ehegatte verschuldet ist. In Verbindung mit einer Dauertestamentsvollstreckung kann so verhin-

dert werden, dass Gläubiger des Ehegatten in den Nachlass vollstrecken können (Einzelheiten vgl. Seite 241 f.).

- Als Gestaltungsmodell kann die Vor- und Nacherbschaft auch dann sinnvoll sein, wenn der Erblasser den Ehegatten aus zweiter Ehe versorgen und seine Kinder aus erster Ehe als Nacherben einsetzen will. In diesem Fall setzt er den Ehegatten als Vorerben und seine Kinder als Nacherbe nebst Pflichtteilsverzicht des Ehegatten ein. Das Vermögen fällt dann den leiblichen Abkömmlingen zu, während dem überlebenden Ehegatten zuvor die Nutzungen zustehen.
- In Betracht kommt die Vor- und Nacherbfolge auch dann, wenn nach einer Ehescheidung vermieden werden soll, dass der frühere Ehegatte indirekt am Nachlass partizipiert, indem er ein gemeinschaftliches Kind beerbt oder Pflichtteilsansprüche erwirbt (vgl. Seite 225 f.).

ZUWENDUNG EINES VERMÄCHTNISSES

Wirtschaftlich kann der Ehegatte auch über die Zuwendung von Vermächtnissen versorgt werden. In diesem Fall werden die gemeinsamen Kinder in einem gemeinschaftlichen Testament als Erben eingesetzt und die Versorgung des überlebenden Ehegatten wird durch die Zuwendung eines Vermächtnisses gesichert (vgl. Seite 146 f.).

Nießbrauchsvermächtnis

Durch ein Nießbrauchsvermächtnis werden dem Ehegatten die Erträge und Nutzungen (zum Beispiel Zinserträge, Mieteinnahmen, Dividenden, Gewinnanteile) aus dem Nachlass oder einzelnen Nachlasswerten eingeräumt (vgl. Seite 153). Mit einem Rentenvermächtnis können dem Ehegatten periodisch wiederkehrende Geldleistungen auf Lebenszeit oder während eines festgelegten Zeitraums vermacht werden. Die Geldleistung kann als Leibrente oder als dauernde Last gezahlt werden (vgl. Seite 39 f.). Mit einem Wohnungsrechtsvermächtnis kann dem Ehegatten ein dingliches Wohnrecht eingeräumt werden (vgl. Seite 154 f.).

- Unter Umständen können die Lebensumstände des Ehegatten mit einem Vermächtnis besser abgesichert werden, als dies durch das gesetzliche Erbrecht möglich ist. Insbesondere kann damit auch dessen Unabhängigkeit von den Kindern gewährleistet werden.

Erfüllung

- Der Erblasser sollte Vorkehrungen treffen, damit das angeordnete Vermächtnis erfüllt wird. So kann er seinen Ehegatten bevollmächtigen, sich die Zuwendung (zum Beispiel das Sparbuch) nach dem Anfall des Vermächtnisses selbst zu übertragen. Hierzu erteilt ihm der Erblasser eine Vollmacht und befreit ihn vom gesetzlichen Verbot, mit sich selbst Geschäfte abzuschließen. Sinnvoll kann es auch sein, einen Testamentsvollstrecker zu bestellen und diesen zu beauftragen, das Vermächtnis zu erfüllen.

Nachteil für Ehegatten

- Gegenüber dem Berliner Testament und der Anordnung einer Vor- und Nacherbfolge hat der Nießbrauch für den überlebenden Ehegatten den Nachteil, dass ihm eine schwächere Stellung eingeräumt wird. Er ist nicht Inhaber des Vermögens, sondern darf dieses „nur“ nutzen. Andererseits ist der Nachlass bereits auf die Erben übergegangen; diese wiederum können ihn nur beschränkt nutzen. Das kann zu Spannungen zwischen dem Ehegatten und den Kindern als Erben führen.
- Die Zuwendung eines Vermächtnisses kommt als erbrechtliche Gestaltung bei Eheleuten mit einseitigen Kindern in Betracht, wenn das eigene Vermögen zuletzt nur den eigenen Kindern zufallen, dem überlebenden Ehegatten aber zuvor die Nutzungen zustehen sollen. In diesem Fall erfolgt die Erbeinsetzung des einseitigen Kindes und Zuwendung eines Nießbrauchsvermächtnisses an den Ehegatten am ganzen Nachlass oder Teilen davon nebst Pflichtteilsverzicht des Ehegatten.
- Gegenüber dem Berliner Testament und der Vor- und Nacherbfolge hat die wirtschaftliche Versorgung des Ehegatten durch ein Vermächtnis den erbschaftsteuerlichen Vorteil, dass das Vermögen nur einmal vererbt und besteuert wird.

VERFÜGUNGEN GETRENNT LEBENDER EHELEUTE

Erbrechtlich ist es ohne Bedeutung, wenn die Eheleute getrennt leben. Das gesetzliche Erbrecht des Ehegatten ist erst dann ausgeschlossen, wenn zur Zeit des Erbfalls die Voraussetzungen für die Scheidung der Ehe gegeben waren und der Erblasser die Scheidung beantragt oder ihr zugestimmt hatte.

Tipp

Haben Sie zusammen mit Ihrem getrennt lebenden Ehegatten ein gemeinschaftliches Testament errichtet, müssen Sie beachten, dass der einseitige Widerruf einer wechselbezüglichen Verfügung nur durch eine vom Notar beurkundete Erklärung gegenüber dem anderen Ehegatten erfolgen kann. Die Widerrufserklärung wird erst wirksam, wenn sie dem anderen Ehegatten zugegangen ist (vgl. Seite 82 u. 104 f.).

Lebt der Erblasser getrennt von seinem Ehegatten und will er vermeiden, dass dieser Erbe wird, so muss er ihn durch eine Verfügung von Todes wegen enterben. Allerdings bleibt ihm sein Pflichtteilsanspruch.

Wurde mit dem getrennt lebenden Ehegatten ein Erbvertrag geschlossen und hat sich der Erblasser darin kein Rücktrittsrecht vorbehalten, besteht unter Umständen die Möglichkeit, den Erbvertrag wegen eines Motivirrtums anzufechten (vgl. Seite 125 f.). In diesem Fall sollte fachkundiger Rat eingeholt werden.

VERFÜGUNGEN GESCHIEDENER EHELEUTE

Erb- und Pflichtteilsrecht erlischt

Mit der Scheidung der Ehe erlischt automatisch das gesetzliche Erb- und Pflichtteilsrecht des Ehegatten. Im Zweifel ist auch eine zugunsten des anderen Ehegatten getroffene Verfügung von Todes wegen unwirksam. Allerdings ist zu beachten, dass der frühere Ehegatte wieder indirekt am Nachlass partizipiert, wenn er ein gemeinschaftliches Kind beerbt oder Pflichtteilsansprüche erwirbt.

Der Ex-Ehegatte kann das Vermögen erwerben, wenn ein gemeinsames Kind stirbt, ohne selbst Abkömmlinge zu hinterlassen, nachdem es Erbe des erstversterbenden Elternteils geworden ist. Der überlebende Elternteil wird dann nicht Erbe, wenn das Kind eine anderweitige Verfügung von Todes wegen trifft. Allerdings wird der überlebende Elternteil dann über sein Pflichtteilsrecht nach dem Kind am Vermögen des geschiedenen Ehegatten mittelbar beteiligt, wenn das Kind selbst noch keine Abkömmlinge hinterlassen hat.

Beispiel: Erbrecht überlebenden Elternteils

A ist von B geschieden und hat einen Sohn C aus dieser Ehe. Würde A ihren Sohn C als Alleinerben einsetzen, dann würde B, wenn C stirbt und keine Abkömmlinge hinterlässt, gesetzlicher Erbe des Sohnes sein und damit auch das Vermögen von A erben. Wenn C im Erbfall noch minderjährig wäre, stünde die elterliche Sorge über ihn und damit auch die Verwaltung des Nachlasses dem überlebenden Ehegatten allein zu.

Vor- und Nacherbfolge

Durch die Anordnung der Vor- und Nacherbfolge kann die indirekte Teilhabe des früheren Ehegatten beziehungsweise dessen Verwandten am Nachlass verhindert werden. Hierzu werden die Kinder aus der geschiedenen Ehe als befreite Vorerben berufen. Ferner ist zu bestimmen, welche Personen nach dem Vorerben Nacherbe werden sollen. In Betracht kommen in erster Linie die Abkömmlinge des Vorerben, in zweiter Linie die gesetzlichen Erben des Vorerben zum Zeitpunkt des Nacherbfalls mit Ausnahme des geschiedenen Elternteils beziehungsweise dessen Verwandten. Den Zeitpunkt des Nacherbfalls kann der Erblasser frei bestimmen. Falls er keine Bestimmung getroffen hat, tritt der Nacherbfall mit dem Tod des Vorerben ein. Sinnvoll kann es sein, die Vor- und Nacherbschaft zeitlich zu beschränken. Mit der Befristung der Nacherbschaft wird erreicht, dass die Kinder zu einem späteren Zeitpunkt doch Vollerben werden und über das ererbte

Vermögen durch Verfügung von Todes wegen frei verfügen können.

Musterformulierung: Nacherbschaft

Ich setze meinen Sohn .... als befreiten Vorerben ein. Nacherben sind die Kinder meines Sohnes; mehrere Kinder erben zu gleichen Teilen. Zu Ersatznacherben berufe ich ....
Der Nacherbfall tritt bei Tod des Vorerben ein.
Die Anordnung der Nacherbschaft endet, wenn mein Sohn das 25. Lebensjahr vollendet hat.

Eine geringere Beeinträchtigung der Kinder wird erreicht, wenn diese als Vollerben eingesetzt und mit Vermächtnissen belastet werden, die erst nach dem Tod anfallen. Den Kreis der Vermächtnisnehmer kann der Erblasser selbst bestimmen oder dieses Recht einem von ihm bestellten Testamentsvollstrecker übertragen.

Tipp

Eine erbrechtliche Gestaltung, die vermeiden soll, dass Ihr geschiedener Ehegatte indirekt über gemeinsame Kinder an Ihrem Nachlass partizipiert, ist recht kompliziert. Sie sollten deshalb fachkundigen Rat einholen und die Angelegenheit auch mit Ihren Kindern besprechen.

Verwaltungsbefugnisse des geschiedenen Ehegatten können verhindert werden, wenn entweder eine Testamentsvollstreckung angeordnet oder dieser von der Verwaltung des Nachlasses ausgeschlossen wird (vgl. Seite 163 f.).

VERMÖGENSÜBERTRAGUNG AUF KINDER

Die Versorgung der Kinder wird im Regelfall davon abhängen, ob und inwieweit auch Zuwendungen an den Ehepartner erfolgen (vgl. oben). Ferner wird von Bedeutung sein, ob Vermögen an erwachsene oder minderjährige Kinder übergehen soll. Unterschiedliche Interessen müssen unter Umständen bei der Versorgung nichtehelicher oder adoptierter Kinder berücksichtigt werden. Und besondere Vorsorge muss für behinderte und pflegebedürftige Kinder getroffen werden.

VERMÖGENSÜBERTRAGUNG AUF ERWACHSENE KINDER

Zunächst muss entschieden werden, ob Vermögenswerte bereits zu Lebzeiten oder erst mit dem Tod des Erblassers auf die Kinder übertragen werden sollen (Vor- und Nachteile der Vermögensübertragung zu Lebzeiten, vgl. Seite 22 f.). Danach muss geklärt werden, wem – also Ehegatten oder Kindern – Priorität bei der Versorgung eingeräumt, ob einzelne Kinder bevorzugt oder sogar enterbt werden sollen.

Vorsicht

Denken Sie daran, dass eine Schenkung zu Lebzeiten Pflichtteilsergänzungsansprüche auslösen kann (Seite 181 f.). Dagegen begründet eine Ausstattung keinen Pflichtteilsergänzungsanspruch, soweit sie nicht im Übermaß gewährt wurde (Seite 49).

Wie im Kapitel 2 ausgeführt, kann es sinnvoll sein, bereits zu Lebzeiten Vermögen auf die Kinder zu übertragen. Damit erhalten diese Zuwendungen zu einer Zeit, wenn sie für ein Studium, für den Aufbau einer eigenen beruflichen Existenz oder die Gründung einer Familie benötigt werden. Die Zuwendungen zu Lebzeiten auf die Kinder erfolgen in der Regel als Schenkung (Seite 24 f.), gemischte Schenkung (Seite 29 f.) oder als Ausstattung (Seite 31 f.).

Wird Kindern zu Lebzeiten Vermögen übertragen, sollte man sich darüber bewusst sein, dass dieses Vermögen verloren geht.

Tipp

Prüfen Sie also, ob Sie auf das Vermögen verzichten können. Prüfen Sie auch, ob Sie die Vermögensübertragung von einer Gegenleistung abhängig machen wollen, indem Sie sich insbesondere Nutzungsvorbehalte, Versorgungsleistungen, einen Erb- und Pflichtteilsverzicht, Abfindungs- und Ausgleichszahlungen, die Übernahme von Schulden oder Rückforderungsansprüche vorbehalten wollen (vgl. Seite 47 f).

Einem Kind kann Vermögen auch durch ein Rechtsgeschäft unter Lebenden auf den Todesfall übertragen werden. In Betracht kommen insbesondere Verträge zugunsten Dritter in Form von Lebensversicherungen. Der Begünstigte erhält die Zuwendung erst mit dem Tod des Erblassers. Die Zuwendung fällt nicht in den Nachlass.

Tipp

Über eine Lebensversicherung können Sie insbesondere ein Kind versorgen, wenn Sie befürchten müssen, dass es wegen des betreffenden Kindes zu Streitigkeiten innerhalb der Erbengemeinschaft kommen wird. In diesem Fall können Sie das Kind durch eine Verfügung von Todes wegen enterben. Ihm steht dann sein Pflichtteil gegen die Erben zu (zum steueroptimalen Abschluss einer Lebensversicherung vgl. Seite 55 u. 211).

Im Wege des gesetzlichen Erbrechts werden Kinder als gesetzliche Erben versorgt. Sie sind Erben erster Ordnung. Kraft seiner Testierfreiheit kann der Erblasser davon abweichen und durch eine Verfügung von Todes wegen, also durch ein Testament oder durch einen Erbvertrag, andere Anordnungen treffen. Durch den Pflichtteil wird den Abkömmlingen allerdings ein Mindestanteil am Nachlass garantiert.

Kinder sind gesetzliche Erben erster Ordnung. Sie schließen alle anderen Verwandten von der Erbfolge aus. Sind mehrere Kinder vorhanden, so erben sie zu gleichen Teilen. Neben dem überlebenden Ehegatten erben die Kinder beim Güterstand der 64 f.).

Sollen Kinder abweichend von der gesetzlichen Erbfolge versorgt werden, muss der Erblasser ein Testament errichten oder einen Erbvertrag abschließen. Von Bedeutung wird in diesem Zusammenhang sein, wie neben den Kindern der Ehegatte versorgt werden soll.

- Beim gemeinschaftlichen Testament mit wechselseitiger Einsetzung zu Alleinerben, ohne Schlusserben zu bestimmen (Seite 218), und beim Berliner Testament (Seite 106 f.) werden die Kinder zwangsläufig enterbt mit der Folge, dass diese ihre Pflichtteilsansprüche geltend machen können. Mit dem Berliner Testament, in dem sich die Ehegatten gegenseitig als Erben einsetzen und bestimmen, dass nach dem Tod des Überlebenden der beiderseitige Nachlass an die Kinder fallen soll, kann mittelbar die Versorgung der Kinder gewährleistet werden, weil der überlebende Ehegatte an die getroffenen Verfügungen gebunden ist.

- Wenn der Ehegatte von den Erträgen des Nachlasses (zum Beispiel Mieteinnahmen, Zinserträge) leben kann, kann es sinnvoll sein, den Ehegatten als Vorerben und die Kinder als Nacherben einzusetzen.

Größeres Vermögen

- Wenn der Ehegatte über ein großes Vermögen verfügt und imstande ist, seinen angemessenen Unterhalt aus eigenen Mitteln zu bestreiten, sollte das Vermögen aus erbschaftsteuerlicher Sicht schon beim ersten Erbfall den Kindern überlassen werden. Damit wird vermieden, dass zweimal Erbschaftsteuer fällig wird.
- Bei einem großen Vermögen ist es unter erbschaftsteuerlichen Gesichtspunkten sinnvoll, den Nachlass auf den Ehegatten und die Kinder zu verteilen. Damit können die persönlichen Freibeträge optimal ausgenutzt und der progressiven Staffelung der Steuersätze entgegengewirkt werden.
- Unter Umständen kann es sinnvoll sein, die Kinder als Erben einzusetzen und den Ehegatten durch Zuwendung eines Vermächtnisses (zum Beispiel eines Geldvermächtnisses) zu versorgen (vgl. Seite 148).

Enterbung des Ehegatten

- Aufgrund seiner Testierfreiheit, also seiner Freiheit, nach Belieben über sein Vermögen durch Testament oder Erbvertrag zu verfügen, kann der Erblasser seine Kinder auch als Alleinerben einsetzen und seinen Ehegatten enterben. Dem Ehegatten verbleiben dann der Pflichtteil und der Anspruch auf Ausgleich des Zugewinns beim Güterstand der Zugewinngemeinschaft. Die Verteilung des Nachlasses unter den Kindern steht im Belieben des Erblassers; er kann Kinder bevorzugen oder benachteiligen. Gegebenenfalls steht dem jeweiligen Kind sein Pflichtteil beziehungsweise Pflichtteilsrestanspruch zu.

VERMÖGENSÜBERTRAGUNG AUF MINDERJÄHRIGE KINDER

Minderjährige, also Personen, die das 18. Lebensjahr noch nicht vollendet haben, können im Wege der vorweggenommenen Erbfolge oder im Wege des Erbrechts versorgt werden.

Ein minderjähriges Kind kann ohne Weiteres Alleinerbe oder Miterbe sein. Allerdings gibt es gegenüber einem volljährigen Erben einige Besonderheiten. So wird der Minderjährige bei der Annahme der Erbschaft durch seine gesetzlichen Vertreter, in der Regel von seinen Eltern vertreten. Diese haben das Vermögen (wenn es den Wert von 15.000 Euro übersteigt), welches ihr Kind von Todes wegen erwirbt, zu verzeichnen und das Nachlassverzeichnis beim Familiengericht einzureichen.

Tipp

Als Erblasser, der einem minderjährigen Kind etwas vererbt, können Sie in Ihrer Verfügung von Todes wegen anordnen, wie die Eltern des Kindes beziehungsweise ein Elternteil das vererbte Vermögen zu verwalten haben. Sie können aber auch bestimmen, dass sich die Vermögenssorge der Eltern nicht auf das vom Kind geerbte Vermögen erstrecken soll.

Das vom Minderjährigen geerbte Vermögen wird von seinen Eltern beziehungsweise vom sorgeberechtigten Elternteil verwaltet. In einigen Fällen bedürfen die Eltern zu Rechtsgeschäften für das Kind der Genehmigung des Familiengerichts, so unter anderem für diverse Grundstücksgeschäfte, für Miet- und Pachtverträge, Kreditaufnahmen und Bankgeschäfte. Liegt die Genehmigung nicht vor, so ist das Rechtsgeschäft unwirksam.

Der Erblasser kann auch einen Testamentsvollstrecker einsetzen, der das Vermögen des Kindes verwaltet, bis es ein bestimmtes Alter erreicht hat. In diesem Fall würden allerdings die Eltern die gesetzlichen Kontrollrechte über den Testamentsvollstrecker ausüben.

Pflegschaft

Der Erblasser hat auch das Recht, durch eine Verfügung von Todes wegen den Eltern oder einem Elternteil das Recht zu entziehen, das dem Kind vererbte Vermögen zu verwalten. In diesem Fall muss das Familiengericht eine Pflegschaft anordnen, wobei der Erblasser ausdrücklich anweisen kann, welche Person als Pfleger zu bestellen ist. Er kann auch einen Pfleger benennen. In diesem Fall kann dann das Kind mit Vollendung des 18. Lebensjahrs sein Vermögen selbst verwalten.

Wer einem minderjährigen Kind etwas vererbt, kann auch anordnen, wie der Ehegatte das vererbte Vermögen zu verwalten hat.

Musterformulierung: Verwaltung vererbten Vermögens

Ich vererbe meinem minderjährigen Kind .... 20.000 Euro und bestimme, dass 10.000 Euro auf einem Sparbuch anzulegen und 10.000 Euro in Aktien zu investieren sind.

Elternbindung

An die Anordnungen sind nur die Eltern beziehungsweise der Elternteil, nicht das Kind gebunden. Mit Vollendung des 18. Lebensjahrs kann das Kind frei über das Vermögen verfügen. Die Bindung der Eltern beziehungsweise des Elternteils an die Anordnungen beschränkt sich allerdings auf das Innenverhältnis. Die Verfügungen des Erblassers, die von seinen Anordnungen abweichen, bleiben also trotzdem wirksam.

VERMÖGENSÜBERTRAGUNG AUF NICHTEHELICHE ODER ADOPTIERTE KINDER

Einem nichtehelichen oder einem adoptierten Kind steht ein gesetzliches Erb- und Pflichtteilsrecht zu. Soll vermieden werden, dass das nichteheliche beziehungsweise adoptierte Kind mit den leiblichen Kindern Mitglied einer Erbengemeinschaft wird, kann das nichteheliche beziehungsweise adoptierte Kind aus dem Kreis der gesetzlichen Erben durch Zuwendungen im Rahmen der vorweggenommenen Erbfolge gegen einen Erb- und Pflichtteilsverzicht (vgl. Seite 44 f.) ausgeschlossen werden. Das Kind kann aber auch außerhalb des Nachlasses durch eine Verfügung unter Lebenden auf den Todesfall (zum Beispiel durch eine Lebensversicherung) versorgt und ein Erb- und Pflichtteilsverzicht vereinbart werden (Einzelheiten vgl. Seite 53 f.).

Gesetzliche Erbfolge

Erbrechtlich kann der Erblasser es auch bei der gesetzlichen Erbfolge belassen. In diesem Fall steht dem nichtehelichen beziehungsweise adoptierten Kind der gleiche Erbteil wie den leiblichen Kindern zu. Natürlich kann das nichteheliche beziehungsweise adoptierte Kind auch gegenüber den leiblichen Kindern bevorzugt werden. Dann sind unter Umständen Pflichtteilsansprüche beziehungsweise Pflichtteilsrestansprüche der leiblichen Kinder zu berücksichtigen. Im Erbvertrag kann das nichteheliche beziehungsweise adoptierte Kind verpflichtet werden, dasjenige, was es vom Erblasser erbt, an dessen leibliche Kinder zu vererben.

§

Soll das Vermögen nur an die leiblichen Kinder vererbt werden, muss das nichteheliche beziehungsweise adoptierte Kind enterbt werden. Diesem steht dann allerdings der gesetzliche Pflichtteil zu.

Bei der Adoption eines Volljährigen (vgl. Seite 67) ist zu beachten, dass die erbrechtlichen Beziehungen zwischen dem Adoptierten und seinen leiblichen Verwandten bestehen bleiben. Vermögen, das dem adoptierten Kind übertragen wird, kann also beim Tod des Adoptierten gesetzlich oder durch Verfügung von Todes wegen auf dessen Verwandten übergehen. Diese Folgen lassen sich vermeiden, wenn das adoptierte Kind nur zum Vorerben eingesetzt und als Nacherben zum Beispiel die leiblichen Kinder oder andere Verwandte bestimmt werden. Das adoptierte Kind kann aber auch durch einen Erbvertrag verpflichtet werden, seine leiblichen Verwandten von der

Erbfolge auszuschließen. Allerdings würde diesen dann der Pflichtteil verbleiben.

VERMÖGENSÜBERTRAGUNG AUF BEHINDERTE ODER PFLEGEBEDÜRFTIGE KINDER

Für behinderte oder pflegebedürftige Kinder ist besondere Vorsorge zu treffen. Trotz Pflegeversicherung sind für Pflegeheim- und Pflegekosten von den Eltern häufig eigene Zuzahlungen zu erbringen. Schutzbedürftig sind vor allem behinderte Kinder, die nach dem Tod der Eltern versorgt werden müssen. Probleme ergeben sich in diesen Fällen dann, wenn die im Rahmen der Pflegebedürftigkeit erforderlichen Aufwendungen mangels eigener Einkünfte vom Sozialamt oder der Grundsicherung übernommen werden.

Eigenes Vermögen einsetzen

Eine behinderte oder pflegebedürftige Person hat grundsätzlich ihr eigenes Vermögen einzusetzen, um die Lebenshaltungskosten, Betreuungskosten oder die Kosten für eine Heimunterbringung zu bestreiten. Neben dem Einsatz des Einkommens wird von einem Hilfesuchenden verlangt, dass er sein Vermögen verbraucht beziehungsweise veräußert, bevor er Sozialhilfe beanspruchen kann. Ausgenommen ist das sogenannte Schonvermögen. Hierzu zählen

- ein angemessener Hausrat (zum Beispiel Möbel, Fernsehgerät, Haushaltsgeräte),
- Gegenstände, die zur Aufnahme oder Fortsetzung der Berufsausbildung oder der Erwerbstätigkeit unentbehrlich sind (zum Beispiel Arbeitsgeräte, Schutzkleidung),
- Familien- und Erbstücke (zum Beispiel Schmuckstücke, Kunstgegenstände), deren Veräußerung für den Hilfesuchenden oder seine Familie eine besondere Härte bedeuten würde,

- Gegenstände zur Befriedigung geistiger und künstlerischer Bedürfnisse wie zum Beispiel Bücher oder Musikinstrumente (ausgenommen Luxusgegenstände) sowie
- ein angemessenes Hausgrundstück, das vom Hilfesuchenden allein oder mit Angehörigen bewohnt wird.

Vorsicht

Natürlich können Eltern bereits zu Lebzeiten Schenkungen vornehmen und dabei ihr behindertes oder pflegebedürftiges Kind übergehen. Wenn allerdings ein Elternteil oder beide Elternteile innerhalb von zehn Jahren nach der Zuwendung versterben, steht dem behinderten Kind der Pflichtteilsergänzungsanspruch zu, der dann gesetzlich auf den Sozialhilfeträger übergeleitet wird.

Kleinere Beträge in bar oder sonstige Geldwerte (die Höhe wird jeweils gesetzlich festgelegt) dürfen dem Hilfesuchenden zur Verfügung stehen.

Alles übrige Vermögen des Kindes, also auch seine Erbschaft, wandert zur Finanzierung seiner Sozialhilfe an den Sozialhilfeträger. Und dieser kann, wenn das behinderte Kind Erbe wird, aus dem Nachlass auch für zurückliegende Sozialhilfeleistungen Ersatz verlangen. Dies kann dann innerhalb kürzester Zeit dazu führen, dass die gesamte Erbschaft verbraucht ist, sodass das behinderte oder pflegebedürftige Kind aus dem ersparten und vererbten Vermögen keine Vorteile erzielt. Und es nach dem Verbrauch des Vermögens wieder auf Sozialhilfe angewiesen sein wird, ohne besondere Vorteile aus der Erbschaft gezogen zu haben.

Besser als Vermögensübertragungen zu Lebzeiten (zum Beispiel eine Schenkung) sind erbrechtliche Gestaltungen. Mit dem sogenannten Behindertentestament können Eltern erreichen, dass das Vermögen der Familie erhalten bleibt und ein Zugriff des Sozialhilfeträgers darauf ausgeschlossen wird. Darüber hinaus kann dem behinderten oder pflegebedürftigen Kind im Erbfall eine über die normale Sozialhilfe hinausgehende Lebensqualität gewährleistet werden, indem Zuwendungen an das Kind erfolgen, die ihm vom Sozialhilfeträger nicht weggenommen werden können.

Dieses Ziel wird nicht mit der Enterbung des behinderten oder pflegebedürftigen Kindes oder mit einer geringeren Erbquote als dem Pflichtteilsanspruch erreicht. Entsprechendes gilt für die Zuwendung eines Vermächtnisses mit einem geringeren Wert als der Pflichtteilsanspruch. Auch ein Berliner Testament, das gemeinsam mit dem Ehegatten errichtet wird und in dem sich die Partner wechselseitig zu Alleinerben einsetzen und damit das behinderte Kind zunächst enterben, ist nicht hilfreich. Denn der Sozialhilfeträger würde den Pflichtteilsanspruch des Kindes auf sich überleiten und ihn im Erbfall gegen den überlebenden Ehegatten geltend machen.

Vorsicht

Ein behindertes Kind darf in einer Verfügung von Todes wegen nicht übergangen werden, weil dann sofort mit dem Erbfall der Pflichtteilsanspruch entsteht, den der Sozialhilfeträger auf sich überleitet und gegen die Erben geltend macht.

Dem klassischen Behindertentestament liegt die Anordnung einer Vor- und Nacherbfolge zugrunde:

- Das Kind wird in Höhe eines Erbteils, der zumindest geringfügig über dem gesetzlichen Pflichtteil liegen muss, zum sogenannten nicht befreiten Vorerben eingesetzt. Damit wird erreicht, dass das Kind keine Verfügungsbefugnis über den Nachlassanteil hat, das ererbte Vermögen also von ihm nicht verwertet werden und der Sozialhilfeträger auf diesen Vermögensanteil auch nicht zugreifen kann. Die Erträge des Nachlasses (zum Beispiel Zinserträge) müssen eingesetzt werden, bevor Sozialhilfe verlangt werden kann.
- Als Nacherbe wird eine andere Person (zum Beispiel der überlebende Ehegatte oder die Geschwister des behinderten Kindes) eingesetzt. Der Nacherbfall tritt mit dem Tod des Vorerben ein.
- Die Vor- und Nacherbfolge wird durch Anordnung einer Dauertestamentsvollstreckung ergänzt. Damit werden die Nutzungen aus dem Erbteil vor Zugriffen von Gläubigern des Erben geschützt.
- Der Testamentsvollstrecker, den der Erblasser selbst bestimmen kann, wird angewiesen, dem behinderten Kind besondere An-

Tipp

Wenn Sie ein Behindertentestament errichten wollen, sollten Sie unbedingt einen Notar oder einen fachkundigen Anwalt aufsuchen. Die Gestaltung eines solchen Testaments ist sehr komplex. In jedem Fall müssen die persönlichen Lebensumstände und die individuellen Wünsche der Beteiligten immer berücksichtigt werden. Ein vorformuliertes Standard-Behindertentestament genügt diesen Anforderungen im Regelfall nicht.

nehmlichkeiten zu sichern, die kein Grundbedarf sind, den der Sozialhilfeträger zu gewährleisten hat. In Betracht kommen geringere Geldbeträge zur freien Verfügung, Urlaubsaufenthalte oder Geschenke zu besonderen Anlässen.

Musterformulierung: Behindertentestament

Zu meinen Erben bestimme ich meine Tochter .... zu sieben Zehntel und meinen Sohn .... zu drei Zehntel. Mein Sohn wird jedoch nur Vorerbe. Nacherbe nach meinem Sohn wird meine Tochter ...., ersatzweise ihre Abkömmlinge entsprechend den Regelungen über die gesetzliche Erbfolge. Der Nacherbfall tritt mit dem Tod des Vorerben ein.
Weil mein Sohn wegen seiner Behinderung zur Zeit nicht imstande ist, seine Angelegenheiten selbst zu besorgen, insbesondere die ihm zufallenden Vermögensteile selbst zu verwalten, ordne ich für den Fall meines Todes für den Erbteil meines Sohnes Testamentsvollstreckung an. Zum Testamentsvollstrecker benenne ich meine Tochter ...., ersatzweise ....
Der Testamentsvollstrecker ist von allen gesetzlichen Beschränkungen, soweit zulässig, befreit.
Der Testamentsvollstrecker hat den Nachlass zu verwalten. Er ist verpflichtet, meinem Sohn entsprechende Mittel aus den Erträgnissen des Erbteils zur Verfügung zu stellen für .... (z. B. Taschengeld, Kleidung, Kuraufenthalte usw.).

VERMÖGENSÜBERTRAGUNG AUF DEN NICHTEHELICHEN LEBENSPARTNER

Dauerhafte Bindung

Immer häufiger entscheiden sich Partner dafür, anstatt in einer Ehe in einer nichtehelichen Lebensgemeinschaft zusammenzuleben. Darunter wird eine Lebensgemeinschaft zwischen einem Mann und einer Frau verstanden, die auf Dauer angelegt ist, daneben keine weitere Lebensgemeinschaft gleicher Art zulässt und sich durch innere Bindungen auszeichnet, die ein gegenseitiges Einstehen der Partner füreinander begründen, also über die Beziehungen in einer reinen Haushalts- und Wirtschaftsgemeinschaft hinausgehen.

Das deutsche Erbrecht berücksichtigt in erster Linie nach wie vor die Ehe. Anders als dem überlebenden Ehegatten und den Partnern einer eingetragenen Lebenspartnerschaft (vgl. Seite 76 f.) steht dem nichtehelichen Lebenspartner beim Tod des anderen Partners kein gesetzliches Erbrecht zu. Dem überlebenden Lebenspartner bleibt nur der Anspruch auf den sogenannten Dreißigsten: Er kann nach dem Tod seines Lebenspartners von den Erben 30 Tage lang Unterhalt verlangen. Im Übrigen besteht nur die Möglichkeit, den überlebenden Lebenspartner durch Vermögensübertragungen zu Lebzeiten, Vermögensübertragungen unter Lebenden auf den Todesfall und durch eine Verfügung von Todes wegen wirtschaftlich zu versorgen.

SCHENKUNGEN ZU LEBZEITEN

Auf den nichtehelichen Lebenspartner kann zu Lebzeiten Vermögen übertragen werden. In Betracht kommen insbesondere unentgeltliche Zuwendungen in Form von Schenkungen. Zu beachten ist allerdings, dass damit Vermögenswerte verloren gehen, selbst wenn sich der Erblasser die Nutzung (zum Beispiel die Mieteinnahmen bei Übertragung eines Hauses) vorbehalten hat oder er sich im Gegenzug Versorgungsleistungen (zum Beispiel Pflegeleistungen) hat zusichern lassen. Im Übrigen verlangt die Vermögensübertragung zu Lebzeiten eine Prognose der künftigen Lebensumstände. Hierbei ist zu bedenken, dass sich die eigenen wirtschaftlichen Verhältnisse anders entwickeln können oder die Partnerschaft endet. Wer Vermögen bereits zu Lebzeiten auf den nichtehelichen Lebenspartner überträgt, geht diese Risiken ein. Insoweit sollten Erblasser bei einer nichtehelichen Lebensgemeinschaft, insbesondere wenn sie noch nicht lange besteht, mit Vermögensübertragungen zu Lebzeiten eher zurückhaltend sein.

Tipp

Auch unter schenkungsteuerlichen Gesichtspunkten ist die Vermögensübertragung zu Lebzeiten auf den nichtehelichen Lebenspartner wenig sinnvoll. Der nichteheliche Lebenspartner wird steuerlich als beliebiger Dritter behandelt und in die schlechteste Steuerklasse III eingestuft. Wie lange die Partnerschaft dauert, ist ohne Bedeutung. Damit steht Ihrem nichtehelichen Partner nur ein allgemeiner Steuerfreibetrag von 20.000 Euro zu.

Gemeinsames Bankdepot

Unter steuerlichen Gesichtspunkten kann es sinnvoll sein, mit dem nichtehelichen Lebenspartner ein gemeinschaftliches Bank- oder Wertpapierdepot zu unterhalten. In diesem Fall ist grundsätzlich davon auszugehen, dass beiden Partnern die Einlagen zu gleichen Teilen zustehen (vgl. Seite 212).

VERSORGUNG DURCH EINE LEBENSVERSICHERUNG

Vorsicht

Zu beachten ist, dass es zwischen dem Erblasser und dem als Bezugsberechtigten benannten nichtehelichen Lebenspartner eines rechtlichen Grundes bedarf, damit der Partner die Versicherungssumme behalten darf. Andernfalls können nämlich die Erben die Herausgabe der Versicherungssumme verlangen. Als rechtlicher Grund kommt regelmäßig eine Schenkung in Betracht (vgl. Seite 24 f.).

Sinnvoll kann es sein, den nichtehelichen Lebenspartner über eine Lebensversicherung zu versorgen. Der als Bezugsberechtigter eingesetzte Partner erwirbt den Anspruch gegen die Versicherung mit dem Erbfall. Die Versicherungssumme fällt nicht in den Nachlass und wird deshalb auch nicht von Pflichtteilsansprüchen erfasst. Der Versicherungsnehmer kann die Bezugsberechtigung jederzeit ändern, also insbesondere dann, wenn die nichteheliche Lebensgemeinschaft nicht mehr besteht (Einzelheiten vgl. Seite 239 f.).

Die fällige Lebensversicherung unterliegt der Schenkung- und Erbschaftsteuer. Steuerpflichtig ist die ganze Versicherungssumme, nicht nur der Prämienaufwand des Versicherungsnehmers. Zur Versorgung des Lebenspartners ist die Absicherung über die Bezugsberechtigung aus einer Lebensversicherung unter steuerlichen Gesichtspunkten nicht optimal.

Tipp

Keine Erbschaftsteuer fällt an, wenn Ihr nichtehelicher Lebenspartner Versicherungsnehmer und Prämienzahler und gleichzeitig bezugsberechtigte Person ist und Sie die versicherte Person sind (Einzelheiten vgl. Seite 211 f.).

ERBRECHTLICHE VERSORGUNG

Erblasser können ihren Partner einer nichtehelichen Lebensgemeinschaft durch Testament oder Erbvertrag als Erbe einsetzen. Sinnvoll ist es, das Motiv der Erbeinsetzung anzugeben (zum Beispiel jahrelange partnerschaftliche Verbundenheit), um von vornherein den Einwand der Sittenwidrigkeit auszuschließen. Nicht möglich ist es allerdings, ein gemeinschaftliches Testament zu errichten; das ist nur Eheleuten vorbehalten. Der Nachteil des Testaments liegt insbesondere darin, dass es jederzeit widerrufen oder geändert werden kann. Der als Erbe eingesetzte Partner muss nicht informiert werden. In der Praxis hat das schon zu bösen Überraschungen geführt.

Kein gemeinschaftliches Testament

Zulässig ist es, dass beide Partner ein Einzeltestament verfassen und den jeweils anderen Partner zum Erben einsetzen. In diesem Fall kann dann der Fortbestand des vom anderen Partner errichteten Testaments zur Bedingung der eigenen Anordnung gemacht werden.

Außer durch Testament kann die Erbeinsetzung eines nichtehelichen Lebenspartners auch durch einen Erbvertrag vorgenommen werden. Dabei schließt der Erblasser einen Vertrag mit seinem Partner, dem sogenannten „Vertragserben“, um ihm so die Erbschaft rechtlich zu sichern. Während Verfügungen in Form des Testaments jederzeit frei widerrufen werden können, ist das bei vertragsmäßigen Anordnungen im Erbvertrag nicht einfach möglich (vgl. Seite 111 f.).

Tipp

Weil nur der Erbvertrag letztlich gewährleistet, dass keiner der Partner ohne Wissen des anderen seine Verfügung von Todes wegen ändern kann, ist dies erbrechtlich die richtige Form, den nichtehelichen Lebenspartner zu versorgen.

Regelungen fürs Scheitern

Der Nachteil des Erbvertrags für Partner einer nichtehelichen Lebensgemeinschaft besteht darin, dass bindende Verfügungen wie die Einsetzung eines Erben grundsätzlich nur im Einvernehmen mit dem eingesetzten Vertragserben aufgehoben werden können. Allein das Scheitern der Lebensgemeinschaft hat nicht automatisch zur Folge, dass der Erbvertrag ohne Weiteres gegenstandslos wird oder dass dem Erblasser ein gesetzliches Rücktrittsrecht zusteht. Deshalb sollten im Erbvertrag Regelungen für das Scheitern der Lebensgemeinschaft getroffen werden. Folgende Möglichkeiten bestehen:

- Die gegenseitige Erbeinsetzung kann unter der Bedingung vorgenommen werden, dass die Lebensgemeinschaft beim Tod des Erstversterbenden noch besteht.

Musterformulierung: gegenseitige Erbeinsetzung

Wir setzen uns gegenseitig vertragsmäßig zu Alleinerben für den Fall ein, dass unsere Partnerschaft beim Tod des Erstversterbenden noch besteht.

- Der Erblasser kann sich im Erbvertrag ein bedingungsloses Rücktrittsrecht oder ein Rücktrittsrecht nur für den Fall vorbehalten, dass die Lebensgemeinschaft nicht mehr besteht. Bei Letzterem kann allerdings das Problem auftreten, das Nichtbestehen der Lebensgemeinschaft konkret glaubhaft zu machen. Im Regelfall ist deshalb dem bedingungslosen Rücktrittsvorbehalt der Vorzug zu geben.

Tipp

Weil es bei der Zuwendung eines Vermächtnisses zur Versorgung Ihres nichtehelichen Lebenspartners zu Streitigkeiten mit Ihren Erben (zum Beispiel Ihren Kindern) kommen kann, sollten Sie Vorkehrungen für die Erfüllung des Vermächtnisses treffen. Sinnvoll kann es sein, einen Testamentsvollstrecker zu bestellen und diesen zu beauftragen, das Vermächtnis zu erfüllen.

Bei der Erbeinsetzung des nichtehelichen Lebenspartners ist die ungünstige erbschaftsteuerliche Situation zu bedenken. Insoweit gilt das im Zusammenhang mit der Vermögensübertragung zu Lebzeiten Gesagte entsprechend (vgl. oben).

Alternativ zur Erbeinsetzung kann der nichteheliche Lebenspartner durch die Zuwendung von Vermächtnissen wirtschaftlich abgesichert werden. In Betracht kommen insbesondere Nießbrauchs-, Renten- oder Wohnungsrechtsvermächtnisse (vgl. Seite 153 f.).

VERMÖGENSÜBERTRAGUNG AUF VERSCHULDETE PERSONEN

Probleme gibt es, wenn einer verschuldeten Person (zum Beispiel dem Ehegatten, den Kindern oder anderen Personen) zu Lebzeiten oder durch Verfügung von Todes wegen Vermögen übertragen werden soll. Wenig Sinn macht es nämlich, Vermögen an eine verschuldete Person zu übertragen, wenn dann deren Gläubiger sofort auf dieses Vermögen zugreifen können. Im Wesentlichen geht es also darum, die Zuwendungen auf pfändungsfreie Vermögenswerte zu beschränken und bei Geldzuwendungen die Pfändungsfreigrenzen zu beachten.

Zuwendungen zu Lebzeiten (insbesondere Schenkungen) werden nur dann in Betracht kommen, wenn sie nicht der Pfändung unterworfen sind. Unpfändbar ist insbesondere eine normale Wohnungseinrichtung mit Schrank, Bett, Sitzmöglichkeit, Tisch, den üblichen Haushaltsgeräten einschließlich Kühlschrank und Waschmaschine sowie die Bekleidung. Ebenso nicht pfändbar sind Radio- und Fernsehgerät, wobei der Gläubiger allerdings in diesen Fällen im Wege einer sogenannten „Austauschpfändung" ein wertvolles Gerät durch ein einfacheres ersetzen kann. Ein Pkw ist dann unpfändbar, wenn er zur Berufsausübung (Vertreter, Monteur) oder aus gesundheitlichen Gründen (zum Beispiel wegen einer Schwerbehinderung) für den Schuldner unentbehrlich ist.

Tipp
Wegen der bei Geldzuwendungen für die betreffende Person geltenden Pfändungsfreigrenzen sollten Sie sich bei einer Schuldnerberatungsstelle erkundigen, zum Beispiel bei Ihrer Verbraucherzentrale.

Erbrechtlich muss in der Verfügung von Todes wegen einerseits verhindert werden, dass durch die Vermögensübertragung die Gläubiger des Erben, des Pflichtteilsberechtigten oder des Vermächtnisnehmers auf das Vermögen zugreifen können. Andererseits soll diesen Personen jedoch ein angemessener Unterhalt gewährleistet werden. Hierzu gibt es folgende Möglichkeiten:

Tipp

Die Pflichtteilsbeschränkung muss in einer Verfügung von Todes wegen, also in einem Testament oder in einem Erbvertrag erfolgen. Als Erblasser sollten Sie sich vor einer entsprechenden Anordnung von einem Notar oder einem fachkundigen Anwalt beraten lassen.

- Soll ein verschuldeter Abkömmling (zum Beispiel ein Kind oder ein Enkel) bedacht werden, so besteht das Problem darin, dass die Gläubiger auf dessen Pflichtteil zugreifen können. Für diesen Fall kann der Erblasser dem Abkömmling – auch gegen dessen Willen – den Pflichtteil lediglich als Vorerbe zukommen lassen und die gesetzlichen Erben des Pflichtteilsberechtigten (zum Beispiel sein Ehegatte oder seine Kinder) zu dessen Nacherben bestimmen. In diesem Fall ist nicht nur der Pflichtteil der Pfändung entzogen, sondern auch die Nutzungen (Zinserträge), soweit diese für den standesgemäßen Unterhalt des Pflichtteilsberechtigten und dessen Familie erforderlich sind. Entsprechendes gilt, wenn die Verwaltung für die Lebenszeit des Abkömmlings einem Testamentsvollstrecker übertragen wird. Dann hat der Abkömmling Anspruch auf den jährlichen Reinertrag. Die Anordnung der Pflichtteilsbeschränkung wird unwirksam, wenn zur Zeit des Erbfalls die Überschuldung, die Anlass für die Anordnung war, nicht mehr besteht (zur Pflichtteilsbeschränkung in guter Absicht vgl. Seite 189 f.).
- Soll an eine andere verschuldete Person als einem Abkömmling des Erblassers (zum Beispiel den Ehegatten oder den nichtehelichen Lebenspartner) ein Vermögenswert übertragen werden, ist zunächst darauf zu achten, dass es sich um pfändungsfreie Vermögenswerte beziehungsweise um Geldzuwendungen handelt, die die Pfändungsfreigrenzen nicht überschreiten. Im Übrigen bleibt nur die Anordnung der Vor- und Nacherbfolge und einer Dauertestamentsvollstreckung, um die Substanz des Nachlasses vor Gläubigern des Bedachten zu schützen.

VERFÜGUNGEN EINER ALLEINSTEHENDEN PERSON

Gesetzliche Erbfolge

Bei Unverheirateten und Kinderlosen gilt gesetzliche Erbfolge, sofern keine Verfügung von Todes wegen errichtet wurde. In diesem Fall erben die Eltern. Leben zur Zeit des Erbfalls noch beide Elternteile, so erben sie zu gleichen Teilen. Lebt ein Elternteil nicht mehr, so treten dessen Abkömmlinge (Geschwister, Nichten, Neffen des Erblassers) an seine Stelle. Sind keine Geschwister vorhanden, erbt der überlebende Elternteil allein.

Tipp

Sinnvoll ist es, das Testament in amtliche Verwahrung zu geben, um eine Unterdrückung zu vermeiden. Sie können es aber natürlich auch Eltern oder Geschwistern oder einer anderen vertrauenswürdigen Person zur Aufbewahrung anvertrauen.

Wer von dieser Erbfolge abweichen will, muss eine Verfügung von Todes wegen errichten. Lebt nur noch ein Elternteil und soll dieser Alleinerbe werden, die Geschwister jedoch nicht erben, muss dies in einem Testament festgeschrieben werden. Entsprechendes gilt, wenn nicht die Geschwister, wohl aber Neffen und Nichten als Erben eingesetzt werden sollen. Eines Testaments bedarf es auch, wenn zwar die Eltern Erbe sein, aber den Geschwistern Vermächtnisse zugewendet werden sollen.

Vorsicht

Wenn Streitigkeiten unter den Erben zu befürchten sind, kann die Anordnung einer Testamentsvollstreckung sinnvoll sein. Dem Testamentsvollstrecker sollten Sie dann im Rahmen einer Vollmacht die Befugnis erteilen, die unmittelbar nach Ihrem Tod anstehenden Aufgaben wahrzunehmen.

Bei der Verteilung seines Nachlasses unterliegt der Erblasser keinen Bindungen. Bei einem größeren Vermögen sollten unter Umständen erbschaftsteuerliche Gesichtspunkte beachtet und der Nachlass auf mehrere Personen verteilt werden, um Erbschaftsteuer zu sparen.

10 ERBRECHT MIT AUSLANDS-BERÜHRUNG

Ein Chalet in der Schweiz, ein Bankkonto in Luxemburg und eine Erbtante in Großbritannien: Im Erbrecht kann es ohne Weiteres zu Berührungspunkten zwischen deutschem und ausländischem Recht kommen. Welches Recht im Einzelfall Anwendung findet und auf was Sie bei einem Erbfall mit Auslandsbezügen achten müssen, erfahren Sie in diesem Kapitel.

ARTEN VON INTERNATIONALEN ERBFÄLLEN

Wer erbt, wenn der deutsche Erblasser eine kroatische Ehefrau und mehrere eheliche und auch nichteheliche polnische, türkische und deutsche Kinder hinterlässt? Dieser Fall ist zwar nicht alltäglich, aber auch nicht völlig unrealistisch. Erbfälle mit Auslandsberührung sind längst keine Seltenheit mehr. Häufig gehen deutsche Staatsangehörige irrtümlich davon aus, dass ihr Vermögen nach deutschem Recht vererbt wird. Das muss aber nicht zwangsläufig der Fall sein. Deutsches Erbrecht, wie es in diesem Ratgeber dargestellt ist, gilt nur dann uneingeschränkt, wenn der Erblasser die deutsche Staatsangehörigkeit besitzt, seinen Wohnsitz in Deutschland hat, sich sein gesamtes Vermögen in Deutschland befindet und er in Deutschland stirbt. Ist nur eine dieser Bedingungen nicht erfüllt, liegt ein Erbfall mit Auslandsbezug vor, der für die Erben unangenehme Überraschungen bringen kann.

Typische Konstellationen

Bei den Fällen mit Auslandsberührung sind insbesondere folgende Konstellationen typisch:

- zumindest ein Teil des Nachlasses (z. B. eine Immobilie oder ein Bankdepot) befindet sich im Ausland,
- ein deutscher Staatsangehöriger, der im Ausland seinen letzten Wohnsitz hatte, verstirbt im Ausland,
- die Verfügung von Todes wegen wird im Ausland nicht anerkannt.

NACHLASS IM AUSLAND

Wenn ein deutscher Erblasser ein Grundstück in Spanien besitzt oder ein Konto in der Schweiz unterhält, stellt sich die Frage, nach welchen Grundsätzen dieses Vermögen vererbt wird. Nach Art. 25 Abs. 1 Einführungsgesetz zum BGB (EGBGB) ist

Staatsangehörigkeitsprinzip

das Recht des Staates maßgebend, dem der Erblasser zum Zeitpunkt seines Todes angehörte. Deutschland folgt also dem Staatsangehörigkeitsprinzip (geplant ist allerdings für die Zukunft ein Wechsel zum Wohnsitzprinzip). Damit werden Deutsche mit ihrem gesamten Vermögen einschließlich des im Ausland befindlichen nach deutschem Erbrecht, Ausländer mit ihrem gesamten Vermögen nach ihrem Heimatrecht beerbt. Der Nachlass bildet also eine Einheit. Und somit kommt auch bei einem Erbfall ausschließlich ein Erbrecht zur Anwendung.

Beispiel: Staatsangehörigkeitsprinzip

Ein Italiener mit Wohnsitz in Hamburg hinterlässt Vermögen in Deutschland. Das deutsche Recht verweist auf das italienische Recht, das ebenfalls an die Staatsangehörigkeit anknüpft. Es gilt deshalb für den gesamten Nachlass italienisches Erbrecht.

Wenn eine Person mehrere Staatsangehörigkeiten besitzt, so ist das Recht des Staates anzuwenden, mit dem die Person am engsten verbunden ist. Dabei kommt es insbesondere auf den persönlichen Aufenthaltsort und den Verlauf des Lebens an. Besitzt die betreffende Person auch die deutsche Staatsangehörigkeit, gilt aber immer deutsches Recht.

Nachlassspaltung

Probleme ergeben sich dann, wenn bei einem Nachlassvermögen im Ausland der ausländische Nachlass nach der dortigen Rechtsordnung besonderen Vorschriften unterliegt (vgl. dazu den Überblick über das Erbrecht der wichtigsten europäischen Nachbarstaaten, Seite 247 f.). Das kann zur Folge haben, dass es zwei Nachlässe gibt. Man spricht in solchen Fällen von Nachlassspaltung, weil für verschiedene Vermögenswerte jeweils anderes Recht zur Anwendung kommt.

Beispiel: Nachlassspaltung

Ein deutscher Erblasser mit letztem Wohnsitz in Deutschland hinterlässt ein Grundstück und ein Bankkonto in Frankreich. Nach französischem Recht (vgl. unten) unterliegt das Grundstück französischem Erbrecht, während sich die Erbfolge für das Bankkonto nach dem letzten Wohnsitz des Erblassers, also nach deutschem Recht richtet.

Durch die Spaltung des Nachlasses wird der zunächst einheitliche Nachlass in mehrere Nachlassmassen aufgeteilt, je nachdem wie viele Länder betroffen sind. Vererbt ein Deutscher neben dem Haus in Frankreich noch eine Wohnung in der Türkei, ist deutsches, französisches und türkisches Erbrecht zu berücksichtigen.

Tipp

Eine Nachlassspaltung kann zu überraschenden Konsequenzen führen. So ist zum Beispiel ein Pflichtteilsverzicht in Deutschland zulässig, nicht dagegen nach französischem Recht. Holen Sie deshalb rechtzeitig fachkundigen Rat ein, wenn Sie Fehler bei der Gestaltung Ihrer Nachlassplanung vermeiden wollen.

ÜBERBLICK ÜBER DAS ERBRECHT DER WICHTIGSTEN EUROPÄISCHEN NACHBARSTAATEN

Weist ein Erbfall eine Verbindung zu einem anderen Land auf, muss zunächst festgestellt werden, welches Recht zur Anwendung gelangt. Sie erhalten im Folgenden einen Überblick über die entsprechenden erbrechtlichen Grundsätze der wichtigsten europäischen Nachbarstaaten (vgl. www.successions-europe.eu).

Belgien: In der Regel kommt bei einem Erbfall das Recht des Landes zur Anwendung, in dem der Erblasser zum Zeitpunkt des Todes seinen gewöhnlichen Aufenthalt hatte. Eine Ausnahme besteht für Immobilien, die dem Recht des Landes unterliegen, in dem sich diese befinden. Unter Umständen kann der Erblasser das auf den Erbfall anwendbare Recht wählen.

Frankreich: Immobilien werden nach französischem Recht vererbt. Bei anderen Vermögenswerten gilt das Recht des Landes, in dem der Erblasser zum Zeitpunkt des Todes seinen gewöhnlichen Aufenthalt hatte. Das französische Recht lässt von diesen Grundsätzen keine Abweichung zu. Es besteht also keine Wahlmöglichkeit auf das anwendbare Recht.

Griechenland: Maßgebend ist die Staatsangehörigkeit des Erblassers. Das auf den Erbfall anwendbare Recht ist das Recht des Landes, dessen Staatsangehörigkeit der Erblasser zum Zeitpunkt des Todes innehatte. Der Erblasser kann das auf den Erbfall anzuwendende Recht nicht frei wählen.

Großbritannien: Das Erbrecht unterliegt dem Recht des Staates, in dem der Erblasser zum Zeitpunkt seines Todes sein Domizil hat. Ein neues Domizil wird gewählt, wenn eine Person ihren ständigen Aufenthaltsort in das betreffende Land verlegt und beabsichtigt, dort dauerhaft oder auf unbestimmte Zeit zu leben. Bei Immobilien unterliegt der Erbfall dagegen dem Recht des Staates, in dem sich die Vermögenswerte befinden. Der Erblasser kann das auf den Erbfall anzuwendende Recht nicht frei wählen.

Italien: Das gesamte Vermögen wird nach dem Recht des Staates vererbt, dessen Staatsangehörigkeit der Verstorbene zum Zeitpunkt des Todes hatte. Eine Abweichung von diesem Grundsatz ist möglich, weil es dem Erblasser erlaubt ist, für den Erbfall das Recht des Staates zu wählen, in dem sich sein gewöhnlicher Aufenthalt befindet.

Luxemburg: Das auf den Erbfall anwendbare Recht ist das Recht des Landes, in dem der Erblasser zum Zeitpunkt des Todes seinen gewöhnlichen Aufenthalt hatte. Immobilien unterliegen dem Recht des Landes, in dem sie sich befinden. Es gibt keine Abweichungen von diesen Grundsätzen. Der Erblasser hat also keine Wahlmöglichkeit.

Niederlande: Maßgebend für das anzuwendende Recht ist die Staatsangehörigkeit des Verstorbenen. War der Verstorbene seit über fünf Jahren nicht mehr in dem Land wohnhaft, dessen Staatsbürgerschaft er besaß, so ist das auf den Erbfall anzuwendende Recht das Recht des Landes, in dem der Erblasser zum Zeitpunkt des Todes seinen letzten gewöhnlichen Aufenthalt hatte.

Österreich: Das auf den Erbfall anwendbare Recht ist das Recht des Landes, dessen Staatsangehörigkeit der Erblasser zum Zeitpunkt des Todes innehatte. Eine Abweichung von diesem Grundsatz ist nicht zulässig.

Schweiz: Maßgebend ist der letzte Wohnort des Verstorbenen. Befand sich dieser Wohnort nicht in der Schweiz, so ist das Recht anzuwenden, auf das das Recht des Wohnsitzstaates verweist. Für Deutsche mit Wohnsitz in Deutschland gilt also deutsches Recht.

Spanien: Das anwendbare Recht ist von der Staatsangehörigkeit des Verstorbenen abhängig.

TOD IM AUSLAND

Häufig nehmen deutsche Staatsangehörige im Alter ihren Wohnsitz im Ausland. Erbrechtliche Probleme kann es in diesem Zusammenhang dann geben, wenn der deutsche Erblasser im Ausland stirbt, dort auch seinen letzten Wohnsitz hatte und das ausländische Recht erbrechtlich an den letzten Wohnsitz anknüpft. Nach deutschem Recht wäre die Staatsangehörigkeit maßgebend, welches Recht gilt (vgl. oben). Wenn das ausländische Recht dagegen sich nach dem letzten Wohnsitz richtet, kommt es darauf an, wo der Erbe sein Erbrecht geltend macht.

Tipp
Schalten Sie unbedingt einen fachkundigen Anwalt ein, wenn sich das Vermögen des Erblassers zumindest teilweise im Ausland befindet und der Erblasser mit letztem Wohnsitz im Ausland gestorben ist.

Beispiel: Geltendmachung des Erbrechts

Ein deutscher Staatsangehöriger besitzt ein Chalet in der Schweiz. Dort hat er auch seit Jahren seinen Wohnsitz. Im Erbfall gilt nach deutschem Recht das Staatsangehörigkeitsprinzip, also deutsches Recht, nach schweizerischem Recht das Wohnsitzprinzip. Je nachdem, wo die Erben ihr Erbrecht geltend machen, findet das jeweilige Erbrecht Anwendung.

ANERKENNUNG VON VERFÜGUNGEN VON TODES WEGEN

Kritisch: Erbvertrag und gemeinschaftliches Testament

Um die Nachlassplanung nach eigenen Vorstellungen zu gestalten, gibt es verschiedene Instrumente der Vermögensübertragung, die sogenannten Verfügungen von Todes wegen (vgl. Seite 79 f.). Nach deutschem Erbrecht kommen das Testament, mit der Besonderheit des gemeinschaftlichen Testaments, und der Erbvertrag in Betracht. Ob diese Verfügungen aber auch im Ausland anerkannt werden, richtet sich nach dem ausländischen Recht. So kennen die meisten ausländischen Gesetze das Instrument des Erbvertrags nicht (zulässig sind Erbverträge in der Schweiz, in Österreich und der Türkei). Auch wenn Ehegatten ein gemeinschaftliches Testament errichten wollen, und auch nur einer von ihnen ausländischer Staatsangehöriger ist, muss geprüft werden, ob das Erbrecht des Ausländers das gemeinschaftliche Testament anerkennt.

Beispiel: Erbvertrag

Die Ehelaute A und B haben sich im Rahmen eines Erbvertrags gegenseitig zu Alleinerben eingesetzt. Sie besitzen ein Ferienhaus in der Provence. Das französische Erbrecht erkennt Erbverträge nicht an. Wenn ein Ehegatte stirbt, tritt demnach gesetzliche Erbfolge nach französischem Recht ein. Der überlebende Ehegatte erhält nach seiner Wahl entweder den Nießbrauch am Ferienhaus oder einen Erbteil von einem Viertel.

Haager Übereinkommen

Von Bedeutung ist zunächst das Haager Übereinkommen über das auf die Form letztwilliger Verfügungen anzuwendende Recht vom 5.10.1961. Dieses Abkommen gilt aber erst in einigen Mitgliedsstaaten der EU (Belgien, Deutschland, Dänemark, Estland, Finnland, Frankreich, Griechenland, Großbritannien, Irland, Luxemburg, Niederlande, Österreich, Polen, Portugal, Schweden, Slowenien und Spanien), daneben in einigen weiteren Staaten außerhalb der EU (z. B. Schweiz, Türkei). Alle diese Länder erkennen ein Testament als wirksam an, wenn es den Formerfordernissen entspricht, die am Ort der Errichtung gelten, die an seinem Heimatrecht Anwendung finden. Das Heimatrecht ist das Recht des Staates, dessen Staatsangehörigkeit der Erblasser zum Zeitpunkt der Errichtung besaß.

Beispiel: Heimatrecht

Besitzt der Erblasser ein Ferienhaus in Frankreich, so kann er darüber nach den französischen Formvorschriften ein wirksames Testament errichten.

Hat der Erblasser Vermögen in einem Staat, das das Haager Abkommen nicht anerkennt, so ist zu prüfen, ob die letztwillige Verfügung den eigenen Formvorschriften des (ausländischen) Staates oder den deutschen Vorschriften entsprechen muss.

BESTEUERUNG IM ERBFALL

Vorsicht
Gefahr der Doppelbesteuerung

Die Besteuerung im Erbfall erfolgt unabhängig von den oben aufgezeigten Regeln zum anwendbaren Erbrecht nach den Bestimmungen des nationalen Steuerrechts. Und dabei können Erben so manche Überraschung erleben. Schließlich besteht die Gefahr der Doppelbesteuerung, weil das Bankkonto in Österreich und die Eigentumswohnung in Belgien nicht nur vom deutschen Fiskus besteuert, sondern auch von den jeweiligen ausländischen Finanzbehörden zur Erbschaftsteuer herangezogen werden. Vermieden bzw. abgemildert wird diese für die Erben ungerechte Rechtslage insbesondere durch Doppelbesteuerungsabkommen oder durch Anrechnung.

Tipp

Wenn Sie Ihr Vermögen international anlegen, sollten Sie unbedingt steuerlichen Rat einholen und dabei auch klären, welche Art von Kapitalanlagen, wie Immobilien, Spareinlagen, Unternehmensbeteiligungen etc., in einem Land erbschaftsteuerlich eher nicht sinnvoll sind.

- Doppelbesteuerungsabkommen, die eine mehrfache Belastung ausschließen, gibt es bisher erst mit wenigen Staaten (Dänemark, Frankreich, Griechenland, Schweiz, USA). Die Abkommen enthalten Regelungen darüber, welches Nachlassvermögen besteuert wird und wie durch Anrechnung oder sonstige Berücksichtigung eine doppelte Inanspruchnahme vermieden wird. Soweit ein solches Abkommen ausländisches Vermögen von der Besteuerung ausnimmt, gilt ein sogenannter Progressionsvorbehalt: Bei der Bestimmung des anzuwendenden Steuersatzes ist das ausländische Vermögen mit zu berücksichtigen (§ 19 Abs. 2 ErbStG). Für den deutschen Nachlass wird die Erbschaftsteuer also nach dem Steuersatz erhoben, der für den gesamten (inländischen und ausländischen) Erwerb gelten würde. Und von diesem (höheren) Steuersatz wird dann die Erbschaftsteuer für den inländischen Erwerb berechnet.
- Fehlt ein Doppelbesteuerungsabkommen, wird für auf Immobilien entfallende Erbschaftsteuer eine Anrechnung gewährt, nicht jedoch für andere Vermögensteile (z. B. Bankguthaben). Danach ist die im Ausland für Auslandsvermögen bezahlte Steuer auf Antrag auf die deutsche Erbschaftsteuer anzurechnen (§ 21 ErbStG). Eine Anrechnung kommt im Regelfall aber nur bis zur Höhe der sonst in Deutschland zu entrichtenden Erbschaftsteuer in Betracht. Weil allerdings im Erbschaftsfall in anderen Ländern häufig kräftig abkassiert wird, bleibt am Ende immer noch eine hohe Besteuerung des Auslandsvermögens.

STICHWORTVERZEICHNIS

IMPRESSUM

Herausgeber
Verbraucherzentrale Nordrhein-Westfalen e.V.
Mintropstraße 27, 40215 Düsseldorf
Telefon: 02 11/38 09-5 55
Telefax: 02 11/38 09-2 35
Internet: www.vz-nrw.de
E-Mail: publikationen@vz-nrw.de

Autor:	Dr. Otto N. Bretzinger, Baden-Baden
Herausgeber:	Dr. Frank Bräutigam
Koordination:	Wolfgang Starke
Lektorat:	Dr. Mechthild Winkelmann, Dortmund
Produktion:	bretzinger : media.production, Baden-Baden
Gestaltungskonzept:	Ute Lübbeke, Köln, www.LNT-design.de
Umschlaggestaltung:	Groothuis, Lohfert, Consorten – Gesellschaft für Formfindung und Sinneswandel mbH, Hamburg
Umschlagfoto:	INMAGINE
Druck/Bindung:	Kraft Druck GmbH, Ettlingen Gedruckt auf 100 Prozent Recyclingpapier